本书受到以下项目资助：

2022年度高等教育科学研究规划课题重大项目

"大数据背景下在线学习行为有效性评价"

（批准号：22SZH0101）

全国教育科学规划重点课题

"成人学习者网络学习行为数据挖掘与网络教学质量监控机制构建"

（批准号：DKA220345）

青岛科技大学2022年度教学改革研究重点项目

"混合式教学模式下学生学习投入评测与提升策略研究"

（批准号：2022ZD045）

大数据背景下
在线学习行为有效性评价与
提升策略研究

索 琪 / 著

经济管理出版社
ECONOMY & MANAGEMENT PUBLISHING HOUSE

图书在版编目（CIP）数据

大数据背景下在线学习行为有效性评价与提升策略研究／索琪著. -- 北京 ：经济管理出版社，2024.

ISBN 978-7-5096-9898-3

Ⅰ．G434

中国国家版本馆 CIP 数据核字第 2024MQ2264 号

组稿编辑：王　洋
责任编辑：王　洋
责任印制：许　艳
责任校对：陈　颖

出版发行：经济管理出版社
　　　　　（北京市海淀区北蜂窝 8 号中雅大厦 A 座 11 层　100038）
网　　址：www. E-mp. com. cn
电　　话：(010) 51915602
印　　刷：北京晨旭印刷厂
经　　销：新华书店
开　　本：720mm×1000mm/16
印　　张：17. 25
字　　数：281 千字
版　　次：2024 年 8 月第 1 版　　2024 年 8 月第 1 次印刷
书　　号：ISBN 978-7-5096-9898-3
定　　价：98. 00 元

前　言

随着信息技术的快速更迭以及互联网的普及发展，人们的生活和工作方式正经历着前所未有的变革。其中，在线学习作为技术变革在教育领域的显著体现，已经发展成为现代教育体系中的重要支柱。在线学习不仅打破了传统教育模式的时空界限，赋予了学习者前所未有的灵活性和便捷性，而且通过海量、多样的教育资源的整合与共享，极大地丰富了教学手段，推动了教育模式的创新。然而，随着在线学习平台和课程的迅速涌现，如何确保在线学习的质量，提升学习行为的有效性，成为教育领域必须面对和解决的重要课题。学习的灵活性和资源的丰富性的提高并不意味着学习的效果和质量能够获得有效保证。本书从大数据视角出发，对在线学习行为的评价与提升策略进行了较为深入的探讨与分析，旨在为在线教育质量的提升提供支撑与借鉴。

全书共分为八章。第一章，简要介绍在线学习的时代背景，包括信息技术的发展、教育模式的变革以及在线学习的优势和挑战，为读者理解在线学习的现状和发展趋势提供基础。第二章，回顾在线学习研究进展、相关理论与方法，为后续的深入研究奠定理论基础。本章将从建构主义学习理论、行为科学理论、有效教学理论、教育评价理论等不同的理论视角，从统计分析、数据挖掘、数据包络分析等学习行为分析方法出发，探讨在线学习行为评价的理论框架。第三章，构建在线学习行为有效性评价框架，界定学习行为有效性的内涵与概念，明确评价的目标、原则、流程与评价维度。本章将结合大数据的特点和优势，提出基于数据的在线学习行为评价方法，并探讨如何收集、处理和分析在线学习行为数据。第四章，介绍在线学习行为有效性评价的具体实践，包括评价指标体系的构建、数据采集与预处理、评价方法的应用等。本章将通过案例分析的方式，展示在线学习行为评价在实际教学中的应用和评价结果。第五章，重点考虑内隐数据在在线学习行为有效性评价中的作用。内隐数据是学习者在学习过程中产生的无法直接观测的数据，如学习情感、学习动机等。本章将探讨如何收集和分析内隐数据，以更全面地了解学习者的学习状态和需求。第六章，探讨在线学习行为有效性的提升路径。从学习准备、自主学习、巩固内化和应用迁移等多个阶段出发，提出一系列具有针对性的提升策略与建议。同时，明确提升在线学习行为有效性的六个重要因素。第七章，介绍在线学习行为有效性提升的具体策略。本章将从学习主体、教师导学、学习资源、网络交互、评价机制、学习平台六个维度出发，提出一系列具体的、可操作的策略和建议。第八章，展望在线学习的发展趋势。结合当前的教育政策和市场需求，分析在线学习面临的机遇和挑战，并提出未来在线学习的发展方向与建议。

本书系统梳理了在线学习的现状和发展趋势，探讨了在线学习行为评价和提升的基本方法和策略，由于笔者水平有限，本书难免存在不足之处，希望广大读者批评指正。

目　录

第一章

在线学习的时代背景

第一节　在线学习的教育发展背景

　　20 世纪 90 年代以来，教育信息化的迅速发展给传统教育模式带来了前所未有的深刻影响和巨大冲击。这一变革不仅重塑了传统教育的基本形态，更在深层次上影响着教育理念、教育方法以及学习者的学习模式。伴随着多样化在线学习平台的普及，在线教育也逐渐获得人们的认可并发展成为教育领域的关注热点。在线教育强调将信息技术与教育理念的深度融合，这一理念充分体现了教育现代化的必然趋势，也成为推动教育改革和发展的强大动力。在线教育以其独特的灵活性、互动性和资源共享性优势，为教育改革提供了新的可能。

　　我国教育信息化历经多年发展，目前基础设施初具规模，资源建设初显雏形，教育应用初见成效。近年来，国家高度重视在线教育的发展，教育信息化已经上升为国家级发展战略。大量政策文件的出台，积极推进了教育发展规划，旨在倡导遵循教育信息化的时代发展背景。通过深化教育教学改革创新，加快完善在线学习平台的发展。

　　2012 年，教育部颁布《教育信息化十年发展规划（2011-2020 年）》，这是我国教育信息化发展的重要里程碑。该规划首次提出"信息技术对教育发展具有革命性影响的重要观点"，明确了教育信息化的发展目标、任务和保障措施，提出以教育信息化带动教育现代化的战略思想。

2016年，教育部印发《教育信息化"十三五"规划》，强调到2020年我国要基本建成"人人皆学、处处能学、时时可学"的教育信息化体系。旨在通过信息化手段，促进教育公平、提升教育质量、推动教育创新。规划对"十三五"时期教育信息化的具体发展目标和任务进行了详细阐述，强调创新引领和应用驱动，关注于全面提升教育信息化的水平和质量。

2018年，教育部发布《教育信息化2.0行动计划》，标志着我国教育信息化进入全新发展阶段。该计划强调教育信息化的创新发展，通过促进信息技术与教育教学的深度融合，以实现教育信息化从融合应用向创新发展的高阶演进。行动计划还提出了实现数字校园建设全覆盖、普及信息化教学应用、提升师生信息素养等一系列具体目标。

2019年，中共中央办公厅发布《加快推进教育现代化实施方案（2018—2022年）》，将"大力推进教育信息化"列为十项重点任务之一，以促进公平和提高质量为指导，围绕加快推进教育信息化这一核心主题，聚焦教育发展的战略性和紧迫性问题。方案进一步凸显了教育信息化在推动教育现代化中的重要地位。

2019年，中共中央、国务院颁布《中国教育现代化2035》，明确我国到2035年的教育发展目标，旨在形成全社会共同参与的教育治理新格局。该文件提出了面向教育现代化的十大战略任务，明确了总体规划目标和实施路径。该文件是推进建设教育强国的纲领性文件。

2021年，教育部、中央网信办等6部门颁布《关于推进教育新型基础设施建设构建高质量教育支撑体系的指导意见》，强调以新发展理念为引领，以现代化为主导，聚焦于信息网络、平台体系、数字资源、智慧校园、创新应用、可信安全等方面的新型基础设施体系。这是国家新基建的重要组成部分，是信息化教育变革的牵引力量。

2023年，教育部颁布《学习型社会建设重点任务》，将建设学习型社会、学习型大国作为建设教育强国的战略举措，将教育数字化作为推进学习型社会建设的"倍增器"，聚焦构建网络化、数字化、个性化、终身化的教育体系，构建"人人皆学、处处能学、时时可学"的终身学习服务体系，为教育强国建设提供有力支撑。

近年来，教育信息化的相关政策见图1-1。

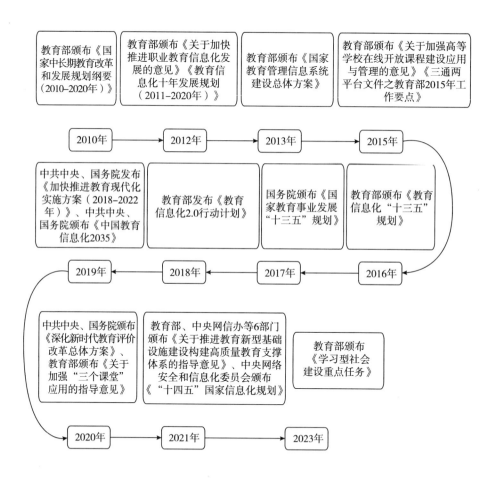

图1-1 教育信息化的相关政策

通过一系列的政策文件，国家明确了教育信息化的发展建设目标，为各级教育部门和学校推进信息化进程提供了明确的指导。这些政策不仅推动了信息技术在教育领域的广泛应用，还促进了教育资源的优化配置和共享，也为在线教育的发展奠定了坚实的基础。

第二节 大数据时代与教育变革

一、信息技术与大数据发展

技术发展对在线教育起到关键推动作用，在线教育的兴起和快速发展在很大程度上得益于技术的创新进步。数字化、网络化、智能化、云计算、大数据等技术为在线学习平台带来了前所未有的创新和优化机会，极大地提升了学习者的学习体验。

（一）数字化技术

数字化技术使得在线学习平台能够突破时空限制，为学习者提供更加灵活、便捷和个性化的学习方式。学习者可以随时随地接入在线学习平台，参与在线课程和学习活动。通过数字化技术，在线学习平台实现了供学习者学习的各种教学资源的数字化处理和上传。平台提供的在线测试、实时反馈系统、互动讨论区等在线工具实现了对学习者学习过程的实时监控和精准评估，为教师提供了宝贵的教学参考和改进方向。此外，借助虚拟现实（Virtual Reality，VR）技术和增强现实（Augmented Reality，AR）技术，平台为学习者创造了更加逼真的学习场景和体验，从而显著提升了学习效果和学习兴趣。数字化技术在在线教育中扮演着举足轻重的角色，其深远影响不仅体现在提高教育的效率和质量上，更在于促进教育的公平和普及。

（二）网络化技术

网络化技术是推动在线教育发展的重要驱动力。基于 Web 的网络教学平台系统，用户可以通过浏览器方便地实现资源访问及使用。这种架构方式使在线学习平台具有高度的灵活性和可扩展性，能够满足大规模用户的访问需求。视频会议技术是应用最广泛的技术之一。通过视频会议，教师和学习者可以实现实时互动交流，获得更好的学习体验。网络直播技术也扮演着重要角色，教师通过网络直播方式进行教学，具有全球覆盖范围广、方便快捷的特点，特别适用于大规模的在线教育需求。学习者根据需求和兴趣进行学习，同时也可以通过网络平台与全球范围的学习者进行交流合作，从而拓宽了学习的视野和机会。然而，当前网络化技术也面临着网络安全、数据隐私保护等挑战。因此，在推进在线教育网络化技术应用的同时，也需要加强技术安全管理，确保在线教育的健康发展。

（三）智能化技术

智能化技术的应用为在线教育行业带来了革命性变革，显著提升了教育教学的效率和质量，还极大地创新了教育教学生态。智能化技术使得在线学习平台能够针对每位学习者的学习习惯、能力水平和需求特点进行智能化推送，提供个性化的学习资源和学习计划。基于人工智能算法和机器学习技术，系统可以学习历史数据集，分析学习者的学习数据和行为信息，智能推荐学习资源和相应难度内容的习题。此外，人工智能还可以实现智能答疑、作业批改、学习分析等功能，为提升学习者的学习效果和满意度提供支持。智能答疑系统能够解答学习者的问题并解释解答步骤，为学习者提供及时的帮助；作业批改系统则可以自动批改学习者的作业，减轻教师的负担，同时提供更准确的反馈。人脸识别、语音识别等技术在在线教育课堂中的应用也越来越广泛，这些技术能够将学习者的课堂表现实时反馈给师生和家长，从而更全面地了解和追踪学习者的学习状态。

（四）云计算技术

云计算技术为在线教育提供了强大的基础设施支持。在线学习平台借助于云计算技术，将不同地域的服务器连接成一个集群，形成虚拟化资源池。用户可以随时随地接入和获取资源，实现学习者、教师、资源的互联、互通、协作，为用户提供高效、便捷的学习方式。云计算基础设施的部署方式使在线学习平台具有高灵活性和高扩展性，从而满足不断扩大的用户需求。云计算平台能够整合本地及各地的教育资源，形成教育云服务，降低了教育投资成本，同时具备灵活性和可伸缩性。在线学习平台多采用云灾备策略，保障在不同突发情况下的教学活动不受影响。在线学习平台也可以融合网校教育、MOOC、直播、知识付费等多种形式，提供多样化的学习体验。在强大的云计算技术支撑下，教育资源更加丰富，教学方式更加多样，教育资源访问的灵活性和质量得以同时极大提升。

（五）大数据技术

大数据技术可以帮助在线学习平台实现学习行为的精准跟踪和分析。通过收集学习者在学习过程中产生的各类数据，建立丰富的数据资源库。通过分析学习者的学习时间、学习进度、答题情况等数据，平台可以了解学习者的学习状态和学习效果，提供个性化的学习路径。基于大量的学习数据，预测学习者的学习趋势和潜在需求，从而为他们推荐合适的学习资源和课程。这种预测和推荐功能能够更好地理解和服务于学习者。大数据技术通过分析用户画像和用户行为数据，平台得以更好地了解用户需求和市场趋势，制定更加精准的市场营销策略。利用大数据技术进行智能问答、在线讨论等功能，促进学习者之间的交流和互动，提升学习交互效果。

二、在线教育与传统教育的比较

在线教育不仅扩大了教育的覆盖范围，还推动了教学模式、教学资源与师生互动等方面的变革，对传统教育体系产生了深刻影响。随着技术的不断进步，这些变革将进一步深入，为教育的未来带来更多可能性。在线教育与传统教育在教育对象、教育环境和交互反馈方面存在显著差异，如图1-2所示。

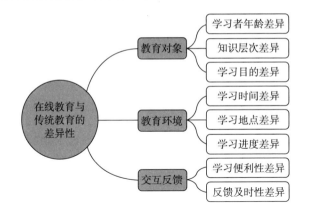

图 1-2　在线教育与传统教育的差异性

（一）教育对象存在差异

传统教育通常面向具有相似年龄和知识水平的学习者，而在线教育则打破这一限制，吸引了更为广泛和多样化的学习群体。

1. 学习者年龄差异

传统教育的授课对象通常是年龄段相似的学习者群体，如青少年在学校接受的学历教育；而在线教育则打破年龄限制，吸引了不同年龄段的学习者。在线教育的开放性特征保障其覆盖范围更广，为不同年龄段的群体提供了学习机会。

2. 知识层次差异

传统教育面向的学习者通常按照年级和课程进度进行分级，一般具有相似的知识水平；而在线教育则面向全社会成员，不受知识层次限制，无论是初学者还是希望深造的专业人士，均能找到合适的课程。在线教育提供了多种课程和学习路径，满足不同知识背景和学习需求的学习者，有助于促进教育资源的平等化和优质资源的共享。

3. 学习目的差异

传统教育侧重于统一的教学目标和标准化的考核方式，以教师为中心进行知识传授，关注于学术性和理论性的教学内容；而在线教育更多地关注于学习者的个性化发展和终身学习理念，鼓励学习者自主发现问题并在同伴互助过程中探索解决问题。在线教育能够为学习者提供更加多元化的课程体系，追求兴趣爱好和职业技能提升的学习者均能在平台上找到相应的资源和课程，满足广泛和多样化的学习需求。在线教育为解决教学资源不均衡问题提供了解决方案，有助于促进教育的普及和平等。

（二）教育环境存在差异

1. 学习时间差异

传统教育要求学习者需要适应固定的课程时间表，在特定的时间接受教育；而在线教育消除了这些限制，允许学习者根据个人的生活和工作时间安排规划学习，极大地提高了学习的灵活性和便捷性，这对于工作、家庭或个人事务繁忙的学习者而言尤其有利。

2. 学习地点差异

传统教育通常需要在学校或培训机构的教室等固定地点进行，这种方式受到交通、日程安排等因素的限制，尤其是对于居住在偏远地区或者有时间限制的学习者，可能存在一定困难。在线教育突破了地理限制，允许学习者在任何能够进行网络连接的地点进行学习，提供了方便、快捷的学习方式。

3. 学习进度差异

传统教育的学习进度通常由教师依据教学计划开展，教师根据教学大纲和学习者的整体水平，制订出详细的教学计划、教学内容，并按计划开展统一教学。在线教育能够提供更加多元化的课程体系，使学习者可以自主选择时间开展学习，满足不同学习者的个性化需求。在线学习者具有可控性，能够自主控制个人学习进度。

（三）交互反馈存在差异

1. 学习便利性差异

在线课程通常可以重复观看，这与传统教育的一次性授课模式不同，学习者可以随时随地回顾课程内容，确保对知识点的深入理解和掌握。这种重复观看功能不仅有助于巩固记忆，还能帮助学习者更加高效地查漏补缺。尤其对于存在难度的课程内容可以暂停、回放或深入探究，通过重复观看，加强了学习者对这些内容的理解和记忆。这种灵活的学习方式有助于激发学习者的学习兴趣和积极性。

2. 反馈及时性差异

传统教育模式中，教师需要批改大量纸质作业或试卷，这往往需要花费较长时间。因此，学习者可能需要等待一段时间才能获得作业的批改结果和教师反馈。此外，课堂讨论或提问的机会也可能受到课堂时间和学习者数量的限制，导致部分学习者无法及时获得所需反馈。在线学习平台通常配备实时反馈系统，学习者可以在完成练习或作业后，实时获得系统对答案的批改和评分。此外，许多在线学习平台还提供在线答疑、讨论区等功能，学习者可以随时随地提问，教师或其他同学能够迅速回应，提供及时的解答和帮助，这种即时的反馈机制有助于学习者迅速了解个人学习状况。

虽然在线教育在方便性和灵活性方面具有明显优势，但传统教育在师生互动和实践操作方面仍然不可替代。在线教育的灵活性也要求学习者具备自我管理能力和自律性，以确保学习效果。此外，相较于传统教育，在线教育具有师生教学分离特征，教师难以直接监管学习者的学习行为，不能及时干预存在问题的学习者状态。因此，学习者可能存在学习效率较低的问题，如何解决这一问题也成为教育信息化发展的重要命题。

第三节　教育大数据与在线学习新需求

一、教育大数据的新需求

随着国家对教育信息化的快速推进，以及信息技术与教育教学的深度融合，我国教育领域的改革与创新发展越发需要信息技术的支持和引领。大数据在教育领域的应用已被列入我国教育信息化发展规划，预示着教育真正开始走向大数据时代。

2015 年被称为中国教育大数据元年。这一年，业界开始广泛认识到教育大数据的潜力与价值，企业和学者纷纷投入研究，以期通过大数据技术推动教育的变革与发展。这一时期，教育机构和研究者开始积极探索大数据在教育中的应用场景和方法。他们利用大数据技术收集、整理和分析学习者的学习数据、教学数据以及教育资源数据等，以期获得更深入的教育洞察和更精准的教学决策。教育大数据的研究呈现爆发式增长态势，研究广度和深度持续扩展，视角也逐渐趋向多元化。与此同时，我国已经取得了一些显著的成果。例如，一些学校开始利用大数据技术进行学习者画像的构建，通过收集和分析学习者的学习数据，为学习者推荐适合的学习资源和课程，实现个性化教学。同时，一些在线学习平台也利用大数据技术对用户行为进行分析，优化推荐算法，提高用户体验感和学习效果。

教育大数据从其产生的主体出发，可以分为广义和狭义两类（见图 1-3）。

（一）广义的教育大数据

广义的教育大数据泛指所有来源于日常教育活动中的人类行为数据，包含教育者、学习者、管理者以及其他与教育相关的个体或群体在教育过程中所产生的一切数据。这些数据来自课堂教学、在线学习、教育管理、教育研究等多个方面，涵盖了教育的各个层面和环节。广义的教育大数据可以从多个维度进行分类。

1. 按业务类型划分

可划分为三类数据。第一类为教学类数据，涉及课堂教学、在线教学等教学活动中的数据，如学习者作业、课堂互动等；第二类为管理类数据，涉及与学校、班级、教师等管理活动相关的数据，如考勤记录、教师评价等；第三类为服务类数据，包括学习者服务、校园服务等方面的数据，如图书馆借阅记录、校园设施使用情况等。

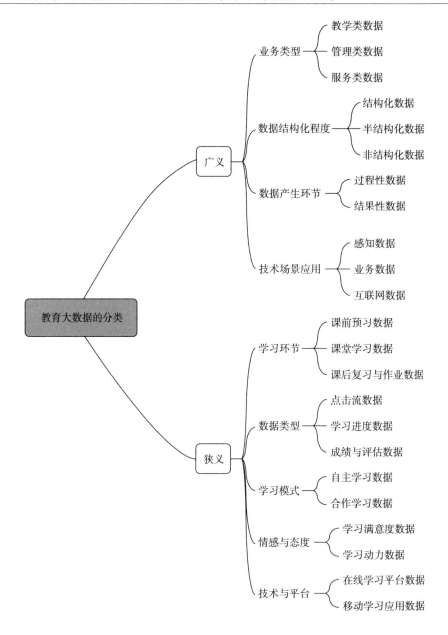

图 1-3 教育大数据的分类

2. 按数据结构化程度划分

可划分为三类数据。第一类为结构化数据，这类数据适合用二维表存储，如学习者基本信息、成绩等；第二类为半结构化数据，这类数据介于结构化和非结构化之间，如某些日志文件或 XML 数据；第三类为非结构化数据，包括文本、图像、音频和视频等，这类数据在教育中的占比逐渐增大。

3. 按数据产生环节划分

可划分为两类数据。第一类为过程性数据，这类数据在活动过程中采集获得，通常难以量化，如课堂互动、在线作业、网络搜索等；第二类为结果性数据，这类数据通常表现为可量化的结果，如成绩、等级、数量等。

4. 按技术场景应用划分

可划分为三类数据。第一类为感知数据，通常通过传感器、摄像头等设备收集；第二类为业务数据，涉及在日常教育活动中产生的业务数据；第三类为互联网数据，涉及从互联网上获取的教育相关数据。

在实际应用中，这些分类方式并非孤立，而是相互交织、相互补充。通过收集和分析这些大数据，教育机构和研究者可以更深入地了解教育活动的全貌，揭示其中的规律和趋势，为教育决策提供有力支持。然而，广义的教育大数据也面临着数据安全和隐私保护、数据质量控制、数据处理和分析技术亟待提升等挑战。因此，在利用大数据推动教育变革的同时，也需要关注并解决这些问题。

（二）狭义的教育大数据

狭义的教育大数据主要聚焦于学习者的学习过程和学习成果，关注于学习者在学习过程中所产生的数据，如学习时长、学习进度、学习行为、学习路径、学习反馈等。这些数据主要来源于学习者管理系统、在线学习平台和课程管理平台等，反映了学习者的学习行为和学习习惯。狭义的教育大数据可以从多个维度进行分类。

1. 按学习环节划分

可划分为三类数据。第一类为课前预习数据，涉及学习者在课前进行预习活动所产生的数据，如预习时长、预习内容等；第二类为课堂学习数据，涉及学习者在课堂上的学习行为数据，如课堂互动次数、提问频率等；第三类为课后复习与作业数据，涉及学习者课后复习及完成作业的情况，如复习时长、作业完成度等。

2. 按数据类型划分

可划分为三类数据。第一类为点击流数据，包括学习者在在线学习平台上的点击行为数据，如点击的页面、停留时间等；第二类为学习进度数据，包括学习者的学习进度情况，如已完成的课程章节、学习进程等；第三类为成绩与评估数据，包括学习者的考试成绩、作业评分以及综合评价等数据。

3. 按学习模式划分

可划分为两类数据。第一类为自主学习数据，涉及学习者独立学习时的行为数据，如自主学习时长、资源选择等；第二类为合作学习数据，涉及学习者在合作学习或小组讨论中的行为数据，如合作完成任务的次数、互动讨论的质量等。

4. 按情感与态度划分

可划分为两类数据。第一类为学习满意度数据，考察学习者对学习内容、教学方式等的满意度评价；第二类为学习动力数据，考察学习者的学习动力、兴趣及持久性等方面。

5. 按技术与平台划分

可划分为两类数据。第一类为在线学习平台数据，来自各类在线学习平台的学习者行为数据；第二类为移动学习应用数据，来自移动学习应用收集获得的学习者行为数据。

狭义的教育大数据在个性化教育、学习路径优化和教学效果评估等方面具有广泛的应用价值。根据学习者的学习数据，教师可以为每个学习者制订个性化的学习计划，提供符合其学习风格和需求的学习资源；同时，通过对学习数据的分析，教师还可以及时发现学习者的学习问题，提供及时的反馈和指导。这类教育大数据是教育领域的重要资源，通过深入挖掘和分析这些数据，可以为教育决策、教学改进和个性化学习提供有力支持。

二、在线学习的新需求

伴随着社会、技术、经济和教育理念的多方面影响，传统教育逐渐向在线教育发展转变。在线学习也发展成为越来越多学习者获取知识和技能的主要方式之一。在这个过程中，学习者对于在线学习的需求也在不断变化和升级。

（一）对于教育资源获取方式的新需求

在线学习的环境下，学习者能够更为便捷地获取所需教育资源，用户期望通过搜索引擎、在线学习平台等工具，随时随地获取相关学习资料，无须受到物理空间的束缚。学习者对于教育资源的多样性和丰富性也有新的需求，不再满足于单一的文字或视频资源，而是希望获得包括音频、动画、互动练习等多种形式的教育资源。这些多样化的资源能够进一步激发学习兴趣。同时，学习者对于教育资源的质量和权威性也提出更高要求。在海量信息充斥的网络环境中，往往很难判断资源的真实性和可靠性。因此，学习者希望在线学习平台能够提供经过筛选和认证的优质教育资源，确保学习的有效性和安全性。此外，信息技术的发展推动了教育评价的多元化。通过数据分析、学习跟踪等手段更全面地了解学习者的学习情况和学习需求，从而为学习者提供更加精准的评价。为满足这些需求，在线学习平台需要不断创新和优化资源的获取方式，提供更加优质、高效的服务。

（二）对于个性化学习的新需求

个性化学习需求的增加，是推动在线教育发展的一个重要因素。随着当前教育理念的更新，人们越发认识到每个学习者都是独一无二的个体，具有不同的学习风格、兴趣爱好和能力水平。因此，传统的统一化教学模式已经无法满足当前学习者的需求，个性化学习逐渐成为教育领域的一个热门话题。在线教育为个性化学习提供了更为广阔的空间和可能性。人工智能等信息技术的发展成熟，以及在线学习平台系统的优化完善，均将成为促进在线学习平台应用普及的重要驱动力。在线学习平台通过数据分析和学习跟踪等技术手段，深入了解每个学习者的学习情况和需求，为他们提供量身定制的学习资源和路径。学习者在学习过程中也希望获得更多的自主权和选择权，不再被动地接受知识，而是能够主动地选择自己感兴趣的学习内容，参与到学习决策中来。此外，学习者对于学习效果反馈也提出新的需求。这不仅要求平台能够帮助学习者及时了解个人学习状态，还能够帮助其调整学习策略，进一步提高学习效果。为满足这些个性化学习的新需求，在线学习平台需要积极运用人工智能、大数据等先进技术，对用户的学习数据进行深度挖掘，以提供更加精准、个性化的学习服务。

（三）对于终身学习的新需求

科技的快速发展和知识的不断更新，使终身学习成为必要。信息化、全球化时代，新的技术、新的理念层出不穷，人们需要不断学习才能跟上时代步伐。无论是职业领域的专业知识，还是日常生活所需的技能，均需要通过不断学习来更新和提升。教育资源的普及和在线教育的兴起，也为终身学习的实现提供了便利条件。终身学习强调个人成长和全面发展，在线学习平台的课程和学习资源涵盖各个学科、各个领域，学习者可以根据兴趣和需求进行选择，从而实现自我提升和全面发展。这种便捷性和灵活性使终身学习更易实现。此外，当前面临问题日趋复杂多样化，对跨学科的知识和技能提出更高要求。在线学习平台提供了从基础科学到人文艺术等不同领域的知识，有助于构建起跨学科的知识体系。多样化的课程资源促进了学习者之间的交流和合作，有助于培养学习者的跨学科思维和综合能力。为满足终身学习的需求，在线学习平台也需持续更新和优化课程资源，加强与行业、企业合作，为学习者提供与实际工作和职业技能相关的课程和培训。此外，政府和社会各界也需要积极支持和推动终身学习的理念和实践，为学习者提供更多的学习机会和资源。

第四节　在线学习平台的发展与应用

当前，在线学习平台已经成为远程教育教学的重要工具，为学习者、教师和教育管理者提供服务。早期，远程教育教学模式主要依赖于传统的以教师作为主导者的导向性教学。随着技术的不断进步与普及，在线教育教学模式、教学方法、技术手段和学习者体验也趋于多样化，逐步转向远程实时互动的课堂教学模式。近年来，大规模开放在线课程，作为网络学习平台的典型代表，也得以普及化发展。

一、国外在线学习平台

国外在线学习平台的发展历程可以追溯到 20 年前，这些平台通过不断创新发展，为全球学习者提供了丰富的在线学习资源。在其发展历程中，通过不断与全球知名大学和机构合作，共同开发出大量高质量的在线课程。这些平台的成功也推动了全球在线教育的普及和发展。国外知名的在线学习平台众多，且各具特色和优势。以下列举一些全球领先的国外在线学习平台。

（一）Coursera 在线学习平台

Coursera 在线学习平台（https：//www.coursera.org/）于 2012 年由斯坦福大学的两位计算机科学教授 Daphne Koller 和 Andrew Ng 创立。平台通过与全球顶尖的大学和机构合作提供在线课程，课程覆盖计算机科学、数据科学、信息技术、数学、语言学习、艺术人文、商科等多个热门领域。

Coursera 区别于其他在线学习平台的典型特点，在于其与全世界高等教育机构的深度合作。通过提供大量优秀的课程资源，学习者可以享受到全球优质教学资源。平台的课程结构丰富多样，包括视频讲座、阅读资料、实践项目和作业等，旨在提供与传统课堂相似的学习体验。同时，平台提供了灵活的学习方式，学习者可以根据自己的时间和进度访问课程内容。平台的许多课程均已获得美国教育委员会的官方认可，完成这些课程的学习者可以将学分转换到相应的大学课程中，使课程质量得到广泛认可。Coursera 以其丰富的课程资源、灵活的学习方式以及与全球顶级教育机构和企业的合作，为学习者提供了高效、便捷的在线学习环境（见图 1-4）。

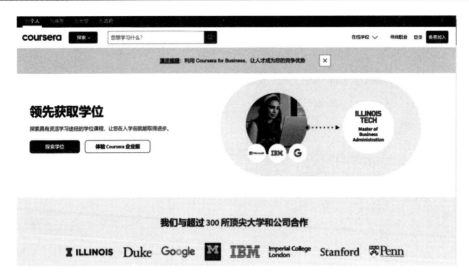

图 1-4　Coursera 在线学习平台主页

（二）Udemy 在线学习平台

Udemy 在线学习平台（https：//www.udemy.com/）建立于 2010 年，是开放式的在线教育网站，旨在为全球的学习者提供高质量、多样化的在线课程。Udemy 的名字来源于"You"和"Democracy"的结合，寓意平台致力于让每个人拥有平等接受教育的机会。

Udemy 涵盖编程、设计、营销、语言学习等各个领域课程，内容丰富多样。平台允许教师或专家自主创建和发布课程，通过课程编辑器，教师可以添加视频、音频、文本、测试等课程内容，组织课程模块，实现课程的个性化定制。同时，Udemy 也提供了完善的课程管理和推广工具，帮助教师更好地管理课程、布置作业、组织测试，以及推广自己的课程。对于学习者而言，他们可以根据自己的兴趣和需求选择合适的课程，随时随地在线学习，并与其他学习者或教师进行互动交流。Udemy 的课程价格相对灵活，学习者可以根据个人预算选择免费或付费课程（见图 1-5）。

图 1-5　Udemy 在线学习平台主页

（三）edx 在线学习平台

edx 在线学习平台（https：//www.edx.org/）于 2012 年由哈佛大学和麻省理工学院共同创建。它是非营利性在线学习平台，旨在通过互联网技术为全球学习者提供高质量的教育资源。平台聚集了全球众多知名大学和机构，共同开发和分享优质的在线课程，涵盖人文科学、计算机科学、数学、物理等各个领域。

edx 的特点在于其开放性和合作性，通过鼓励全球的教育机构和教师共同参与到课程的开发分享，从而形成一个庞大的在线教育社区。同时，edx 也积极与企业和社会组织合作，推动在线教育的普及和发展。平台提供了丰富的课程内容和学习资源，包括视频讲座、阅读资料、实践项目和作业等，学习者可以享受到与传统课堂相似的学习体验。edx 以其开放合作、高质量的特点，为全球的学习者提供了丰富的教育资源，促进了全球教育的普及和发展（见图 1-6）。

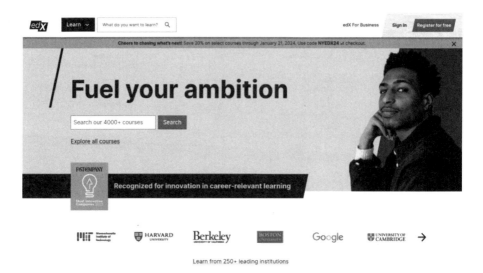

图 1-6　edx 在线学习平台主页

（四）Khan Academy（可汗学院）在线学习平台

Khan Academy 在线学习平台（https：//www.khanacademy.org/）于 2016 年由 Salman Khan 创建，已经成长为非营利性教育组织，其主旨在于通过网络影片进行免费授课。平台教学内容丰富，涵盖数学、历史、金融、物理、化学、生物、天文学等多个科目，目前拥有超过 2000 段的教学视频。平台充分考虑学习者的学习主体特征，采用"翻转课堂"教学模式，通过在线图书馆向全世界学习者提供免费的高品质教育，从而满足大众自主学习的需求。

在近 20 年的发展中，Khan Academy 得到长足发展，其免费网络课程吸引了大量的注册用户并广受欢迎。同时，平台也与国内的网易云课堂等在线课程平台建立了长期合作。Khan Academy 致力于为全球提供免费、高品质教育的非营利性在线教学，通过创新的教学方式和丰富的教学内容，为全球学习者提供全新的学习体验（见图 1-7）。

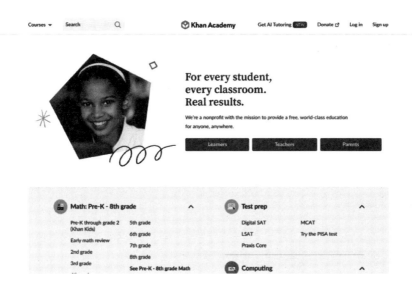

图 1-7　Khan Academy（可汗学院）在线学习平台主页

（五）Moodle 在线学习平台

Moodle（Modular Object-Oriented Dynamic Learning Environment）在线学习平台（https：//moodle. org/），即模块化面向对象的动态学习环境在线学习平台，是 2001 年由澳大利亚教师 Martin Dougiamas 主持开发的开放源码网络教育平台。

Moodle 开设的主要目的在于帮助教育者建立有效的在线学习网站，并为教师和学习者提供交流与协作的环境。在 Moodle 平台，教师可以轻松创建课程、添加教学资源、布置作业、组织测验等，而学习者则可以随时随地进行学习、参与讨论、提交作业等。其特点在于模块化设计和灵活的适应性。模块化结构使用户可以根据需求进行定制和扩展，适应性则意味着它可以在多种操作系统和环境中运行。此外，丰富的课程活动模块和先进的技术架构满足了不同教学需求并提供了高效稳定的服务。Moodle 目前已经被两百多个国家的四万多个网站采用，以其开放、自由、协作的学习环境，共享优质的教育资源，为在线学习提供了有力支撑（见图 1-8）。

图 1-8　Moodle 在线学习平台主页

（六）其他在线学习平台

全球范围内还有众多其他优质的在线学习平台。这些平台不仅提供了丰富的在线课程，而且涵盖了各个领域的知识和技能，使学习者可以根据自己的兴趣和需求进行选择。

FutureLearn（https：//www.futurelearn.com/）作为英国公开大学创立的第一个 MOOC 平台，其课程涵盖了工程数理、自然环境、社会人文、商务管理等多个领域，为学习者提供了多样化的学习选择。iversity（https：//iversity.org）作为德国创立的免费 MOOC 平台，被视为欧洲的 Coursera，其课程以英文和德文为主，内容涵盖医学、电脑科学、经济等多个领域，为学习者提供了国际化的学习体验。Open2Study（http：//www.open2study.com）为澳大利亚推出的在线学习平台，意为澳洲开放大学联盟，也称澳洲线上大学。其课程多为入门型课程，旨在让学习者了解各个领域的概要或启发对新领域的兴趣。通过为初学者提供良好的起点，帮助他们逐步深入了解个人感兴趣的领域。日本的 Schoo 学习平台（https：//schll.jp/）则专注于传授经营创业、商业技巧、科技与信息业界趋势等方面的知识，为学习者提供与实际工作密切相关的课程，以帮助他们在职场中获得更好表现。

二、国内在线学习平台

相较于国外在线学习平台，国内在线学习平台起步较晚，信息化教育的普及程度还存在一定差距。然而，近年来我国的在线学习平台迅猛崛起，促进了在线教育的发展，掀起了在线教育的学习浪潮。2011 年，教育部下发《关于国家精品开放课程建设的实施意见》，组织"985 工程"高校先行启动视频公开课建设试点工作。2012 年，教育部认定 43 门课程为首批"精品视频公开课"，在"爱课程"网站、中国网络电视台及网易等网站免费向社会开放。2013 年起，教育部分四批认定 2911 门"国家级精品资源共享课"。这一年，中国 MOOC 建设开始起步，也称为"中国 MOOC 元年"。随着"MOOC 元年"的确立，清华大学、北京大学、上海交通大学等高校相继加入 Coursera 和 edx 等世界主流学习平台。此后，其他高校也纷纷加入 MOOC 的建设队伍。MOOC 平台的注册人数和完课人数逐年增加，支持在线课程的平台也相继涌现。

（一）中国大学 MOOC 在线学习平台

中国大学 MOOC 在线学习平台（https：//www.icourse163.org）于 2014 年由网易与高教社联合推出，是中国高等教育界开始进入"MOOC 时代"的重要标志。

MOOC 平台通过汇聚并分享全球优质教育资源，为广大学习者提供无边界的在线学习体验。平台涵盖了北京大学、浙江大学、南京大学、武汉大学、复旦大学等国内知名高校的优质课程，内容涉及计算机、经济学、管理学、考研、理工补习、心理学、外语等多个学科领域。课程由各个领域的顶尖专家和学者授课，具有极高的学术价值和实用性。除丰富的课程内容，平台还提供课件下载、教师答疑、测验考试、作业提交、课程讨论等多种功能，为学习者提供了全方位的学习支持。同时，学习者还可以根据个人学习进度和需求，自由选择课程进行学习，并获取相应的证书或学分（见图 1-9）。

图 1-9　中国大学 MOOC 在线学习平台主页

（二）网易云课堂在线学习平台

网易云课堂在线学习平台（https：//study.163.com/）于 2012 年上线，是网易公司旗下的在线实用技能学习平台。其主要特点是立足实用性需求，与多家权威教育、培训机构建立合作，精选超过 10000 门课程，涵盖实用软件、IT 与互联网、外语学习、生活家居、兴趣爱好、职场技能、金融管理、考试认证、中小学、亲子教育等十余门类，从用户生活、职业、娱乐等多个维度为用户打造实用学习平台。此外，网易云课堂还提供多种学习辅助功能，如在线直播授课、学习社区、作业评估等。学员可以与老师和其他学员进行互动交流，分享学习心得和问题解决方案。网易云课堂凭借其丰富多样的课程内容、专业的教师团队和良好的学习体验，已经在中国在线教育领域树立良好的口碑和影响力，成为学习者提升自我、获取实用技能的重要平台（见图 1-10）。

（三）腾讯课堂在线学习平台

腾讯课堂在线学习平台（https：//ke.qq.com）是 2014 年由腾讯公司推出的综合性在线学习平台。腾讯课堂聚合了大量优质教育机构和名师，提供了丰富多样的课程内容。无论是 IT/互联网、K12 教育、设计创作，还是兴趣爱好、外语培训等领域，均能满足多样化学习需求。平台依托于庞大的用户群，教学特点具有明显的社交属性，利用 QQ、微信的高互动性，推出直播课程，实现在线即时

图 1-10　网易云课在线学习平台主页

互动教学。同时，腾讯课堂单独开辟了学团板块，满足求知者发帖、交流、分享、社交的需要。此外，平台将 QQ 的即时通信工具加入到课程中，可以直接联系授课老师。腾讯课堂还具备流畅的直播效果、多样的授课模式等特点，凭借其丰富的课程内容、高效的互动教学和优质的用户体验，已成为学习者在线学习的首选平台之一（见图 1-11）。

图 1-11　腾讯课堂在线学习平台主页

（四）学堂在线学习平台

学堂在线学习平台（https：//next. xuetangx. com/）是 2013 年由清华大学发起建立的中国首个 MOOC 平台，也是联合国教科文组织国际工程教育中心的在线学习平台。

学堂在线学习平台汇聚了全球优质教育资源，运行来自清华大学、北京大学、复旦大学、中国科技大学以及麻省理工学院、斯坦福大学、加利福尼亚大学伯克利分校等国内外一流大学 3000 门以上优质课程，覆盖 13 大学科门类。课程大部分可以免费学习，同时也提供认证学习方式，为学习者提供了灵活多样的学习选择。平台的特色在于精品化和多元化路线，坚持提供高质量的在线课程和学习体验。此外，平台还注重与国内外知名高校和机构的合作，共同推动在线教育的发展和创新（见图 1-12）。

图 1-12　学堂在线学习平台主页

（五）智慧树在线学习平台

智慧树在线学习平台（https：//www. zhihuishu. com）建立于 2011 年，于

2013 年正式上线运营，属于学分课程共享平台。平台能够帮助教师完成教学发展培训、设计新课程，学习名校名师的课程设计。通过与多所高等院校的合作，智慧树为会员高校之间实现跨校课程共享和学分互认提供便利。

智慧树通过运用"平台+内容+服务"业务模式，为数百万学习者提供在线课程的学习，并获得相应学分。此外，平台拥有专业的服务团队和完善的服务基础设施，为学习者提供全方位的学习支持。学习者可以浏览并选择自己感兴趣的课程，通过观看视频、记录笔记、完成作业等进行自主学习。同时，平台还提供了与教师互动、问题讨论、在线答疑等功能，以及在线考核和修读证明申请服务（见图 1–13）。

图 1–13 智慧树在线学习平台主页

三、在线学习平台的课程模式

典型在线学习平台的课程模式多种多样，每种模式都有其独特特点和适用场景。

（一）网络公开课模式

网络公开课模式是在线学习平台中一种非常受欢迎的课程模式。这种模式充分利用了互联网技术和平台，将教育资源进行公开共享和在线教学服务。其实质上是一种以讲座形式的在线开放课程模式，主要面向想要了解相关领域文化和科学知识的社会大众进行开放。

网络公开课的特点在于其授课视频的编排方式和内容呈现形式。这种课程模式不以传统的章节大纲或知识点为划分依据，而是更倾向于以专题形式进行讲授和录制。专题形式的内容组织使得网络公开课能够围绕某一主题或领域进行深入探讨，为学习者提供更为聚焦和系统的学习体验。网络公开课面向社会大众免费开放，无须注册即可直接点播学习，这一特点极大地降低了学习门槛，使得更多用户能够接触到优质的教育资源。学习者可以根据自己的兴趣和需求，自由选择感兴趣的专题进行学习，这种灵活的学习方式也符合现代人的学习习惯。以网易公开课（https：//open. 163. com/）、新浪公开课（http：//open. sina. com. cn/）等为代表的网络公开课平台，汇聚了国内外众多知名高校和机构的优质课程资源，涵盖了人文、社会、科学等多个领域。

（二）网络资源共享课模式

网络资源共享课模式是一种以教师引导为主、强调团队协作的在线开放课程模式。这种模式以名师为主导，依托传统课堂教学过程为主线，注重知识的系统性和完整性。通过构建在线学习社区，为学习者提供互动学习的平台，以达到知识构建的效果。

在网络资源共享课模式中，课程内容通常按照章节进行划分，每段视频时长一般在45分钟左右，这与传统课堂教学的时间安排相契合。这种模式注重学习者对知识的系统学习和深入理解，因此，学习者需要注册后进行学习，一般免费开放。网络资源共享课模式的典型应用如爱课程（https：//www. icourses. cn/home/）的资源共享课，它汇聚了众多优质课程资源，包括视频讲座、课程资料、在线测试等，为学习者提供了丰富的学习资源和学习支持。同时，平台还提供了学习社区功能，学习者可以在社区中与其他学习者交流心得、分享经验，共同解决学习中遇到的问题。该模式的优势在于其系统性和完整性，能够为学习者提供全面的知识体系和学习路径。同时，名师的引导和团队协作的方式也有助于提升学习者的学习效果和学习体验。然而，这种模式也可能存在一定的局限性，如对于学习者的自主学习能力和自律性要求较高，以及可能无法完全满足不同学习者的个性化需求。

（三）MOOC 课程模式

MOOC（Massive Open Online Course），每个字母有其独特含义，代表在线学习模式的核心特点。M—Massive（大规模），MOOC 的首要特点就是其规模庞大，一门课程的学习者可能达到上万人；O—Open（开放），强调开放性和包容性，学习者可以通过注册邮箱参与到课程中；O—Online（在线），学习完全通过互联网进行，不受时空约束；C—Course（课程），代表核心是课程。

MOOC 属于个人自主学习型在线开放课程模式，这类课程突破了传统面授课堂由一名教师主导的教学活动模式，采用章节教学周大纲与知识点序列双索引方式为学习者提供清晰的学习路径和内容框架，使得学习者可以根据需求和兴趣进行有针对性的学习。除提供优质课程资源外，MOOC 还注重在线协作学习。平台提供网络社交功能，通过同伴支持与学习者的自主学习相结合，达到知识构建的学习效果。MOOC 课程每段视频长度为 15 分钟左右，这种短视频形式适合碎片化自主学习。前面介绍的 Coursera、中国大学 MOOC、华文慕课等平台，均属于典型的 MOOC 课程平台。

（四）SPOC 课程模式

SPOC（Small Private Online Course），即小规模限制性在线课程，是一种结合慕课和传统课堂教学方法的混合式学习模式，通常面向特定学习者群体。SPOC 以其小班制、个性化和互动性强的特点，成为教育领域关注的焦点。

这种课程模式在国内外高校中逐渐得以应用和发展，特别是随着在线教育的兴起，自 2014 年起中国大学 MOOC 平台开始增设"SPOC 专区"，支持优质教育资源在不同学校间的共享。这些课程不仅为校内学习者提供了更加丰富的学习资源和教学方式，也为其他有需求的学习者拓宽了学习的机会。此外，许多高等教育机构也在尝试将 SPOC 模式与教学实践相结合，探索更为有效的教学方法。例如，一些大学利用 SPOC 进行课程实验，探索线上线下相结合的学习方式。国内 SPOC 模式的典型代表包括中国大学 MOOC 平台中的 SPOC 专区，以及各高校自主开设的 SPOC 课程。

（五）在线虚拟训练课程

在线虚拟训练课程是一种创新性的在线教育形式，它充分利用网络平台，结合虚拟真实背景，通过游戏化、沉浸式、互动式等多种方式，为学习者提供实践操作、技能提升和方案推演等训练内容。这种课程模式具有吸引力强、组训灵活、训练效益高等鲜明特点，为学员提供了高效、便捷且富有乐趣的学习体验。

在线虚拟训练课程的核心在于其虚拟仿真训练系统，通过模拟真实环境或场景，使学习者能够在高度仿真的环境中进行实践操作和方案推演。通过游戏化设计，课程变得更具有吸引力，激发学习兴趣和积极性。同时，沉浸式体验让学习者仿佛置身于真实环境中，增强了学习的真实感和代入感。互动式学习则鼓励学习者与系统进行交互，通过虚拟仿真训练的实际操作和反馈，学习者可以在短时间内进行大量实践操作，从而快速提升个人技能水平。在线虚拟训练课程依托网络平台和虚拟仿真技术，为学习者提供了实践操作、技能提升和方案推演等训练内容。

（六）微课

微课，又称微课程，是 2011 年由胡铁生提出的教育概念。它以短小精悍的微型教学视频为主要形式，针对具体的学科知识点或教学环节进行专题讲解和学习。微课的出现很好地适应了当代学习者对于知识获取方式的新需求，尤其是移动互联网时代下的学习需求。

每个微课通常围绕一个特定的知识点或教学目标展开，确保学习者能够集中精力在有限时间内完成学习任务。微课往往设计成情景模拟或案例分析，时间一般在 5~20 分钟，适合快节奏的学习和碎片化时间的利用。由于其精练的内容和较短的时长，微课便于学习者快速理解和记忆。微课以其微型化、情境化、多元化和灵活性特点，在国内外获得广泛的应用，尤其是在基础教育、终身教育和职业培训等领域。

第二章

在线学习研究进展、相关理论与方法

第一节　基于文献计量的研究进展分析

为梳理和揭示国内"在线学习行为"为主题领域的研究热点和发展态势，本部分采用文献计量法进行可视化展示与分析。研究以中国知网（CNKI）数据库作为检索数据源，以"在线学习行为"或"网络学习行为"为主题进行检索，时间设置截至 2023 年 12 月 31 日。将数据库检索获得的文献数据以 Refworks 格式导出。为保证后继研究的准确性，首先筛选并手工剔除与研究主旨关联性不高的文献。随后，对数据内容进行规范化处理，在正式分析前选取 COOC 工具进行数据的预处理。将关键词进行统一化处理，如将"Moocs""慕课"等统一为"MOOC"；同时，删除"研究现状""走势"等无意义关键词。此外，将笔者所在单位进行合并处理，将学院层面合并归属至学校层面，以便后续识别核心研究机构。最终，共获得有效文献 1186 篇作为研究样本。

选取目前已广泛应用于不同学科领域中的文献计量软件 CiteSpace 作为分析工具。该软件由陈超美教授基于 Java 语言开发，能够基于共引分析和寻径算法等对文献集合进行计量，并通过绘制可视化图谱直观揭示学科演化动力机制、领域知识结构和研究重点，从而帮助研究者识别本学科发展现状和前沿趋势。将文献导入并转换为软件可识别的文件类型，将时间跨度（Time Slicing）设置为2001~2023年，时间分区设置为1年，进行可视化分析。

一、文献时间分布

根据研究样本，绘制期刊文献发表数量折线图如图2-1所示。该领域第一篇文章发表于2001年，属于相对较新的话题。根据文献数量变化趋势，将其大致划分为以下三个阶段。2001~2007年，研究处于起步阶段，年发文数量较少，当时网络环境处于初步建设阶段，大规模在线教育条件并不成熟。2008~2013年，年发文数量较上一阶段略有上升，研究逐渐获得学者的关注，网络平台应用得以进一步扩大。教育部于2012年发布《教育信息化十年发展规划（2011—2020年）》文件，并于2018年发布《教育信息化2.0行动计划》文件，强调了教育信息化的重要作用，相关政策文件的出台推动了该领域的发展。2014年至今，文献数量呈现快速上升态势，尤其是2021年，年发文量达到213篇，研究热度达到峰值。这意味着随着信息技术、在线学习平台和移动学习的普及发展，市场规模也越发庞大，聚焦于信息技术与现代教育理念的融合，相关领域已经取得一系列较为丰硕的研究成果。目前，政府和高校对于在线学习的重视程度不断提升，新兴学习工具不断涌现，互联网技术与教育的关联性不断增强，可以预见，未来对于在线学习的探索将持续深入。

二、研究机构分析

关注于在线学习行为领域的研究机构较为广泛，已达700余家，主要以各高校的教育学院为主。近年来，高等院校越发注重探索混合式教学模式，在线学习逐渐成为教学过程中的重要一环。高校通过深入挖掘学习行为特征，以期达到规范线上教学管理和提升线上教学效果的目的。目前已经初步形成了一批主要的学术机构，Top20研究机构如图2-2所示。其中，华中师范大学和北京师范大学的发文量最多，在该领域具有重要的学术影响力。华东师范大学、华南师范大学和

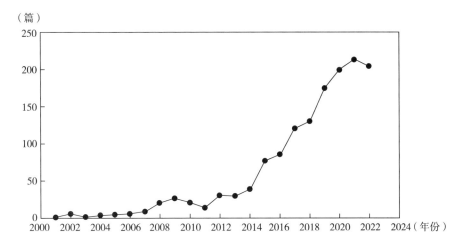

图 2-1 2001~2023 年期刊文献发表数量

北京师范大学 （54）	山东师范大学 （13）	北京大学 （11）	浙江广播 电视大学 （11）	西南大学 （11）
	北京开放大学 （13）	清华大学 （12）	复旦大学 （11）	浙江工业大学 （11）
	辽宁师范大学 （14）	陕西师范大学 （13）	江南大学 （12）	江苏开放大学 （12）
华中师范大学 （61）	安徽广播电视大学 （20）	东北师范大学 （16）		浙江师范大学 （16）
	华东师范大学 （26）	国家开放大学 （22）		华南师范大学 （20）

图 2-2 Top20 研究机构

东北师范大学等师范类院校表现也较为活跃。此外，国家开放大学、安徽广播电视大学（安徽开放大学）和浙江广播电视大学（浙江开放大学）等以成人远程教育为主，在实施开放教育过程中积累了较为丰富的数据资源。探讨在线学习行为从而优化教育服务，对于这类高校也具有重要的现实意义。然而，当前成果多以研究机构内部的合作模式为主，机构之间的交流合作较少，需要建立合理的合作机制，为跨区域、跨院校合作提供交流平台。此外，大部分研究者的发文较为分散，代表性、系列性的研究成果整体偏少，需要进一步提升科研产出能力和成果的专业化程度，从而促进相关研究的良性发展。

三、发文期刊分析

目前，相关论文刊发于 1200 余种期刊上，载文量 Top20 的期刊如图 2-3 所示。其中，《中国电化教育》《电化教育研究》《中国远程教育》等教育类 CSSCI 来源期刊是该领域论文刊载的重要期刊，且文章整体质量较高，对于相关研究具有重要借鉴意义。此外，其他刊物也刊发了多篇相关论文。就期刊发表领域来看，研究主题主要涉及现代教育管理、计算机软件及应用等领域。事实上，在线学习行为的发展和研究不仅仅涉及教育学、基础计算机科学，还与心理学、数学和统计学、机器学习等多领域知识和技术联系密切，系统科学的构建多源研究方法，丰富和扩展现有知识结构是一个重要发展方向，加强跨学科的知识融合，将为当前研究提供新的研究思路和启发。

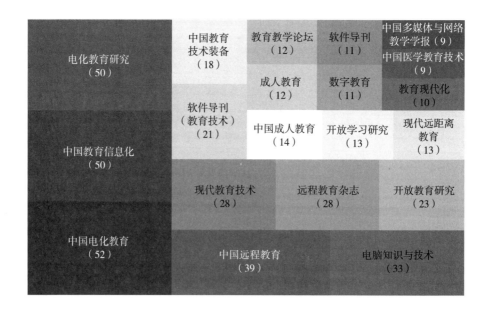

图 2-3　载文量 Top20 的期刊

四、关键词及共现分析

提取并统计相关论文的关键词发现，当前研究视角较为纷杂，原始关键词超过 1000 个。为揭示在线学习行为研究领域的关注重点，选取并绘制高频词词云如图 2-4 所示。除检索关键词"网络学习行为""在线学习/学习行为"外，排名靠前的高频关键词依次为"大学生""大数据""数据挖掘""慕课""影响因素""高职""学习效果""自主学习""在线教学""学习投入""网络环境""远程教育""SPOC 在线学习行为""聚类分析"等。通过进一步分析高频关键词主题发现，就研究对象而言，当前研究多选择大学生群体进行分析；就研究方法而言，大数据和数据挖掘技术是进行量化分析的重要方法；就研究视角而言，研究多关注于学习者的行为模式、学习效果和影响因素等。

图 2-4　高频关键词词云

在高频关键词基础上，绘制高频关键词共现网络如图 2-5 所示。网络共包含 387 个节点，1013 条连边，网络密度为 0.0136。当前关于在线学习行为的研究范畴较为广泛，网络结构也处于较为松散状态。其中，"在线学习""网络学习行为/学习行为"处于网络的核心地位，形成了其为中心的辐射形网络。此外，"数据挖掘""大数据""大学生""影响因素""MOOC""学习效果"等关键词中心性高，在网络中起到较为重要的链接作用。说明当前研究重点聚焦于如何将数据挖掘和学习分析技术等应用于在线学习行为分析中，并试图通过深度挖掘学习数据背后隐藏的行为因素和行为特征，为学习者学习绩效的提升提供一定思路。

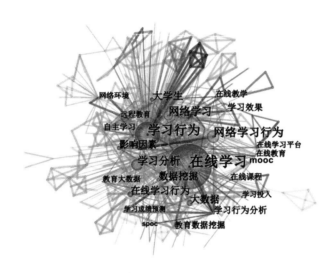

图 2-5　高频关键词共现网络

五、聚类分析

在高频关键词共现分析基础上进行聚类，自动选择筛选后，过滤共获得11 个主要聚类，结果如图 2-6 所示。聚类主题能够揭示研究领域的主要研究热点。簇号越小，意味着该簇包含的关键词越多，这类聚类覆盖信息量大，具有代表性。从聚类结果看，排名第一的聚类规模为 65，核心主题词包括"学习行为""网络自主学习""能力培养"；排名第二的聚类规模为 49，核心主题词包括"网络学习行为""学习评价""学习者特征"；排名第三的聚类规模为40，核心主题词包括"在线学习""学习者""学习绩效"；排名第四的聚类规模为39，核心主题词包括"在线课程""在线学习平台""学习效果"；排名第五的聚类规模为39，核心主题词包括"大数据""聚类分析""数据挖掘"。

综合聚类结果，可以概括出当前研究热点集中在以下三方面：第一，当前研究以学习者为中心，关注于学习者的学习行为内涵、学习需求、学习特征、学习影响因素、学习效果，研究者希望从学习者内部因素和外部环境因素出发，探寻如何从传统的线下学习环境过渡和发展成为有效的线上学习模式；第二，在线课程学习平台积累了大量学习者学习过程中所产生的多类型数据资源，借助于大数据的信息采集和处理技术，可以为建立模型和学习分析提供可靠的数据来源；第三，数据挖掘、机器学习等技术越来越多地应用于信息分析和呈现过程中，这些技术与方法是数字化学习的基础，在准确定位在线学习者的学习水平，提高分析精度，评估学习效果过程中发挥着重要作用。

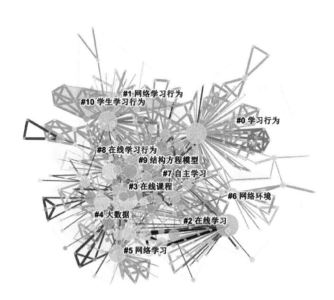

图 2-6　高频关键词聚类图谱

六、研究主题演进脉络

基于 CiteSpace 的 Timezone View 方式，获得研究热点以及变化趋势的可视化分析，主题词演进图谱如图 2-7 所示。就研究主体而言，"（网络）学习行为"概念自 2001 年提出，早期关注于学习动机、学习特征以及带来的学习效果；随后，随着研究的深入，为进一步剖析学习影响因素，数据挖掘、聚类分析、结构方程模型等方法逐步引入研究中，使分析和评估结果更加可靠。2014 年开始，"MOOC"和"SPOC"成为新兴关键词。随着互联网技术的迅猛发展，"互联网+教育"将成为在线学习的核心驱动力，围绕教育大数据资源进行的数据挖掘分析将继续受到关注。

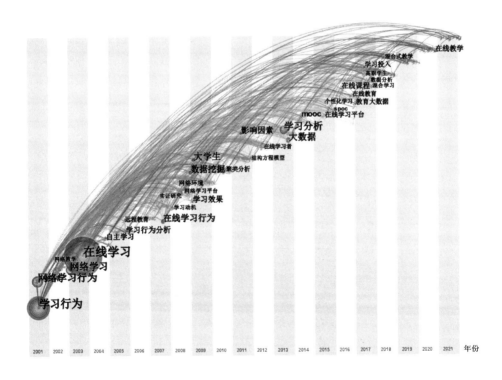

图 2-7　主题词演进图谱

突变词可用于识别在线学习行为研究的前沿趋势，获得排名前 12 位的突变词词谱如图 2-8 所示。从突变强度看，"在线学习行为"的研究在 2009~2016 年发展迅速，"大数据"在 2017~2021 年获得了广泛的关注，在线学习平台的发展对技术依赖性较强，因此关键技术的发展和突破将成为该领域的重要发展方向。最新研究动态包括"在线教学""学习投入""混合式教学"等，这些研究在未来一段时间内将会继续升温。相关研究从早期关注于研究方法和数据分析逐渐转向关注外部网络学习环境和学习者内在行为分析。在大数据技术的支持下，近年来研究进一步强调，学习者通过自主学习加强学习投入，教学者通过开展混合式教学模式改革，双方共同实现转变，以达到深化学习效果的目的。开放的教学环境下，如何保障学习质量也是当前教育领域所关注的热点。

Keywords	Year	Strength	Begin	End	2001~2021
网络学习	2001	6.5924	2008	2014	
网络环境	2001	6.5406	2008	2014	
网络学习行为	2001	11.4038	2009	2016	
MOOC	2001	7.191	2015	2017	
学习分析	2001	6.0002	2016	2019	
大数据	2001	8.7126	2017	2021	
在线课程	2001	3.1548	2018	2018	
在线教学	2001	9.4741	2020	2021	
在线学习	2001	11.9146	2020	2021	
学习投入	2001	6.9484	2020	2021	
混合式教学	2001	3.9248	2020	2021	
高职学生	2001	3.1023	2020	2021	

图 2-8　Top12 突变词词谱

七、未来发展建议

在线学习行为的第一篇文献发表于 2001 年，随后发文数量逐年提升，尤其是近十年，掀起了该领域研究的热潮，这主要源于互联网技术和在线学习平台的迅猛发展。目前，在线学习行为研究领域涉及现代教育管理和计算机软件及应用等领域，就核心研究主题而言，"数据挖掘""大数据""大学习者""影响因素""MOOC""学习效果"等属于广大研究者较为关注的焦点主题。就演进趋势来看，研究主题从早期关注在线学习行为本身，到注重深入挖掘学习影响因素。近年来随着大数据技术的发展，研究更关注于数据资源的深入分析与应用。随着线上教学的普及化，"在线教学"和"混合式教学"将成为未来一段时间的研究热点。教育者通过探索混合教学改革模式实现教育质量改善，学习者通过强化自主学习意愿提升学习效率，通过教与学的有效互动，以达到深化教学效果的目的。基于目前在线学习行为的相关研究，就该领域未来发展提出以下建议：

（一）加强多学科领域的交叉与融合

在线学习行为研究涉及教育技术、心理学、计算机科学等多个学科领域。一方面，基于现有学科相关成果的研究有待深入。当前，网络模型构建水平、教学基础理论等均在不断成熟和完善，迫切地需要将其应用并指导实践研究中。另一方面，多元化的交叉研究有助于催生高质量研究成果。跨学科的知识交叉与融合、合作与交流是丰富研究内涵、变革研究视野的重要途径。

（二）关注多样化在线学习者的差异性行为特征

当前大部分研究成果以大学生群体和成人学习者为研究对象，这类群体信息化整体水平良好，能够快速地学习并适应不同的网络教育平台，并且自控力较好，具备自主学习能力。近年来基础教育领域也开始应用在线学习平台，处于基础教育阶段的中小学生也逐渐成为在线学习的重要参与群体。然而，青少年和成人有着完全不同的行为特征，如何结合在线行为数据探索符合其行为特征的教育模式，也应受到广大研究者的关注。

（三）深化网络行为分析方法和工具的应用

网络在线平台的多元化发展，教育数据资源的更新积累，为在线行为分析积累了更为丰富的研究样本，将机器学习、大数据分析、个性化学习服务等不断成熟的分析工具和技术应用于提取学习轨迹、挖掘学习内涵、完善学习过程，必将为在线学习行为分析带来新的发展机遇。而将这些研究结果应用于教学实践，必然会促进在线教育教与学的良性循环。

<h2 style="text-align:center">第二节　核心概念</h2>

一、大数据

（一）大数据的概念

大数据是信息技术快速发展变革和商务业务需求增长的产物。其含义和应用范围在近年来获得广泛关注。随着移动互联网、社交网络、电子商务等领域的持续扩展，数据量呈现爆炸式的增长态势，特别是进入 5G 时代后，数据量更是以前所未有的速度增长。

大数据并非仅仅指大规模的数据对象，更重要的是对数据的分析和应用。麦肯锡公司认为，大数据已经渗透到各个行业和领域，成为重要的生产因素。高德纳咨询公司强调，大数据需要新的处理模式，以提供决策支持、洞察发现和流程优化。互联网数据中心则将大数据视为一种新技术和架构体系，用于从海量、多样化的数据中提取经济价值。

综合来看，大数据是指那些规模巨大到传统数据库工具无法有效获取、存储、管理和分析的数据集。它不仅强调数据规模，更关注于运用新的处理模式来分析和挖掘大规模数据，从而获取有价值信息的方法和能力。大数据的核心价值在于对海量数据进行存储和分析，并通过专业化处理实现数据的增值。在实际应用中，大数据已经渗透到制造业、金融、汽车、互联网、餐饮和电信等多个行业。例如，制造业利用大数据进行故障诊断、优化工艺和提升生产效率；金融业通过大数据进行信贷风险分析；互联网行业则利用大数据进行用户行为分析，以实现精准营销和个性化推荐。随着技术的日新月异与应用领域的不断拓展，大数据将日益凸显其巨大潜力，成为推动社会进步与科技创新的核心驱动力。

（二）大数据的特征

大数据作为信息时代的产物，以其独特的4V特征，正在改变着人们对于数据的理解和应用方式。这四个特征不仅定义了大数据的基本属性，也揭示了大数据处理和分析的复杂性。

首先，数据量（Volume）大是大数据最直观的特征。一般数据级别达到PB及以上规模的数据集合才能称为大数据。当前，大数据的数据单位甚至达到EB、ZB、YB级别，数据量巨大。在数据分析领域，数据体量的重要性甚至超过了处理算法。

其次，数据类型（Variety）多反映了大数据的多源异构性。传统数据处理主要针对结构化的关系数据库，而大数据则涵盖了半结构化和非结构化数据，如社交媒体上的文本、图片、视频等。这种数据类型的多样性使得我们需要采用更加灵活和强大的数据处理和分析工具。

再次，数据流速（Velocity）快是大数据的又一重要特征。在信息社会，数据的产生和传输速度极快，这要求人们必须快速、实时地处理和分析数据，以捕捉和利用其中的价值。这对于传统的数据处理和分析方法提出了挑战，需要采用虚拟化、云计算与分布式等更加高效和先进的技术手段。

最后，数据价值（Value）低是大数据的一个显著特征。一方面，大数据包含了大量的信息，但数据噪声、数据污染等因素导致存在数据不一致性、不完整性、模糊性等问题，为数据"提纯"带来了挑战；另一方面，物联网的应用使信息感知无处不在，庞大的数据量以及数据类型的复杂多样性，也给数据"提纯"增加了难度。这要求通过有效的数据挖掘和分析技术，从海量的数据中提取出有价值的信息。

大数据以其独特的规模和特性，对数据的解读和分析提出了全新挑战，需要综合运用数学、统计学、计算机科学等多学科知识，建立全新的理论框架、计算模式和软硬件工具，才能深入挖掘其背后潜藏的价值。聚焦在线学习领域，海量的学习数据被存储在在线学习平台中，通过对这些数据的采集、分析、处理和挖掘，能够有效揭示在线学习者的行为特征，为优化学习体验、提升学习效果提供有力支持。

二、在线学习平台

在线学习平台利用网络技术，结合现代教育技术和先进的教育理念，为师生构建了一个高效、便捷的网络化学习环境，使他们能够实现远程在线学习，全面掌握在线学习的各项内容，属于一个综合性的服务系统。

在线学习平台不仅实现了课程资源的在线发布，同时为学习者与教师的在线授课和学习提供了强大支撑。它通过有效整合学习资源，形成了智慧共同体，并通过构建开放的学习社区实现生态式学习，为传统线下教学提供了有力补充，丰富了教育形式，使其更加多元化和个性化。平台的核心在于其网络教育信息服务，其突出优势在于实时交互和信息获取的便捷性。利用先进的网络数据库技术和数据检索技术，教育资源得以自由流通和共享，极大地提升了学习的便捷性和效率。平台还提供了学习资源上传功能，使学习者能够根据个人兴趣选择适合的学习资源。同时，其良好的协作与交流环境为师生之间的讨论与交流提供了便利，通过协作学习和研究性学习，培养了学习者的实践能力和创新意识，提升了他们的信息素养。在线学习平台还优化了传统教学中的关键环节，如作业管理、辅导答疑等，使其更加高效。此外，平台具有良好的可扩展性，随着教学过程的深入和师生需求的变化，平台的学习内容不断丰富，功能也在不断完善，从而能够持续适应教育需求的变化，为师生提供更优质的教育服务。

三、在线学习行为

（一）在线学习

在线学习，也称为 E-Learning，是指借助于计算机互联网或手机无线网络，构建了一个虚拟的教室环境，使学习者能够随时随地进行网络学习。在线学习需要通信技术、计算机技术、人工智能、网络技术和多媒体技术等先进技术的支撑，这些技术共同构成了一个电子学习环境。与在线学习相关的定义包括在线教学。Sloan Consortium 从教学内容传输的角度进行划分，认为在线教学是一种主要或完全通过网络技术呈现学习内容的教学活动。即如果 30%~79% 的教学内容运用网络技术实现，则称之为混合教学；80% 以上的教学内容通过网络技术呈现，则称之为在线教学。这种观点强调了在线教学的独立性和完整性，认为其与传统教学具有明显区别。然而，也有学者持不同意见，认为混合式教学同样属于在线教学的范畴。张伟远认为，在线教学运用网络化手段提供教学资源开展信息互动交流，是对传统教学的重要补充。这种观点将在线教学视为一种更加灵活和多样的教学模式，它不仅可以完全在线进行，也可以与传统教学相结合，形成混合式教学模式。宋文静等则进一步强调了在线教学中信息技术的应用，认为通过智能化渗透到教学全过程，实现了教学效果的提升。李森等则从教学实践角度出发，认为在线教学是教师和学习者通过互联网等现代信息技术，就特定知识进行交流、互动和反馈的特殊实践活动。这种观点强调了在线教学中教师和学习者之间的互动和合作，以及信息技术在促进教学过程中的作用。

钟志贤对在线学习的深入剖析为全面理解这一新型学习方式提供了重要视角。他指出，在线学习，作为网络学习的具体表现，其核心在于网络技术和教育平台的支撑。这两者共同构成了在线学习的基石，使学习不再局限于传统的教室和时空，而是拓展到广阔的虚拟空间。网络学习平台不仅提供了丰富的、多样化的教育资源，还为学习者与在线资源之间建立了便捷的路径，使得学习者能够随时随地进行在线学习活动。

基于以上分析，本书给出在线学习的定义如下：在线学习，即为学习者借助于互联网登录学习平台，利用丰富的网络教育资源和互动功能，进行自主学习、协作学习和探究学习的活动。这一定义既强调了在线学习的技术基础，也突出了其互动性和自主性，有助于更深入地理解和研究在线学习的本质和特点。

（二）在线学习行为

伴随着教育信息化的快速发展和在线学习平台的日趋普及，在线学习行为的研究也逐渐成为学术界的关注热点。行为科学理论认为，行为是由需求、目标、动机和刺激共同驱动产生的。其中，动机源于个人心理因素，而需求刺激则来源于外界环境。在线学习中，学习者的需求可能包括提升技能、获取新知识或满足兴趣等，而动机则可能来自对成功的渴望、对知识的追求或是对未来职业的规划。外界环境，如在线学习平台的设计、学习资源的质量以及教师的引导等，也会对学习者产生刺激，影响其学习行为。

学习行为可以根据其是否可以直接观察和测量来分类，具体分为外显学习行为和内隐学习行为两类。在线学习环境中，外显学习行为，如学习课程情况、课程浏览信息、在线测试成绩等，均可以被学习平台直接记录和分析。这些数据为研究者提供了关于学习者学习进度、学习效果的客观证据。相较而言，内隐学习行为，如学习意愿、学习态度、学习策略等，更难以直接观察和测量。然而，它们对于理解学习者的学习过程和学习效果同样重要。通过问卷调查、访谈等方法，研究者可以间接地了解学习者的内隐学习行为，进而揭示其学习动机、学习策略等深层次的心理活动。

目前对于在线学习行为的概念尚未形成统一定义。在线学习行为是一个复杂且多元的概念，它涉及学习者在网络教育环境中的各种行为，相关概念还包括网络学习行为、远程学习行为。一般而言，在线学习行为是指学习者利用在线学习平台所提供的学习资源与学习工具，在网络教育环境中进行学习活动时所产生的一系列与学习紧密相关的行为总和。相较传统学习行为，在线学习行为得益于现代化信息技术及其工具的支撑，展现出独特且丰富的内涵。具体来说，在线学习行为具备以下显著特征：

（1）难以观测性。由于在线学习发生在网络空间，学习行为不再受限于特定的物理课堂和固定的学习时间，这使得教师难以直接观测和控制学习者的学习行为。学习者可以在任何地点、任何时间进行学习，这种灵活性和自由性带来了观测的困难。然而，这也促进了学习行为的多样化和个性化，学习论坛、讨论组等交互工具为学习者提供了全新的沟通交流渠道，使得学习变得更加丰富和深入。

（2）客观性。在线学习模式赋予学习者更多的选择权和自主性，他们可以根据自己的需求、兴趣和能力来选择学习内容、学习时间和学习方式。这种自主性的提升使得学习行为更加真实地反映了学习者的学习状态和学习需求。同时，由于没有教师的直接干预和指导，学习者的学习行为更加客观，更能体现其真实的学习情况和学习效果。

（3）大数据特性。在线学习平台汇聚了大量的学习者，这些学习者在学习过程中产生了海量的学习数据，包括学习资源的访问记录、学习时间的分布、学习进度的变化、学习效果的反馈等。这些数据不仅数量庞大，而且形式多样，具有大数据的典型特征。通过对这些数据的挖掘和分析，可以深入了解学习者的学习行为、学习习惯和学习需求，为优化在线学习环境、提升学习效果提供有力支持。

在线学习行为的主体，即在网络化学习环境中参与学习的在线学习者。他们通过学习平台，以达成各自的学习目标，并在这一过程中展现出多种多样的学习行为。结合学习目标和学习过程，将常见的在线学习行为划分为以下几类：

（1）课程访问行为。这是学习者开始在线学习的第一步，包括登录在线学习平台、查看课程信息以及查询学习进度等行为。通过课程访问行为，学习者可以了解课程的基本框架、学习要求以及自己的学习进度，为后续的学习活动做好准备。

（2）资源学习行为。学习者在访问课程后，会进一步展开对课程相关学习资源的学习。这包括观看课程视频、阅读学习材料、下载或保存学习资源等行为。资源学习行为是学习者获取知识和技能的主要途径，也是在线学习行为中最为核心的部分。

（3）测试学习行为。在学习过程中，学习者需要通过各种测试来检验自己的学习成果。测试学习行为包括浏览测试题目、回答问题、提交答案以及查看测试结果等行为。通过测试学习行为，学习者可以了解自己的学习效果，发现学习中存在的问题，并及时调整学习策略。

（4）讨论参与行为。在线学习环境中，学习者之间的讨论与交流是提升学习效果的重要途径。讨论参与行为包括在论坛或讨论区发帖、回复他人的帖子、参与实时交流等行为。通过讨论参与行为，学习者可以分享自己的学习心得、提出疑问、寻求帮助，也可以与他人共同探讨问题、拓展思路。

第三节　学习理论

一、构建主义学习理论

构建主义学习理论强调知识的主动构建，而非被动接受，为在线学习提供了重要的理论基础。在线学习情境中，构建主义学习理论的四个核心要素——情境、写作、交流和意义构建尤为重要（见图2-9）。在特定的环境下利用资源、基于问题的学习模式，能够进一步调动学习者的自主学习能力，并有利于培养学习者的创新思维。这种学习方式不仅符合构建主义学习理论的核心观点，也体现了现代教育的发展趋势。

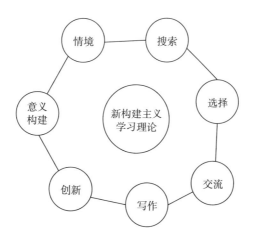

图2-9　新构建主义学习理论的核心要素

构建主义学习理论强调学习的主动性、社会性和情境性，这三个方面为在线学习提供了重要的指导原则，有助于深化我们对在线学习行为的理解和优化在线学习环境的设计。构建主义认为，学习不是被动地接受知识，而是学习者主动地建构个人知识体系。通过主动探索和发现，学习者能够更深入地理解和掌握知识，形成自己的见解和思考。此外，知识建构不是孤立的，而是需要与他人进行协商和合作。这种社会性的学习不仅有助于提升学习效果，还能够培养学习者的协作能力和团队精神。由于学习需要在特定情境下进行，情境对于知识的建构具有重要意义。学习情境还能够促进学习者的意义建构，使他们在解决问题的过程中获得更深层次的认知和理解。

　　在线学习与构建主义学习理论的主张高度契合，为学习者提供了一个灵活且互动性强的学习环境。在构建主义的理论框架下，在线学习平台通过鼓励学习者积极参与学习过程，以及利用讨论、协作和问题解决等互动活动，有效地促进了知识的主动构建。在线课程设计充分考虑到情境性学习的原则，将知识放置在具体的情境中，帮助学习者理解知识在现实世界中的应用，从而增强了学习的实际意义。这种情境性的学习方式不仅有助于激发学习者兴趣，还能够提升他们对知识的理解和应用能力。学习者在在线学习平台中积极参与，共享在线学习资源，交流学习经验和心得，这种互动协作过程不仅有助于学习者构建知识体系，还能够培养他们发现问题、分析问题和解决问题的实践能力。此外，在线学习平台利用先进的技术支持，为学习者提供多种学习情境，如资源学习情境和真实任务、活动情境等，这些情境设计有助于促进学习者的知识建构，使他们在与环境的互动中不断地调整和完善个人认知结构。在课程实施过程中，教师通过设计协作学习活动，引导学习者通过讨论和互动方式完成学习任务或解决问题，同时实现学习者共同的意义建构。

　　互联网的快速发展在拓宽学习渠道同时，也带来信息负荷超载和知识体系碎片化等问题。为更有效地解决问题并优化在线学习环境，新构建主义强调将"创新学习，学习创新，在学习中创新"作为学习者的首要学习目标。在分析学习者的在线学习行为时，需要充分考虑到知识碎片化对学习者学习行为可能产生的影响。一方面，可以通过优化在线学习平台的设计和功能，提供更加系统化、结构化的学习资源和学习路径，引导学习者进行有计划、有目的的学习。另一方面，也可以采用一些新的学习方法和策略，如零存整取式学习策略、包容性思考等，帮助学习者在碎片化的信息中筛选出有价值的内容，并进行有效的整合和构建。

二、情境学习理论

情境学习理论将学习视为一个多层次、多维度的过程，不仅关注个体层面的心理构建，更强调学习的社会性、实践性与参与性。这一理论的核心观点在于，知识的积累和学习者的意识与角色转变并非孤立地发生在个体内部，而是通过与学习情境以及学习者之间的互动过程逐渐形成的。情境学习理论重点在于考察学习者的社会性参与和实践性体验，强调参与在学习过程中的关键作用。

情境学习理论的核心观点强调，学习在特定的社会和文化背景下发生，是一个学习者与周围环境交互作用的过程。这一理论为在线学习提供了有力的理论支持，通过构建虚拟的学习环境，在线学习平台为学习者提供了丰富的情境化学习体验。在线学习平台能够模拟真实的学习场景，使学习者在虚拟环境中进行实践操作，与情境进行互动。这种模拟实践的方式使学习者能够身临其境地体验学习过程，从而更好地理解和掌握知识点。同时，通过与情境的互动，学习者还能够将所学知识应用于实际问题的解决中，培养实践能力和解决问题的能力。此外，在线学习平台提供了多样化的学习资源和学习活动。学习者可以根据自己的需求和兴趣，自主选择学习内容和方式，这种个性化的学习方式有助于他们更好地适应个人学习节奏和风格。同时，多样化的学习资源为学习者提供了更多的选择和可能性，进一步丰富了他们的学习体验。在线学习还能够促进学习者的社会互动与合作，通过在线平台，学习者可以与其他同学、教师交流讨论，分享学习心得，这不仅有助于形成学习共同体，提升学习参与度，还能够培养学习者的团队协作和沟通能力。

因此，在线学习符合情境学习理论的基本观点，即学习是个体与情境相互作用的过程，是参与实践活动、提高社会化水平的过程。通过在线学习，学习者可以在虚拟环境中进行情境化学习，提高学习效果和实践能力。

综上，在线学习充分符合情境学习理论的基本观点，即在线学习通过虚拟环境的情境化学习、实践参与和互动合作，为学习者提供个性化的学习体验，这是个体与情境相互作用的过程，是学习者参与实践活动，提升社会化水平的过程。

三、虚拟教学理论

虚拟教学理论的核心聚焦于利用计算机和电子通信技术构建双向交互式的教学模式。这种创新的教学方式不仅突破了传统线下教学的局限，也超越了单向、非实时的远程教学范畴。

在线学习虚拟教学情境通过在线学习平台的支持，为网络学习者提供高效互动的远程教学体验。这一模式充分利用电子信息通信技术模拟校园内的教学或课堂面授教学情境，使师生即使身处不同时空也能共同参与教学活动。这种教学模式不仅突破了传统教学的地域限制，还使学习变得更加灵活和自主。在线学习平台通过构建一个虚拟的教室或线上空间，使教师能够创造出丰富多样的教学情境。在这些情境中，教师引导学习者从基础知识的学习逐渐过渡到实际应用，从而实现了从"学"到"用"的转变。这种教学方式不仅提升了学习者的学习兴趣和动力，还培养了他们的实践能力和问题解决能力。在线学习虚拟教学情境强调学习者的主动性和自主性。学习者成为知识的主动建构者，可以根据自己的原有知识经验和兴趣选择学习内容和学习方式，通过在线讨论、协作学习等方式与他人进行交流和合作，从而建构自己的知识体系。此外，在线学习平台还为学习者提供了丰富的学习资源和学习工具。学习者可以随时随地通过网络访问这些资源，进行自主学习和探究。同时，平台通过提供实时互动功能，使学习者可以与教师进行实时交流和反馈，及时解决学习中的问题。

在线学习符合虚拟教学理论的主动性特征，为学习者提供了更多自主选择学习内容和方式的机会。它不仅提高了学习效果和学习者的参与度，也能够培养学习者的自主学习能力，促使其养成终身学习的习惯。

四、社会认知理论

社会认知理论缘起于社会学习理论，自 20 世纪 50 年代起，心理学家用其解释成年人的学习情况和行为模式。该理论不仅深入探讨影响行为的根源问题，即外部环境与内部心理之间的复杂关系，还进一步提出了个人和环境因素交互影响行为的重要观点。关于影响行为的因素，心理学界一直存在激烈的争论。一部分学者认为，个体的行为完全由外部环境所决定，他们强调社会条件、文化背景和物理环境等因素对个体行为的塑造作用。另一部分学者则坚持认为，个体的内部心理特征，如动机、情感、价值观等，是决定行为的根本因素。然而，社会认知理论提出了一个更为全面和整合的视角，认为个体的行为是内部心理和外部环境相互作用的结果。换言之，个人的认知过程、情感反应和行为选择都会受到环境因素的影响；同时，这些内部过程也会对环境产生反馈，并进一步影响环境。这种交互作用的核心，就是社会认知理论中的"三元交互决定论"。这一理论指出，行为、环境和个体认知三者之间存在着密切的互惠关系。行为不仅受到环境和个体认知的影响，同时也塑造环境和认知；环境不仅影响行为和认知，同时也被行为和认知所改变；而个体认知则是在环境和行为的影响下得以不断发展和调整。社会认知理论不仅有助于我们更深入地了解人类行为的本质，也为我们提供了更为有效的干预和改变行为的策略。

在线学习过程中，每个学习者均拥有独特的学习特性和学习水平，这使得学习资源的设计尤为重要。为满足不同学习者的需求，学习资源必须进行选择性调整，以确保内容的针对性、有效性和吸引力。社会认知理论为学习资源的设计提供了有力的支撑，强调学习者个体差异的重要性，并指出如何根据差异进行学习资源的设计和调整。

在线学习平台作为环境因素，在在线学习中起到至关重要的作用。平台的设计、功能、资源以及用户体验，都直接影响到学习者的学习体验和学习效果。同时，每个学习者都具有个人独特的认知风格、学习习惯和兴趣点，这些个体特征会直接影响到他们在在线学习平台上的学习行为和资源需求。学习行为包括学习者在在线学习平台上的所有活动，这些行为不仅反映出学习者的学习态度和努力程度，还会对学习效果产生直接的影响。在在线学习环境中，学习者、学习平台和学习行为三者之间形成动态互动关系。基于社会认知理论，可以通过观察和分析学习者的学习行为，了解他们在学习过程中的需求和困难，从而针对性地优化在线学习平台的设计和功能。

五、行为科学理论

行为科学理论旨在探究行为产生的主体和动机，其起源可以追溯到 20 世纪 30 年代的霍桑实验。古典管理理论并未充分考虑到人的因素，仅仅简单地将工人视为生产机器，这种做法导致工人出现抵制情绪，进而影响生产效率。在此背景下，行为科学理论应运而生，它从心理因素角度揭示人类行为规律，以达成既定的组织目标。行为科学的研究内容广泛，涵盖个体、群体、领导和组织行为等多个方面（见图 2-10）。

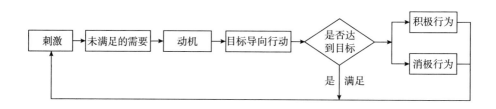

图 2-10　行为科学理论原理

在个体行为方面，行为科学理论聚焦于学习者在学习过程中的核心地位和关键作用，认为网络信息技术以平台方式为数字化的学习者提供了网络学习环境。在线学习过程中，每个学习者拥有特定的学习需求和动机，这是推动学习者进行学习的内在动力，也是产生学习行为的重要前提。这种由内在需求驱动的学习行为，是学习者个体在学习过程的主动表现。行为科学理论在在线教学过程中发挥着重要的指导作用。在线学习所带来的空间分离，使师生之间的互动方式和教学策略需要做出相应的调整。

在线学习环境中，学习者置身于网络学习空间，为达成具体的学习目标和任务，会进行一系列相关的学习活动和操作。根据行为科学理论，这些学习行为背后蕴藏着深层次动机。它们不仅是学习者达成目标、完成学习流程的必要环节，更是学习者积累经验、追求预期成果的重要体现。在线学习行为是一个既复杂又多维的过程，涉及多个关键要素。其中，学习主体即学习者，扮演着核心角色，他们主导着学习行为的发起与执行。而学习客体则涵盖了数字化的网络资源、操作工具等，这些客体为学习者提供必要的学习材料和支持，是他们获取知识和技能的基石。在分析在线学习者的学习需求时，我们需结合定性和定量研究方法，深入探讨学习者个人活动与学习行为之间的内在联系。尤其要重视学习者的主观能动性，即他们在学习过程中的自主决策、自我调节和自我发展能力，这是提升学习效果的关键。

六、有效教学理论

有效教学理论起源于教学实践，理念源于 20 世纪西方的教学科学化运动，是指教师遵循教学活动的客观规律，以尽量少的时间、精力和物力投入，获得尽可能多的教学效果，是教师提升工作效益、强化过程评价和目标管理的一种现代教学理念。

有效教学是一个综合性概念，它不仅要求教育者关注教学的现象和问题，深入揭示教学规律，同时要求遵循这些客观规律，以解决实际问题，从而提升教学效果。有效教学经历了界定教学规模、构建教学模式和进行教学设计等多个阶段，这些阶段相互关联、相互促进，共同构成了有效教学的完整过程。通过不断实践和完善这些阶段，达到更好地实现有效教学目标的目的。

有效教学理论的核心在于以学习者为中心，注重学习者的进步和发展，并关注教学的效率与效果。在线学习作为一种新型的教学模式，其诸多特点使得它与有效教学理论相契合。在线学习的个性化的学习方式能够极大地激发学习者的学习兴趣和积极性；通过在线交流工具，教师可以随时与学习者进行互动，解答疑问，了解学习进度。丰富的学习资源和多样化的学习方式有助于增强学习的深度和广度，培养学习者的创新思维和综合素质。在当前在线教学背景下，为了更好地理解教学环境、挖掘教学特征并达成教学目的，教师需要依托于有效教学理论开展更为丰富的教学行为。

第四节　评价理论

一、教育评价理论

（一）内涵

评价是在量或质的基础上进行价值判断的活动，它是对客体满足主体需要程度的判断，用于判断工作或人们的行为是否达标。评价的过程就是对评价对象进行综合观察、衡量和分析。在教育领域，这一过程被称为教育评价。教育评价是在教育价值观指导下，依据教育目标，通过应用技术和方法，对教育活动、教育过程和教育结果进行科学判定的过程。它不仅关注学业成绩，还关注学习者的行为和态度，从而为学习者提供反馈，帮助教师理解学习者的学习情况，为选拔和认证提供依据，同时激励学习者不断努力。

通常，教育评价需要在一定的教育评价观指导下进行，需要按照一定的价值标准和教育目的，采用测量和非测量技术和方法，系统收集资料，并通过分析信息，为教育决策提供依据。通过对教育活动、教育过程、教育结果及各种影响因素的评价，评价者可以为教育者提供反馈和建议，帮助他们改进教学方法和手段，提升教育质量。同时，评价者还可以为政策制定者提供决策依据，推动教育政策的制定和实施。

（二）作用

教育评价在教学过程中发挥着重要作用，即诊断作用、激励作用、调节作用和学习作用。

首先，诊断作用体现了教育评价对教学效果的深入剖析。通过对学习效果的评价，可以了解教学各个方面情况，判断教学质量和水平，识别成效和缺陷，并深入分析相关原因。这种诊断性评价有助于识别并发现问题，为教学改进提供有力依据。

其次，激励作用则凸显了教育评价对教师和学习者的积极影响。评价不仅具有监督和强化作用，还可以通过制定相应的奖励和惩罚措施，从而激发教师和学习者的积极性。这种激励性的评价能够激发教师的教学热情，提高学习者的学习动力，促进教学质量的提升。

再次，调节作用体现了教育评价对教学过程的动态调整。通过评价反馈信息，教师和学习者可以及时了解个人教与学的具体情况，以便更有效地达到既定目标。这种调节性的评价有助于实现教学的动态优化，提高教学效果。

最后，学习作用强调了教育评价本身也是一种学习活动。在评价过程中，学习者不仅接受知识和技能的检验，还需要通过反思和改进提升自己的学习能力。同时，评价也为学习者提供了一个展示自我的平台，有助于培养他们的自信心和表达能力。

（三）类型

根据学习活动中评价的不同作用，学习评价可分为诊断性评价、形成性评价和总结性评价，这三者共同构建成为全面而完善的教育评价体系。

1. 诊断性评价

在学习活动开始前进行，其目的是鉴定学习者的学习准备情况，以便为制定和实施有效的教学计划提供依据。通过诊断性评价，教师可以了解学习者的学习基础、兴趣特点和学习风格，从而为学习者设计最适合的教学方案。这种评价有助于确保教学活动的针对性和有效性，为后续的学习过程奠定良好的基础。

2. 形成性评价

在学习过程中进行，通过及时反馈调整和完善学习活动，确保学习目标的顺利实现。形成性评价强调对学习过程的监控和调节，帮助教师和学习者及时了解学习进展和存在的问题，以便及时采取措施加以改进。这种评价有助于增强学习者的学习动力，促进学习质量的持续提升。

3. 总结性评价

在学习活动结束后进行，以预先设定的学习目标为基准，对学习者的学习成果进行全面、客观的评价。总结性评价注重考查学习者对学科知识的整体掌握程度，通过广泛的测验内容，对学习者的学习效果进行概括性的评价。这种评价有助于了解学习者的学习成果和教学质量，为教育决策提供重要依据。

二、在线学习评价

（一）内涵

学习评价直接针对学习者的学习效果，旨在通过科学的评估手段，提升学习者的学习质量。具体而言，学习评价以教学目标为依据，运用各种有效的工具和途径，对学习者的学习过程和学习成效进行实时把握和价值判断。学习评价包含对学习过程的评价和对学习效果的评价。对学习过程的评价，主要关注于学习者在学习过程中所展现出的态度、合作精神和积极性等非知识性因素。对学习效果的评价，则主要关注教学结束后学习者的学习结果。通常通过考试、测验、作品展示等方式进行，以检验学习者对知识的掌握程度和应用能力。这种评价方式可以为学习者提供一个明确的学习目标和努力方向，同时也有助于教师了解教学效果，为后续的教学调整提供依据。

在线学习评价是对参与在线学习的学习者进行学习情况评估的过程，其核心在于以学习者为中心，全面审视其学习背景、在线过程中所采用的学习手段与方法，以及最终取得的学习效果。学习评价中，对学习者学习过程的评价应贯穿于学习者通过在线平台获取知识的完整学习过程中，从而更全面地了解学习者的学习状况，并为他们的学习行为和学习态度的改进提供有力依据。同时，还需要对最终的学习效果做出明确判断。这通常通过学习者提交作业情况、测试成绩、在线学习进度和小组项目完成度等具体指标来衡量。通过对在线学习进行判断，不仅有助于了解学习者的学习成果，还能为教师提供反馈，以便调整在线教学策略，从而更好地满足学习者的学习需求。

（二）特点

在线学习评价属于教育评价的范畴，结合网络环境发展具有其自身特点。

1. 注重评价的过程性

评价过程应充分重视在线学习过程的监控与指导，并通过及时反馈信息，发现学习中存在的问题。在此基础上，提供相应的指导和补救措施，促进在线学习活动的深入和全面发展。

2. 注重对教育技术的应用

通过引入和运用智能学习系统和各种学习策略，更有效地评价学习者的在线学习效果。同时，帮助教师评估学习者的学习主动性、自控性以及学习成效，从而为学习者后继在线学习提供更具个性化和精准化的学习建议。

3. 实现与在线学习系统的无缝对接

通过充分运用在线学习平台和学习系统的学习活动记录功能，有效收集评价信息，从而实现对学习者整体和个体学习状况的动态评价与调控，确保在线学习过程的高效与精准。

4. 充分运用互联网的技术优势

互联网的实时性特征有助于缩短评价周期，使评价结果能够及时反馈给学习者和教师。这种即时反馈有助于学习者和教师适时调整教学策略和学习方法。

5. 强调个性化评价

评价模型根据不同的评价目标和评价对象，采用不同的评价方法和指标。这种个性化评价有助于更准确地评估学习者的在线学习情况和需求，实现教育公平和个性化发展的目标。

第五节 学习行为分析方法

一、统计分析

（一）描述性统计分析

描述性统计分析是用于描述学习行为的总体特征和分布情况，通过一系列的统计指标实现精确地描绘出学习者在学习时长、学习频率以及学习内容的偏好等方面的行为模式。学习时长是衡量学习投入程度的重要指标，通过计算平均学习时长，可以了解学习者的平均投入时间，中位数能够帮助识别大多数学习者投入的时间量，众数则揭示了最常见的学习时长，标准差衡量了学习时长分布的离散程度。学习效率反映了学习者的学习规律，通过统计每周或每月的学习次数，可以了解学习者是否倾向于持续稳定的学习。学习内容的偏好通过分析学习者对不同学科、课程或知识点的关注度，揭示学习兴趣和倾向。标准差和方差是衡量数据离散程度的关键指标，反映了学习者存在的差异程度，用于刻画学习时长或学习频率与平均值的偏离程度。当标准差或方差较大时，通常意味着不同学习者的学习行为和习惯存在显著差异。这时，教育者需认真分析这些差异背后的原因，从而探寻学习者的学习动机、学习环境、学习能力等因素可能造成的影响。依据这些分析结果，教育者可以制定更为个性化的教学安排。例如，为学习时长较短或频率较低的学习者提供更多的学习资源和辅导，或者为那些表现优异的学习者设置更具挑战性的学习任务。

（二）回归分析

回归分析在统计学中是一种重要的数据分析方法，其核心目的在于揭示两个或多个变量之间的相互依赖关系，并确定它们之间的定量关系。在学习行为与学习有效性的研究中，回归分析发挥着不可或缺的作用。通过回归分析，我们可以了解学习行为与学习有效性之间是否存在相关性，以及这种相关性的方向和强度。例如，学习时长、学习频率、课程参与度等学习行为因素可能与学习成绩、知识掌握程度等学习有效性指标存在显著相关性。此外，通过收集大量的学习行为数据和学习有效性数据，并运用回归分析方法进行处理，可以得到适用于描述学习行为与学习有效性之间关系的方程。这个方程可以作为预测模型，用于根据已知的学习行为数据来预测未知的学习有效性。学习行为中，各个因素之间可能存在复杂的相互作用关系，有些因素可能对学习有效性产生直接影响，而有些因素则可能通过影响其他因素来间接影响学习有效性。通过回归分析，我们可以了解这些相互作用关系，并确定各个因素对学习有效性的影响权重，从而为优化学习过程提供科学依据。

（三）相关性分析

相关性分析有助于挖掘数据之间的潜在联系，进而基于这些相关性数值进行准确的数据预测。相关性分析特别是 Pearson 相关系数和 Spearman 相关系数的应用，为深入理解学习行为与学习有效性之间的关系提供了工具。

Pearson 相关系数主要用于度量等距变量之间的线性相关关系。在学习行为的研究中，通过计算学习时长、学习频率等连续变量与学习成绩等有效性变量之间的 Pearson 相关系数，从而了解它们之间的线性相关程度。相关系数的取值范围为 $-1 \sim +1$，正值表示正相关，负值表示负相关，数值的大小则用于反映相关性的强弱。相较之下，Spearman 相关系数更适用于测量变量间的等级相关关系。当学习行为数据不满足正态分布或存在异常值时，Spearman 相关系数能够提供更稳健的结果。此外，Spearman 相关系数不需要数据服从正态分布，因此对于非正态分布的数据也能进行有效的相关分析。可以使用 Spearman 相关系数分析不同学习行为之间的相关性，如学习时长与学习频率、不同学习策略的使用频率等。通过计算这些相关系数，了解各类学习行为之间的关联程度，进而优化学习策略和提升学习效果。

二、数据挖掘

数据挖掘旨在从海量、模糊且随机的实际应用数据中提炼出潜藏的信息，进而转化为有价值的知识。这一过程不仅有助于解决实际问题，还能够为决策提供有力支持。数据挖掘过程需要综合运用多学科知识和技术，包括统计分析、信息检索、机器学习等，这些工具和技术帮助处理和分析数据，发现其中的模式和关联，从而揭示出数据背后的深层含义。数据挖掘过程流程如图 2-11 所示。

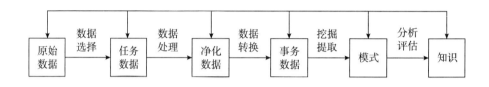

图 2-11　数据挖掘过程流程

随着学习平台的蓬勃发展和教育技术的持续创新，教育数据挖掘在教学中的应用日益凸显，成为推动教育进步的重要力量。运用先进的统计分析和机器学习技术，深入挖掘学习者行为数据，能够揭示学习数据背后的隐藏知识，帮助学习者、教师和研究者更好理解学习过程，优化教学策略。教育领域，学习行为数据包括学习者的访问课程行为、浏览资源、观看教学视频等，研究学习行为和学习效果之间的潜在关系，进而为改进教学方式提供有力支持。

教育数据挖掘的过程包含以下关键环节：第一步是明确挖掘对象，这是整个流程的起点。第二步是数据筛选阶段，此阶段旨在精准定位需要分析的数据，缩小处理范围，提升挖掘质量。第三步是数据预处理，包括对目标数据的进一步清理、集成以及数据格式的标准化和重复数据的清除。第四步是数据变换阶段，通过对数据进行规范化操作，转换为适合挖掘的结构类型，并对预处理后的数据进行再次优化，以减少数据量。第五步进入数据挖掘阶段，根据具体挖掘任务选择合适的算法，设定参数，形成精准模式，并以聚类、关联规则等形式展现。第六步是结果评价阶段，利用可视化手段直观呈现数据挖掘结果，这不仅有助于验证挖掘知识的有效性，还能够为决策者提供更为精确的依据。教育数据挖掘的流程如图 2-12 所示。

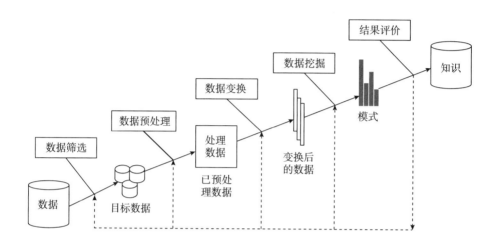

图 2-12 教育数据挖掘的流程

三、聚类分析

聚类分析，又称群分析，是数据挖掘分析中的关键环节，其核心任务在于从大量看似杂乱无章的数据中挖掘出具有实际意义的数据分布模式。在聚类分析过程中，数据点会根据其特征被自动划分到不同群组中，从而实现了"物以类聚"的效果。

K-means 算法属于应用最为广泛的聚类算法，由 MacQueen 于 1967 年提出，至今仍然是解决聚类问题的有效工具。算法的核心思想是通过迭代方式将数据集中的样本划分为 K 个互不相交的子集（或称为簇）。这些子集或簇的形成是基于样本间的相似性度量，通常使用欧几里得距离或其他距离度量方法。每个簇内的样本尽可能相似，而不同簇之间的样本差异尽可能大。这里的 K 表示预设的类别数，而 means 则代表每个簇的质心，即簇内所有样本的均值点。

K-means 算法的基本步骤如下。首先，从数据集中随机选取 K 个样本点作为初始簇的质心。其次，对于数据集中的每个样本点，计算它到每个簇质心的距离。再次，根据距离将每个样本点分配给最近的簇。在每次分配完成后，计算每个簇内所有样本点的平均值作为新的质心。最后，不断重复这一过程，直到簇质心的位置趋于稳定，意味着算法达到收敛，或者达到预设的最大迭代次数。在迭代过程中，算法旨在不断优化簇的划分，使得每个样本点与其所属簇的质心之间的总距离最小化。通常，通过计算代价函数，如簇内样本点到质心的距离平方和来评估。K-means 算法以其简洁高效而著称，不仅易于理解实施，并且在大规模数据集上表现出优异效果。然而，算法也存在一定的局限性，如对初始质心选择的敏感性，可能陷入局部最优解，以及需要预先确定簇的数量 K 等。因此，在实际应用中，需要根据具体情况灵活选择聚类算法，某些情形下还需要对 K-means 算法进行适当的改进或优化。

四、数据包络分析

数据包络分析（Data Envelopment Analysis，DEA）是一种用于评估相对效率的线性规划技术，最初由运筹学家 Charnes 和 Cooper 等在 1978 年提出，被广泛应用于评估生产效率、经济效率、技术效率等领域。DEA 的核心原理在于利用数学规划模型来计算和比较不同决策单元（Decision Making Unit，DMU）之间的相对效率。这里的 DMU 可以泛指任何具备可测量投入与产出指标的单位，并且要求这些 DMU 在比较过程中需具备相互间的可比性。

DEA 的主要步骤包括确定 DMU 和输入输出指标，构建线性规划模型计算各个 DMU 的效率得分，识别出效率最高的 DMU 并确定其最佳实践，以及通过分析非效率的 DMU 找出其不足之处并提出改进建议。DEA 不依赖于具体的生产函数形式，能够处理多输入和多输出的情况，并且不需要预先设定权重，具有客观性和公正性。DEA 能够充分考量决策单元自身最优的投入产出方案，从而更精准地反映评价对象自身的信息和特性。在评价复杂系统时，其多投入多产出的分析能力尤为出色。作为一种强大且灵活的效率评估工具，数据包络分析在实际应用中需要关注其局限性和适用条件。值得注意的是，在应用 DEA 方法建模时，无须对数据进行无量纲化处理或做出假设，这种优势使它成为目前效率评价中常用方法之一。

（一）传统 DEA 模型

最初的 CCR 模型（Charnes Cooper Rhodes，CCR）在构建时假定规模效益恒定，其计算出的技术效率实际上涵盖了规模效率的成分，因此被称为综合技术效率。模型中用 n 代表决策单元的数量，X 代表决策单元的投入，Y 代表产出，而 ω 和 μ 则分别代表投入与产出的权重，则其线性规划表达式如式（2-1）所示。

$$\max \mu Y_0$$

$$s.t. \begin{cases} \omega X_j - \mu Y_j \geqslant 0, \ j=1, \ 2, \ \cdots, \ n \\ \qquad \omega X_0 = 1 \\ \qquad \omega, \ \mu \geqslant 0 \end{cases} \qquad (2-1)$$

CCR 模型的基本假设是所有被评价的决策单元 DMU 均运行在最优的生产规模上，即这些 DMU 均处于规模受益不变的阶段。然而，现实情况中许多决策单元并未达到最佳的生产规模状态。为解决这一问题，Banker、Charnes 和 Cooper 在 1984 年提出估计规模效率的 BCC 模型。模型基于规模效率可变（Variable Returns to Scale，VRS）的假设。因此，BBC 模型计算出的技术效率排除了规模因素的影响，被称为纯技术效率。这种效率更专注于评估决策单元在技术层面的表现，而非受到规模限制的影响，其规划表达式如式（2-2）所示。

$$\min \theta$$

$$s.t. \begin{cases} \sum_{j=1}^{n} \lambda_j X_{ij} \leqslant \theta X_{ik} \\ \sum_{j=1}^{n} \lambda_j Y_{rj} \geqslant Y_{rk} \\ \sum_{j=1}^{n} \lambda_j = 1 \\ \lambda \geqslant 0 \\ i=1, \ 2, \ \cdots, \ m; \ r=1, \ 2, \ \cdots, \ q; \ j=1, \ 2, \ \cdots, \ n \end{cases} \qquad (2-2)$$

（二）超效率 SBM 模型

CCR 模型与 BCC 模型在进行改进时，均遵循对所有投入产出进行等比例调整的原则，因此这类模型被归类为径向 DEA 模型。然而，对于未能达到有效状态的决策单元 DMU 而言，它们当前的表现与理想的高效状态之间的差距，不仅体现在等比例改进上，还包括松弛改进部分。为更全面衡量这种松弛改进，Tone Kaoru 提出了 SBM 模型（Slack Based Measure，SBM）。SBM 模型的一大优势在于成功解决了径向模型在测量无效率时未能纳入松弛变量的问题。模型的线性规划式如式（2-3）所示。

$$\min \rho = \frac{1 - \frac{1}{m} \sum_{i=1}^{m} \frac{s_i}{x_{ik}}}{1 + \frac{1}{s_1 + s_2}\left(\sum_{i=1}^{s_1} \frac{s_i^g}{y_{ik}^g} + \sum_{i=1}^{s_2} \frac{s_i^b}{y_{ik}^b} \right)}$$

$$s.t. \begin{cases} X\lambda + S^- = x_k \\ Y^g\lambda - S^g = y_k^g \\ Y^b\lambda + S^b = y_k^b \\ \lambda \geqslant 0, \ S^- \geqslant 0, \ S^g \geqslant 0, \ S^b \geqslant 0 \end{cases} \tag{2-3}$$

其中，S 表示投入产出变量在进行改进时的松弛变量。在径向的 CCR 模型和 BCC 模型中，无效率用所有投入产出可以等比例调整的程度来测量。在 SBM 模型中，无效率则用各项投入产出可以调整的平均比例来测量。

在传统的 DEA 模型测算中，一个常见的现象是多个决策单元 DMU 均被评价为有效状态。特别是当投入和产出的指标数量增多时，被判定为有效的 DMU 数量也会相应增加。由于传统的 CCR 模型和 BCC 模型中的效率值上限设为 1，这些有效的 DMU 效率值都相同，因此无法进一步区分它们之间的效率差异。为解决这一问题，Anderson 和 Peterson 在 1993 年提出了超效率 DEA 模型，该模型能够对有效的 DMU 进行更细致的区分。这种模型因此被称为"超效率"模型（Super Efficiency Model），其规划式如式（2-4）所示。

$$\min\left[\theta-\varepsilon\left(e^{T}s^{-}+e^{T}s^{+}\right)\right]$$

$$
\begin{cases}
\displaystyle\sum_{j=1,\,j\neq k}^{n}X_{j}\lambda_{j}+s^{-}=\theta X_{0} \\[2mm]
\displaystyle\sum_{j=1,\,j\neq k}^{n}Y_{j}\lambda_{j}-s^{+}=Y \\[2mm]
\displaystyle\sum_{j=1,\,j\neq k}^{n}\lambda_{j}=1 \\[2mm]
\lambda_{j}\geqslant 0,\ j=1,\cdots,n \\[2mm]
s^{-}\geqslant 0,\ s^{+}\geqslant 0,\ \theta\ 无限制
\end{cases}
\qquad (2\text{-}4)
$$

超效率模型与传统模型基本相同，只是在约束上存在不同，增加了 $j\neq k$ 这一约束，将有效的 DMU 从原参考集中剔除，从而进行单独评价。

第三章

在线学习行为有效性评价框架

第一节 在线学习行为有效性的内涵

一、"有效"及"有效性"

(一) 有效

"有效"一词在多个领域具有广泛应用，源于英语 effective，其核心含义是指某物或某项活动能够达到预期所要达到的积极或肯定的结果。这一概念的核心在于强调结果的实现与效益的产生，而非仅仅关注过程的完成。在评价一个活动或行为是否有效时，不仅要关注其是否按照预定的步骤和流程进行，更要关注这些步骤和流程是否带来预期的积极结果和效益。

在评价"效"的大小时，需要考虑两个关键因素：其一是所取得的成效大小，其二是为获得这些成效所付出的代价。当付出的代价相对较小而获得的成效较为显著时，这样的行为或活动通常被认为是有效的。相反，如果付出巨大代价却只获得微小的成效，甚至未能达到预期的效果，则这样的行为或活动被认为是低效、无效甚至是负效的。关于教学活动的有效性，尽管有学者认为只要教学事件发生，就具有一定的有效性，但这种观点可能存在一定的局限性。任何教学活动的确都会在一定程度上产生影响，但这种影响可能是积极的，也可能是消极的。因此，不能简单地认为所有教学活动都是有效的，而需要具体分析其对学习者学习产生的实际影响。如果教学活动未能取得积极的学习成果，甚至对学习者的学习产生负面影响，则这样的教学活动不能被认为是有效的。

（二）有效性相近术语

对于有效性研究中，常见相关术语包括效果、效率、效益以及效用，这些术语的词义较为接近，容易混淆，下面对相关概念进行界定。

1. 效果（effect）

是指投入后产出的有用成果，但它并不等同于效益。在学习行为的分析中，效果特指学习行为所带来的学习成果或学习质量的提升。对于在线学习而言，效果的重要性不言而喻，它主要体现在学习目标的达成度和学习质量的提升上。首先，学习目标的达成度是衡量在线学习效果的关键指标之一。学习者参与在线学习的目的是掌握特定的知识、技能或提升某种能力。因此，学习效果的好坏直接反映在学习者是否能够达到或超越预先设定的学习目标上。当学习者通过在线学习活动能够成功地掌握新知识、应用新技能或提升原有能力时，则可以认为本次在线学习是有效果的。其次，学习质量的提升也是在线学习效果的重要体现。学习质量不仅需要关注学习目标的达成，还需同时关注学习者在学习过程中的体验、认知深度以及知识的迁移和应用能力。在线学习如果能够提供丰富的学习资源、多样化的学习方式以及及时的反馈与指导，将有助于提升学习者的学习质量，使他们能够更深入地理解知识、更灵活地运用技能，并在实际生活中展现出更全面的综合素质。

2. 效率（efficiency）

通常用于描述单位时间内所取得的效果，即反映时间的利用状况。在学习环境中，提高效率意味着在相同的时间内能够学习到更多的知识或技能。《辞海》将效率定义为"消耗的劳动量与所获得的劳动效果的比率"，这强调了效率与资源投入和产出之间的关系。《现代汉语词典》将效率解释为"单位时间内完成的工作量",这突出了效率在衡量工作速度和工作量方面的作用。在线学习的效率主要体现在学习投入与产出之间的比率。具体而言,它涉及学习者在在线学习过程中所付出的时间、精力等投入,以及这些投入所带来的学习成果或学习质量的提升。一个高效的在线学习过程应该是投入与产出之间的优化,即在有限的时间内学习效果最大化。

3. 效益(benefit)

效益反映了有效产出与投入之间的比例关系,特别强调符合目标的有效产出。在理解效益时,需要将其与效率进行区分。效率关注的是如何把事情做好,即采用恰当的方法和途径来实现目标;而效益则更侧重于做正确的事,即确保所追求的目标本身是正确的、有价值的。在线学习环境中,效益的重要性不言而喻。通过在线学习,学习者可以获取与实际工作或生活紧密相关的知识和技能,这不仅有助于提升他们的个人竞争力,还能够增强他们的社会适应能力。此外,在线学习往往能够降低学习成本,减少时间和空间的限制,为学习者提供更加灵活和便捷的学习体验。这种灵活性使学习者能够更好地平衡工作、学习和生活之间的关系,提高学习效率和学习质量。通过与来自不同背景和领域的其他学习者进行交流和互动,拓展自己的视野和人际网络,培养他们的团队协作和沟通能力。

4. 效用(utility)

效用的核心在于有用性,即某物或某项服务满足人们需求或欲望的能力。在经济学中,效用特指对人们某种欲望的满足程度,它涵盖了三个关键的构成要素,即物品本身所具备的满足欲望的功能、人类对物品性能的认知与利用,以及消费者内心欲望的存在。由于效用更多的是一种心理感觉,它往往没有客观的标准,因人而异。

将效用的概念引入到在线学习的情境中,可以将在线学习的效用定义为网络课程对学习者在线学习需求的满足程度。这主要体现在学习者的满意度和主观感受上。在线学习之所以具有高度的效用，是因为它提供了灵活自由的学习方式，使学习者能够根据自己的节奏和需求进行学习，从而大大提高了学习的自主性和趣味性。

（三）有效性

有效性这一概念是对"有效"的深入拓展，关注于方法、策略或行动能否产生积极影响或有效解决问题。在不同领域和背景下，有效性具有多重解读和应用。

对于有效性的概念，学者具有不同的理解，常用 validity、effectiveness、availability、efficacy 等词汇表示。在企业管理学中，有效性涵盖了速度、收益和安全等多个方面，体现了企业运营过程中追求的综合效果。而在经济管理中，有效性是对测试效果的一个评价指标，它关注于测试能否准确反映所测内容，并预测参与者的未来表现。在学习领域，学习有效性是对学习时间、学习结果和学习体验的综合考量。它不仅是学习成果的体现，还涉及学习过程的高效性和学习体验的满意度。有效的学习往往意味着学习者能够在较短的时间内获得良好的学习成果，同时享受到愉悦的学习过程。

总体来看，有效性是一个综合性的概念，反映的是预期结果的实现程度。在这个过程中，效率、效果和效益等因素均被纳入考量范畴。有效性强调目标的达成程度，即系统是否按照预定目标顺利运行。当某项活动能够以最小的投入实现预期效果时，我们便可以称这项活动是有效的。因此，有效性是衡量一切活动的核心标准。它要求我们在追求效果的同时，也要注重效率和效益的平衡。只有在三者都得到充分考虑和实现的情况下，才能将一项活动称为是真正有效的。这种有效性理念不仅适用于学习、企业管理等领域，也可以广泛应用于其他社会实践活动中，成为推动社会进步和发展的重要动力。

二、学习有效性及有效学习行为

（一）学习有效性

学习有效性是一个多维度、相对性的概念，是指学习者在经过一定时间的学习后所取得的具体进步或收获。根据学习有效性的程度，可以将其划分为高效、低效和负效三类。这三类学习行为并不是绝对的，而是需要根据学习效果与预期目标的对比关系来界定。

高效学习行为意味着学习者在有限的时间内达到了预期的学习效果，这是学习有效性的理想状态。这类学习者通常具备良好的学习策略、时间管理能力以及积极的学习态度，能够迅速掌握知识，形成自己的知识体系，并能够将所学知识应用于实际情境中。低效学习行为则是指学习者虽然投入了大量的学习时间，但并未达到预期的学习效果。这类学习者可能在学习方法、学习策略或学习态度上存在问题，导致学习效率低下，难以取得明显的进步。为改善这种情况，学习者需要审视自己的学习行为，找出问题所在，并采取相应的措施进行调整和改进。负效学习行为是最不理想的一种状态，它不仅未能达到预期的学习效果，甚至对学习产生消极影响。这类学习者可能在学习动机、学习兴趣或学习环境等方面存在问题，导致学习行为出现偏差，难以取得任何进步。对于这种情况，学习者需要深入反思自己的学习行为，找出导致负效的原因，并寻求专业的帮助与指导。

需要注意的是，学习有效性的衡量标准具有相对性，因为学习过程是一个复杂系统，受到多种因素的影响。不同的学习者、不同的学习情境、不同的学习目标都可能导致学习有效性的差异。因此，不能一概而论地认定哪些学习行为属于有效学习行为，哪些学习行为属于低效学习行为。相反，需要在实践中不断探索和总结，找出不同学习水平之间的区别性、差异性、普适性规律，以促使低效、负效的学习行为逐渐向高效的学习行为转化。为实现这一目标，学习者需要关注个人学习过程，不断调整和优化学习策略，提高学习效率；同时，也需要关注个人学习体验，保持积极的学习态度，激发学习兴趣和动力。此外，教育者应该为学习者提供良好的学习环境和资源支持，帮助他们更好地实现学习目标，提升学习有效性。

对于学习行为的有效性评价，需要从多个维度进行综合考量。效果、效率和效益是三个关键指标，它们共同构成了学习有效性评价的综合框架。首先，效果评价关注的是学习结果与预期学习目标的吻合程度。这涉及学习者是否达到预期的知识和技能掌握水平，是否能够应用所学内容解决实际问题。效果评价的核心在于对学习成果的客观测量和对比，以确定学习行为是否有效。其次，效率衡量的是学习产出与学习投入之间的关系。这涉及学习者在有限的学习时间内所能获得的成果大小。效率高的学习行为往往意味着学习者能够在较短时间内掌握更多的知识，或者在同等学习时间内取得更好的学习效果。通过效率评价，我们可以了解学习行为的时间成本和学习速度的合理性。最后，效益评价关注的是学习活动的收益和学习活动价值的达成。这不仅包括知识技能的获取，还包括学习者在情感态度、价值观等方面的成长和进步。效益评价强调学习行为对个人和社会的长远影响，以及学习成果的实际应用价值。除上述三个关键指标外，学习行为的有效性评价还需要关注多个视角。例如，过程与方法的评价关注学习者在学习过程中的思维方式和问题解决能力；情感态度与价值观的评价则关注学习者在学习过程中的情感体验和价值观的塑造。这些内隐方面的指标同样是衡量学习有效性的重要依据。

（二）有效学习行为

将学习行为的有效性进行水平划分，有助于学习者对于自身学习行为水平进行准确的自我评估，从而更有针对性地调整和优化学习策略。高效的学习行为，即有效学习行为，是每位学习者追求的理想状态，它意味着在有限的时间内实现学习效果的最大化。

有效的学习行为涉及课前预习、课堂学习、师生互动、课后复习以及课程资源的利用等多个方面。课前预习是高效学习的基础，它能够帮助学习者提前了解课程内容，形成初步的知识框架，为课堂学习做好准备。课堂学习则是学习行为的核心环节，学习者需要全神贯注地听讲，积极参与课堂讨论，主动思考和提问。师生互动是高效学习的重要组成部分，它能够促进学习者对知识的深入理解和应用。通过与教师的互动，学习者可以及时解决学习中的疑惑，获得教师的指导和建议，从而调整学习策略，提高学习效率。课后复习则是巩固学习成果的关键环节，学习者需要通过复习来加深对知识的记忆和理解，形成长期记忆。同时，学习者还需要善于利用课程资源，如图书馆、网络等，拓宽学习渠道，丰富学习内容。在实践过程中，学习者需要注重实践性知识的运用，将所学知识与实际生活相结合，通过解决实际问题来加深对知识的理解和应用。这种实践性的学习行为不仅能够提升学习效果，还能够培养学习者的创新能力和实践能力。

有效学习行为，从理论层面界定，是一个涵盖了学习目标、学习目的以及学习实践活动等多个方面的综合概念。它不仅要求学习行为能够促成课堂学习目标的完成，还要与学习目的和学习目标相适应，并在具体的学习实践活动中展现出合理性和灵活性。合理性是有效学习行为的重要特征之一。它要求学习者在学习过程中始终以学习任务为目标，科学安排学习进度，妥善处理各种影响因素，以确保学习行为能够高效、有序地进行。通过合理安排时间、优化学习方法和策略，学习者可以更加高效地掌握知识。灵活性则体现了有效学习行为的另一个重要方面。在学习过程中，学习者需要根据自身的知识结构和学习状态进行及时的调整，以应对各种可能出现的问题和挑战。这种灵活性不仅要求学习者具备敏锐的洞察力和判断力，还需要他们具备足够的学习能力和适应能力，以便在不同的学习情境下都能够取得良好的学习效果。

综合理论与实践两个维度的深入剖析，本书给出有效学习行为的定义。有效学习行为是学习者在正确学习理念的引领下，根据具体的课堂环境，智慧地运用学习策略和方法，旨在实现个人知识积累与专业成长，并最终达成学习目标的一系列行动。衡量其有效性的核心标准在于，学习者是否能在最短的时间内，以最小的精力投入，实现认知及其他相关能力的全面、协调发展。需要强调的是，有效学习行为不仅是个体学习策略和行为的体现，更是学习者与学习环境、学习资源以及教师和其他学习者之间互动的结果。在一个积极、支持性的学习环境中，学习者更有可能采取有效的学习行为，实现更好的学习效果。

三、在线学习行为有效性

在线学习行为的有效性是一个多维度、深层次的概念，涵盖多个关键层面，并且与在线学习的独特特点紧密相关。

（一）教学环境方面

在线学习行为的有效性首先体现在学习者对网络学习环境的适应与利用能力上。在线学习环境以其独特的灵活性和个性化特点，为学习者提供了前所未有的学习空间与资源。然而，这种环境也对学习者提出了更高的要求。首先，有效的在线学习行为要求学习者具备良好的自我管理能力。由于没有传统的教室环境和教师的实时监控，学习者需要自己制订学习计划、管理学习进度，并确保按时完成学习任务。这需要学习者具备较强的时间管理能力和自律性，以应对可能出现的干扰和诱惑。其次，要求学习者具备选择学习资源的能力。在线学习环境提供了海量的学习资源，但并非所有资源都适合每个学习者。因此，要求学习者具备一定的信息筛选和鉴别能力，能够对学习需求和目标有清晰的认识，并能够根据这些需求选择合适的资源。最后，保持持续的学习动力也是保障有效在线学习行为的关键。在线学习往往是一个长期且需要持续投入的过程，学习者需要具备坚定的学习意志和持久的学习动力，可以通过设置明确的学习目标、参加学习社区或小组、与他人分享学习成果等方式来实现。

（二）交互方式方面

在线学习中，师生之间的交互主要通过网络平台进行，这种交互方式具有异步性和跨时空性的特点。首先，有效的在线学习行为要求学习者能够积极参与并主动发起与学习资源、教师以及其他学习者之间的交互。在线学习环境提供了多样化的交互工具和平台，如在线论坛、即时通信工具、协作编辑软件等。学习者通过积极参与讨论、提问、分享观点和经验，不仅获得他人的帮助和反馈，同时能够建立学习共同体，促进知识的共享和协作学习。其次，有效的在线学习行为还体现在学习者与教师之间的有效互动上。在线学习中，教师扮演着引导者和支持者的角色，学习者应主动与教师保持联系，及时反馈学习问题和困惑，寻求教师的指导和帮助。最后，有效的在线学习行为还需要学习者具备一定的信息技能。在线学习环境中的交互往往依赖于信息技术和网络工具。学习者需要熟悉并掌握这些工具的使用方法，以便能够顺畅地进行在线交流和协作。

（三）学习方式方面

有效的在线学习行为要求学习者主动适应和采用多样化的学习方式。首先，在线学习者需要根据自己的学习风格、兴趣和需求，选择适合自己的学习方式。例如，学习者可以通过自主学习、探究学习、合作学习等方式，结合在线视频、音频、文本等多种媒体资源，进行深度学习和有效学习。其次，有效的在线学习行为要求学习者具备批判性思维和创新能力。在线学习环境中，学习者不仅要接受和掌握知识，还要学会独立思考、分析问题、提出解决方案，并能够创新性地运用所学知识解决实际问题。通过在线学习，学习者可以培养自己的批判性思维和创新精神，提升综合素质和能力水平。最后，有效的在线学习行为还需要遵守网络道德规范，保护个人隐私和信息安全。

第二节　在线学习行为评价的驱动力

一、需求驱动

当前，在线学习平台因其开放共享的学习模式而备受学习者瞩目。然而，学习者在实际学习过程中呈现差异化学习效果这一问题不容忽视。许多学习者在初期表现出极高的学习热情，但随着时间的推移，难以维持并中途退出，导致选课率高而完成率低的问题越发凸显。在这一背景下，学习者、教师以及平台管理者对在线学习模式提出了更高的期待和要求。如何深入挖掘并有效利用学习者在学习平台中产生的丰富的学习行为数据，成为一个亟待解决的问题。这些数据不仅有助于学习者更好地自我监管学习过程，还能够帮助课程组织者实时把握学习者的学习状态，动态调整和优化课程资源及结构安排。同时，对于平台管理者而言，这些数据也能够为界定学习平台的功能效用、精准管理用户使用和流失提供有力支持。

（一）在线学习者

作为在线学习的主体，对学习者进行精准分类并描绘他们的学习特征，有助于辅助学习者实现自我监管。平台中储存的学习行为数据能够满足个性化在线学习的需求。通过对这些数据进行深入分析，可以设计出个性化的学习路径，这是传统课程所无法比拟的。

（二）课程组织者

在线课程的组织者，即任课教师，在发布课程资源后，需要实时跟踪学习者的学习动态。通过可视化分析学习资源浏览情况、检测结果等数据，教师可以了解学习者对课程难点的掌握程度，进而优化授课内容、资源组织和视频内容。此外，通过多维互动模式收集学习者反馈，教师可以获得改进建议，拓展教学思路和内容，实现知识和理念的更新。

（三）平台管理者

平台管理者的核心目标是保障用户流量，提升在线学习质量。当前学习平台功能多样，但应用效果参差不齐，学习者中途放弃现象普遍。为提升学习者的留存率，防止流失，平台管理者应充分利用学习数据进行分析，这些数据能够反映平台功能的实际应用效果，为管理者改善和优化平台功能提供重要参考。

（四）教育研究者

在大数据背景下，在线学习平台的应用推动了高等教育教学模式的改革。教育信息化模式下，教育研究者深入研究在线学习行为，设计更加合理的教学策略，为传统教学模式的改革提供新思路。后疫情时代，网络环境下的教学互动已成为必然，线上线下相结合的混合式学习模式符合信息时代背景下高等教育发展的未来趋势。

二、技术驱动

（一）教育数据挖掘

教育数据挖掘是数据挖掘技术在教育领域的应用，旨在提供教学决策所需的信息支持。它能够挖掘出有价值的信息，为在线学习者、课程组织者和平台管理者提供决策支持服务，从而优化教学过程、提升学习效果，并达成在线教学目标。具体而言，通过运用关联规则挖掘算法，平台可以为学习者推荐个性化的学习资源和学习经验，自动匹配适合的学习社区等。同时，聚类分析技术可以根据在线学习行为数据对学习者进行分类，掌握各类学习者的行为特征，实时监测学习规律，并识别出学习者中途放弃学习的行为，以便及时监控和预防。

（二）学习分析工具

学习分析工具融合多种分析方法，专门应用于教育领域，是一种旨在改善学习效果的新兴技术。它能够为学习者、课程组织者和平台管理者提供需求分析结果。与数据挖掘的分析流程类似，学习分析工具在进行分析之前也需要进行数据采集和预处理。然而，学习分析工具的独特优势在于能够将分析结果进行可视化呈现，使各类用户能够更直观地理解和利用这些数据进行决策。

三、数据驱动

（一）数据容量

在传统线下教学中，教师主要依赖课堂作业、考试试卷和课堂问答等手段来收集学习者信息。然而，这种方式所获取的信息类型相对单一，数据量有限，导致教师难以全面洞察学习者的学习状态和动向。随着大数据、云计算和人工智能等技术的迅猛发展，这些先进技术已广泛应用于教育领域，使在线学习成为重要的学习方式。在线学习的蓬勃发展不仅满足了学习者多样化、个性化和碎片化的学习需求，也催生了众多各具特色的在线学习平台。这些平台提供的学习支持服务越来越个性化、多样化；同时，记录的数据种类也较为全面，收集到的信息更具应用价值。学习者在平台上进行在线学习活动，生成的学习大数据为在线学习评价提供了宝贵的依据，成为学习者学习评价数据的重要来源。

（二）数据存储与采集

当前，数据存储成本的大幅降低以及数据采集设备的多样化，使数据收集工作变得更为便捷。随着信息化时代的深入发展，各级各类学校纷纷加大校园信息化建设力度，增加对软硬件设施的投入，建设完善的数据资源库，从而推动教育信息化的进程。无论是专业的在线学习平台还是学校内部的数据资源库，均为在线学习评价提供了稳定且丰富的数据支持，涵盖了学习数据、行为数据、用户数据以及管理数据等多个方面。对于在线学习平台的管理者而言，这些数据已成为推动在线学习行为分析的新动力。过去，关于在线学习行为分析的研究相对较少，其根本原因在于数据的不足。当前，在线学习平台的发展成功克服了这一难题。通过实时同步记录用户的在线行为数据，平台不仅为课程组织者和平台管理者提供了深入了解用户学习状态和动向的机会，也进一步推动了在线学习行为研究的深入发展。

综上，从需求、技术以及数据三个维度进行探讨，在线学习行为评价的驱动因素如图 3-1 所示。

图 3-1　在线学习行为评价的驱动因素

第三节　在线学习行为有效性评价的原则与流程

一、评价原则

（一）面向学习过程评价

面向学习过程的持续性评价是在线学习评价的核心所在，强调对学习者的整个学习过程进行细致入微的考察与评估。在线学习平台以其强大的数据记录与处理能力，通过电子文档的形式，详细记录并收集学习者在学习过程中的各类信息，包括他们的学习活动、学习资料的使用情况，以及与其他学习者的交流互动等。这些信息为全面、客观地评价学习者提供了坚实的数据基础。

在进行评价时，需要特别关注学习者的学习进度和路径。学习进度不仅反映了学习者对知识的吸收程度，还体现了他们的学习效率和态度。通过深入分析学习者的学习轨迹，能够了解他们是如何深入学习的，以及他们在学习过程中遇到哪些挑战。同时，对学习任务的完成情况和学习计划的执行程度进行考察，也能够帮助判断学习者是否按照预定的学习目标进行学习，以及他们的学习是否具有系统性和连贯性。同时，还需要关注学习者的学习方法和学习策略这两项对于学习效果具有至关重要影响的因素。通过观察学习者的学习行为和学习方式，可以发现他们是否采用了有效的学习方法和策略，如主动学习、合作学习、探究学习等。同时，还可以评估这些方法和策略是否真正有助于提高学习者的学习效果，是否能够帮助他们更好地掌握知识、提升能力。

通过面向学习过程的评价，不仅能够全面了解学习者的学习状况，还能为他们提供有针对性的反馈和建议，帮助他们更好地调整学习策略、优化学习过程。同时，这种评价方式也为教师提供了宝贵的教学参考，有助于他们更好地指导学习者，提升教学质量。

（二）评价方法多元化

网络环境的非结构化特性，使在线学习成为一种多维度的综合性学习体验，这为实施多元化评价提供了有力的技术支撑。交流工具、协作工具和虚拟现实技术等的应用，进一步推动了评价方法的多元化发展。

通过深入分析学习者在在线平台上的学习数据，可以直观地了解他们的学习投入程度与基本成效。学习时长、任务完成率、答题正确率等指标，提供了量化评价的依据。同时，追踪学习者的学习轨迹，如学习资源的选择、学习路径的变更等，能够揭示其学习偏好与策略，进而评估学习行为的有效性。学习者提交的作业、项目报告等作品，是展现其学习成效和能力发展的重要载体。通过作品评价，可以深入了解学习者对知识的理解和应用能力，以及他们的创新思维和实践能力。自我反思则鼓励学习者深入剖析个人学习过程和成效，促进自我提升。在线讨论区、论坛等互动平台，为观察学习者的参与度和互动质量提供了便利。通过这些平台，可以评价学习者在学习过程中的主动性、合作能力和批判性思维。利用学习分析、数据挖掘等创新技术，可以对学习者的学习行为进行更深入的分析和评价，发现潜在的学习模式和问题，为教学决策提供有力支持。

在实际应用中，应根据学习者的特点、学习目标和具体情境，灵活选择和组合这些评价方法，以形成全面、准确和深入的学习行为有效性评价体系。

（三）量化评价和非量化评价相结合

在线学习行为的有效性评价，需要融合量化评价与非量化评价，以实现更为全面、深入的评估。在在线学习的环境中，量化评价扮演着重要角色。通过收集和分析学习者的学习数据，以客观、量化的方式评价学习者的学习成效。这些学习数据包括学习时长、任务完成率、成绩得分等，能够直观地展示学习者的学习进度和水平。量化评价具有明确的标准和可比性，使评价结果更加客观和准确。然而，量化评价并不能完全反映出学习者的学习状态和能力。学习者的学习态度、兴趣、动力等主观因素，以及他们的交互、情感、态度等在线学习行为，同样是评价学习行为有效性的重要依据。这些无法通过简单的量化指标来衡量的因素，需要依赖非量化评价来实现。非量化评价侧重于对学习者的学习体验、学习过程和学习能力进行主观评估。通过调查问卷、访谈、作品展示和同伴互评等方式，可以深入了解学习者的学习感受、思维过程和创新能力，从而更全面地评价学习行为的有效性。非量化评价注重对学习者的主观感受和自我反思的考察，有助于发现学习者的潜能和优势，促进他们的全面发展。

根据评价目的和评价内容的不同，可以灵活的选择量化评价或非量化评价，或者将两者结合起来使用。对于基础知识和技能的掌握情况，可以主要采用量化评价的方式，以客观的数据来评估学习者的学习成效。而对于学习态度、合作能力和创新思维等方面的评价，可以更多地依赖非量化评价，通过主观的评估和反馈，来激发学习者的学习动力和潜能。

（四）评价主体多元化

在网络学习的环境中，由于教师与学习者的时空分离，学习者拥有了更大的学习自主性。网络学习评价的主体应逐渐从教师转向学习者，鼓励学习者进行自我评价。同时，在协作学习中，同伴间的相互观察和检验也体现了相互评价的重要性。

作为教学的主导者，教师对学习者的学习表现、作业完成情况和课堂参与度等具有更深入的了解。他们的评价能够为学习者提供有针对性的反馈和建议，帮助他们更好地认知学习状况。学习者自我评价是网络学习评价的重要组成部分。学习者作为学习的主体，通过自我评价能够更深入地了解自己的学习特点、进步方向和存在的问题。这种评价方式有助于学习者调整学习策略，提高学习效果，促进个人学习能力的成长。同伴互评在网络学习中发挥着越来越重要的作用。在线学习平台为学习者提供了与同伴互动和合作的机会，同伴之间的互评可以帮助学习者从他人的视角审视自己的学习行为和成果，发现自身的优点和不足。在某些特定领域或高级阶段的学习中，专家评价也发挥着重要作用。专家可以从专业的角度对学习者的学习行为和成果进行深入剖析和评估，提供更具专业性和针对性的指导，帮助其进一步提升学习水平。

综上，网络环境下的学习评价应构建多元化的评价主体，充分发挥教师、学习者、同伴和专家等各方的作用，形成全面、客观、有效的评价体系，促进学习者的全面发展。

二、评价流程

在线学习行为有效性的评价是一个动态的、循环往复的过程，通常涉及评价设计、评价实施、评价分析和评价反馈四个阶段。

（一）评价设计阶段

评价设计阶段需要明确评价目标。评价目标处于核心地位，即需要识别学习者有效学习行为以及这些行为如何促进学习目标的达成。评价原则、评价类型、评价主体从不同角度对评价目标提供支撑。评价原则为整个评价过程提供了基本的指导方针和标准；评价类型根据评价目的的不同，而采取多样化评价方式；评价主体则是评价活动的参与者和执行者。评价设计阶段为后续评价实施阶段奠定了坚实的基础。在这一阶段中，通过科学合理地运用相关要素，确保在线学习者的学习行为有效性得到科学、全面的评价，从而为其全面发展提供有力的保障。

（二）评价实施阶段

评价实施阶段是在线学习评价中的核心环节，它直接决定了评价结果的准确性和有效性。在这一阶段，需要严格遵循评价设计方案，确保每一项评价活动都符合既定的评价需求。首先，细化评价内容并明确评价指标体系，构建科学、合理的评价指标进行综合评价。其次，明确数据来源是评价实施阶段的重要环节。常见的数据来源包括调查报告、测验成绩、日志记录、留言信息等。这些数据能够全面反映学习者的学习状态和行为，为评价提供有力支撑。再次，确定评价手段，包括在学习过程中和学习结束后进行统计调查、收集信息、分析数据等。最后，确定评价方法，通过引入数据挖掘和机器学习等技术手段，对大量的评价信息进行自动化处理和分析，提高评价的效率和准确性，并挖掘潜在规律。

（三）评价分析阶段

评价分析阶段是整个评价过程中的关键环节，涉及对采集到的数据进行分析和处理，以鉴别数据的有效性、诊断潜在误差，并提炼出有价值的结论。在这一阶段，运用适当的数据处理工具至关重要，它们能够帮助平台高效地处理和分析大量数据，从而揭示学习者学习行为的内在规律和特点。常见的分析类型包括学习表现分析、学习需求分析、学习风格分析、学习行为分析等。最终，基于这些深入分析，有助于深入挖掘数据的价值，进而提出解决问题的策略和方法，为优化教学策略、提升学习效果提供有力支持。

（四）评价反馈阶段

评价反馈的目的在于将评价过程中发现的问题及建议有效地传达给教师和学

习者，以促进授课和学习的改进。基于前述分析结果，形成全面的评价结论，并撰写评价报告。根据评价结果，向学习者和教师提供具体的反馈和建议。对于学习者而言，可以了解自己的学习状况，发现自身优点和不足，进而调整学习策略，提升学习效果。对于教师而言，可以了解学习者的学习需求和问题，优化教学设计和教学策略，提高教学效果。对于平台而言，可以了解学习者学习行为、学习习惯以及对平台的使用体验，进而不断完善平台功能。

评价流程如图 3-2 所示。

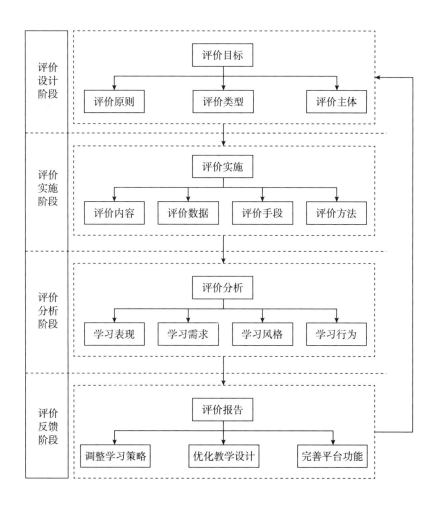

图 3-2 评价流程

第四节 在线学习行为有效性的评价维度

心理学对于学习行为的分类通常包括外显学习行为和内隐学习行为两种类型，它们各自具有独特的特点和机制。其中，内隐学习行为，作为一种不易被察觉的学习过程，强调个体在与外界环境的交互中，无意识地获取经验并据此调整自身行为。这种学习行为通常发生在日常生活的方方面面，人们可能并不明确自己是如何学会某些技能或知识，但却在不知不觉中获得。与内隐学习行为相比，外显学习行为则是一种有意识、可观察的学习过程。它通常涉及问题解决、决策制定等需要明确意识和思维活动的任务。

一、外显学习行为维度

彭文辉（2013）提出 S-F-T 在线学习行为的分类模型，即刺激—反应—倾向模型，该模型是一个多维度、多层次模型，用于全面描述和分析在线学习者的行为。模型从三个主要维度揭示了在线学习行为的复杂性和多样性。刺激（Stimulus，S）维度关注的是在线学习环境中的各种刺激因素，包括学习内容、学习资源、学习平台的功能和界面设计，以及学习者的个人特征和需求等。反映（Feedback，F）维度描述了学习者在受到刺激后所表现出的具体行为。这些行为可以是显性的，如浏览课程页面、观看视频、完成测验等；也可以是隐性的，如思考、情感变化等。通过对这些行为的观察和分析，可以了解学习者的学习进度、学习策略和学习效果。倾向（Tendency，T）维度关注的是学习者的学习态度和动机，以及他们在长期学习过程中形成的学习习惯和风格。这些倾向因素相对稳定，对学习者的学习行为具有持续的影响。基于该模型，对在线学习行为有效性评价维度进行划分。

（一）操作行为

在在线学习环境中，学习者的操作行为是观察其学习行为和习惯的重要窗口，如登录平台、浏览课程、下载资料等。这些行为反映了学习者对在线学习平台的熟悉程度和使用习惯。通过对操作行为的观察和分析，可以了解学习者在学习过程中的活跃度和参与度。这些行为可以被细分为课程访问行为和课程学习行为，两者共同构成学习者在平台上的主要活动。

课程访问行为是指学习者在登录在线学习平台后，对各个课程进行浏览和选择的行为，包括查看课程列表、点击课程详情、浏览课程介绍和教学资源等。通过课程访问行为，可以了解学习者对不同课程的关注度和兴趣所在。学习者可能经常访问某些特定的课程，这显示出他们对这些特定领域的浓厚兴趣。也有学习者通过广泛浏览各类课程，以寻找最适合自己学习需求的资源。

课程学习行为则是指学习者在选定课程后，实际进行学习的活动。这包括观看视频教程、阅读课程资料、完成练习和作业等。通过课程学习行为，可以深入了解学习者在课程中的学习进度、参与度和效果。例如，学习者观看视频的时长、完成作业的频率和质量，以及他们在学习过程中的互动和讨论等，均是衡量其学习行为的重要指标。

（二）问题解决行为

问题解决行为是指学习者在面对学习难题或挑战时所采取的行动。在线学习环境中，学习者可能会遇到各种学习问题，如理解课程内容、完成作业等。问题解决行为包括学习者寻求帮助、查阅资料、尝试不同解题方法等，这些行为不仅反映了学习者的学习能力和思维方式，也为优化在线学习资源和提供个性化学习支持提供了重要依据。

在在线学习环境中，问题解决行为可以通过完成在线测试的次数、测试成绩的提升以及其他相关指标来衡量。学习者频繁参与在线测试，表明他们愿意面对挑战，并努力通过实践来提升问题解决能力。每次测试都是一次问题解决的机会，通过不断的练习和反思，学习者能够逐渐掌握解题技巧，提高解题效率。测试成绩的提升也是衡量问题解决行为有效性的重要标准。当学习者在多次测试中逐渐取得更好的成绩时，说明他们在问题解决方面取得了实质性进步。这种进步可能来自学习者对知识点的深入理解、解题策略的改进或是思维方式的转变。因此，测试成绩的提升不仅反映了学习者在知识掌握上的进步，更体现了他们在问题解决能力上的提升。还可以通过分析学习者在测试过程中的具体行为来进一步衡量问题解决行为。例如，观察学习者在测试中遇到难题时的反应和应对策略，分析他们是如何调整思路、查阅资料或是寻求帮助的。这些具体行为能够更直接地反映学习者的问题解决能力和思维过程。

（三）交互行为

交互行为是在线学习中不可或缺的一部分，涉及学习者与其他学习者、教师或学习平台之间的交流和互动。通过在线论坛、聊天室、协作工具等，学习者可以分享学习心得、讨论问题、合作完成任务。交互行为不仅有助于增强学习者的学习动力和归属感，还能促进知识的共享和创新。

浏览、发布和回复帖子数量是衡量交互行为活跃度和深度的关键指标。这些数据不仅反映了学习者参与讨论的热情和积极性，还能揭示他们在社交互动中的表现和习惯。首先，浏览帖子的数量体现了学习者对社区内容的关注度和兴趣所在。频繁浏览帖子意味着学习者在积极寻找信息和资源，或是关注其他学习者的讨论和观点。其次，发布帖子的数量则展示了学习者的主动性和贡献度。通过发布自己的问题和见解，学习者不仅能够寻求帮助和解答疑惑，还能为社区贡献新的观点和思路，促进知识的共享和创新。最后，回复帖子的数量反映了学习者的互动能力和合作精神。通过回复同伴的发帖，学习者可以参与讨论、提供建议、分享经验，从而建立起良好的学习伙伴关系，共同推动学习的深入和拓展。

二、内隐学习行为维度

学习者的学习行为不仅受到外部因素的影响，还受到自身的内部因素影响。这些特征不仅是学习者个体之间的共性、稳定性的表现，也是学习行为多样化的差异性表现。因此，在分析这些相似且稳定的学习行为特征的同时，也要分析学习者自身存在的差异性特征。作为学习活动的主体，学习者具有认知、情感、社会等多个方面特征，这些特征对学习行为产生深远影响。从内隐学习维度进行划分，有助于更全面地理解在线学习者学习的特征和过程。将内隐学习行为划分为学习意愿、学习主动性、学习动机和学习态度等维度，这些维度相互关联、相互作用，共同影响着学习者的在线学习效果。

（一）学习意愿

学习意愿表现为学习者对在线学习活动的积极态度和倾向。这种学习意愿驱使他们愿意投入时间和精力参与各种在线学习活动，愿意克服在线学习带来的各种挑战，如自律性要求、学习资源获取以及学习进度管理等，愿意保持积极的心态投入学习。拥有强烈学习意愿的学习者更易保持在线学习热情。学习意愿是内隐学习行为的重要驱动力，它促使学习者在无意识中投入时间和精力。

（二）学习主动性

学习主动性是指学习者在在线学习过程中，能够积极、自主地参与学习过程。具体表现为，主动筛选与自身学习目标相关的学习资源，自主制订学习计划、自我监控学习进度，利用在线资源主动寻求解决方案，克服在线学习障碍等。

（三）学习动机

学习动机是驱动学习者参与在线学习活动的内在力量或原因。学习动机可能表现为学习者对特定任务或环境的兴趣、好奇心或挑战欲望。这些动机促使学习者在无意识中关注相关信息、尝试不同策略，并最终获得知识和技能。在线学习者希望通过学习获得新的技能或知识，享受在线学习环境中的交流、讨论过程，感受学习带来的社交价值。学习动机激发和维持着学习者的在线学习行为，并影响着学习效果和学习持续性。

（四）学习态度

学习态度反映了学习者在参与在线学习活动时所持有的心理倾向和行为反

应。积极的学习态度表现为学习者对在线学习的认可和接受，他们相信在线学习是一种有效的学习方式，并愿意投入时间和精力参与。积极的学习者会克服在线学习中可能遇到的技术操作和学习理解障碍。积极的学习态度能够保持在线学习的专注，提升学习体验。

综上，在评价在线学习行为的有效性时，需要综合考虑外显学习行为和内隐学习行为两个维度，如图 3-3 所示。两者共同作用，共同影响着学习者的学习效果。一方面，通过观察学习者的具体学习活动，可以评估他们在学习过程中的投入程度和努力程度；另一方面，通过了解学习者的心理层面因素，可以更好地理解他们的学习动力和态度，从而更全面地评价学习行为。

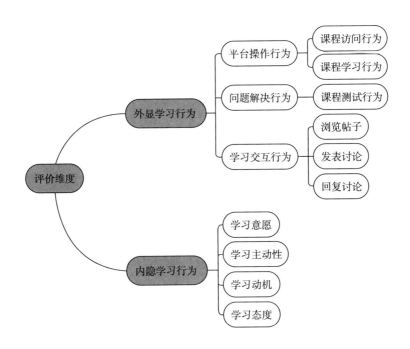

图 3-3　在线学习行为有效性的评价维度

第四章

在线学习行为有效性评价

第一节 在线学习行为的评价指标

一、在线学习行为的构成要素

在线学习是学习者基于自身需求，在在线学习平台上进行的一系列学习活动。在这一过程中，学习者会设定明确的学习目标，并在规定的时间内，借助各种在线学习工具，与学习内容、学习环境以及学习伙伴进行互动和交流。通过这些交互活动，学习者最终达成学习目标，形成学习成果。因此，在线学习涉及多个关键要素，包括学习者本身、他们的学习伙伴、所选的学习内容、使用的学习工具、设定的学习目标、取得的学习结果、所处的学习环境以及投入的学习时间等。这些要素共同构成在线学习的完整体系，为学习者在线学习的开展提供支持。

在线学习行为是学习者在参与在线学习时所进行的一系列互动活动。这些活动包括深入阅读学习资料、积极回答问题、观看教学视频、查看浏览课件、浏览学习论坛、上传共享资源、访问在线学习平台以及与他人进行的讨论交流等。结合行为科学理论，可以认为，在线学习行为实际上是学习者在网络环境中，基于特定的学习目标，与学习环境进行双向互动与交流的过程。若将每一次在线学习行为视作一个完整的系统，则系统由多个要素构成，包括行为主体（行为的发起者）、行为客体（学习内容或资源）、行为操作（如阅读、浏览、讨论等）、行为环境（在线学习平台及其提供的资源）以及最终产生的行为结果（学习成效或进步）。每一次在线学习行为，都是学习者在特定的学习时间和场所中，与学习内容进行深度互动，通过一系列操作，最终达成学习目标的系统性过程。在线学习行为的要素框架如图 4-1 所示，该框架有助于帮助我们更深入地理解在线学习行为的本质和过程，为优化在线学习环境、提升学习效果提供支撑。

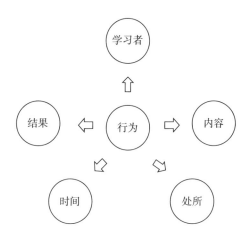

图 4-1　在线学习行为的要素框架

（一）行为主体

行为主体即学习者本身。在线学习独特的自主性特点，赋予学习者极大的灵活性和选择权。学习进度和学习方式完全由学习者结合自身需要确定，伴随着在线学习活动产生各类在线学习行为。

（二）行为客体

行为客体即学习者在在线学习过程中直接作用的对象，主要指那些承载了丰富学习信息的学习资源。这些资源基于在线学习平台的支撑，以文字、图片、视频、音频、动画等多种形式呈现。与传统的线下学习相比，在线学习的行为客体具有其独特之处。

（三）行为操作

行为操作是在线学习行为活动的核心与关键，具体表现为学习活动中行为主体（学习者）对行为客体（学习资源）进行的一系列有意义的操作。例如，学习者为开展学习，首先，会产生登录行为；其次，为获取学习资源，学习者会产生资源访问行为，如浏览课程列表、点击学习资源链接等；最后，在学习过程中学习者还会根据学习任务要求，进行作业提交和测试行为等。通过对这些行为操作及其特征指标的深入研究，可以更精准地了解学习者的学习行为模式和学习需求。

（四）行为环境

行为环境为在线学习活动的开展提供了外部支撑，为学习者提供了重要的学习空间。在线学习的行为环境主要指在线学习平台，它不仅是学习资源的承载者，也是学习者与教师、其他学习者进行互动交流的桥梁。在线学习过程中，学习者与教师和其他学习者难以实现面对面的交流活动，为弥补这一缺陷，在线平台通常会提供在线论坛、聊天室、协作工具等在线工具。学习者基于交互协作需求，也可以通过在线论坛产生发帖回帖行为。此外，其他学习者是行为环境的重要因素，他们的存在与参与，为学习者提供了一个更加真实、丰富的学习环境。

（五）行为结果

行为结果是衡量在线学习效果的关键指标。要求在既定教学目标下，选取合适的测量工具和方法，以客观、全面地描述学习者的学习成效。通过对学习结果的深入分析，对整个学习过程进行判断和优化。以往对于学习行为结果的直接评价往往依赖于期末试卷考试成绩。虽然这种评价方式能够从一定程度上反映学习者的学习效果，但常常忽略了学习者在不同阶段的知识掌握情况和学习过程的状态。相较之下，在线学习平台中的作业和测试情况等学习行为，能够更为充分地反映在线学习者的学习过程和学习状态。

二、在线学习行为的属性分析

为全面且精准地识别学习者在线学习行为的操作记录，需要在系统中提取学习者的相关学习操作行为。这不仅是一个简单的数据收集过程，更是对学习者学习行为全面、细致的记录与解析。

具体而言，需要提取每次学习过程中的推荐属性、固有属性以及可选属性。这些属性不仅记录了学习者的基本信息，如姓名、学号等，同时也涵盖了学习者在学习过程中展现出的各种行为特征。例如，推荐属性可能包括系统根据学习者的历史学习记录推荐的课程或资源；固有属性则可能涉及学习者的学习习惯、偏好等相对稳定的特征；而可选属性则可能包括学习者在学习过程中自主选择的学习内容、学习路径等。这些属性共同构成了学习者在线学习行为的全面记录，反映了在线学习的参与主体、客体、特定场景、学习发生时间、学习操作动作以及学习结果等关键要素。

值得注意的是，由于在线学习平台具有学习资源的丰富性、交互方式与学习方式的多样性，学习行为类型也显得尤为复杂。学习者在学习过程中可能进行多种操作，如下载资源、发布帖子、提交作业等。这些操作不仅反映了学习者的学习需求和学习进度，也为我们提供了分析学习者行为特征、提取在线学习行为相关指标的重要依据。依据在线学习行为的要素框架，界定学习者的在线学习行为及相关属性如表4-1所示。

表4-1 在线学习行为的相关属性描述

在线学习行为	相关属性参数
登录平台	登录时间、退出时间、登录时长、登录次数等
查看课程页面	课程编号、课程名称、授课教师编号、登录时间、退出时间
浏览资源	资源编号、资源名称、资源类型、关联课程编号、浏览时间、浏览次数等
浏览论坛	浏览时间、浏览内容等
发布帖子	发布者编号、发布者姓名、发布时间、内容、字数、主题等

续表

在线学习行为	相关属性参数
回复帖子	回复者编号、回复者姓名、回复对象、回复时间、内容、字数、主题等
提交作业	作业编号、课程编号、提交时间等

三、在线学习行为的指标体系

在线学习行为数据主要来自学习者在使用学习平台时的各种交互行为，通过实时采集工具，这些行为数据被详细记录并存储在后台数据库中，为后续的分析提供了丰富的素材。为准确刻画学习者的在线学习行为特征，需要确定相关的指标。这些指标可能包括学习时长、学习频率、学习内容的偏好、学习路径的选择、互动交流的活跃度等。在线学习行为指标能够从多维度反映学习者的学习状态。例如，学习时长和频率可以反映学习者的投入程度；学习内容的偏好和路径选择可以揭示学习者的学习兴趣和策略；互动交流的活跃度则可以体现学习者的参与度和社交能力。这些指标不仅有助于了解学习者的当前学习状态，还可以预测其未来的学习趋势和可能遇到的问题。

在现有研究中，已经有不少学者对在线学习行为数据进行了深入的分析和探讨。他们利用不同的方法和工具，从多个角度挖掘学习行为数据的价值。例如，有些研究关注于学习行为与学习成果之间的关系，试图找出影响学习效果的关键因素；有些研究则侧重于学习行为的动态变化，以揭示学习者在学习过程中的适应和调整过程。部分现有在线学习行为特征的测量指标如表 4-2 所示。

表 4-2　现有在线学习行为特征的测量指标

研究者	平台登录次数、平台登录时长	在线学习时间、学习时间跨度	内容页面浏览次数	课间观看和下载次数	资源模块利用数、资源访问量	视频观看完成数、视频点击数	测试/作业提交数、文档保存数	讨论区发帖数、回帖数、浏览数
He	√	√						

续表

研究者	平台登录次数、平台登录时长	在线学习时间、学习时间跨度	内容页面浏览次数	课间观看和下载次数	资源模块利用数、资源访问量	视频观看完成数、视频点击数	测试/作业提交数、文档保存数	讨论区发帖数、回帖数、浏览数
Jiang							√	√
Barba						√	√	
Pursel								√
魏顺平							√	√
傅钢善		√						√
蒋卓轩		√				√	√	
贾积有		√	√	√		√		
李爽等	√		√		√			
刘智等	√							√
宗阳等	√			√			√	√
李超等	√	√			√		√	√

在线学习过程中，学习行为具有多维度特征，各行为之间不是孤立发生的，而是存在关联与交叉。借鉴相关研究，同时结合在线学习平台的模块功能和平台数据，确定本书中表征学习者在线学习行为特征的指标体系。

基于在线学习环境下学习交互活动类型，认为学习交互包含学习者与学习内容的交互，以及学习者与学习者之间的交互。其中，学习者与学习内容的交互维度主要考虑课程访问行为、课程学习行为和课程测试行为，主要关注于学习者与学习平台、学习资源以及学习活动的参与交互；学习者与学习者的交互维度主要关注于学习者围绕学习内容与其他学习者开展的讨论参与行为；学习者的学习效果以学习成绩刻画。其中，每一类行为又分解为具体的在线学习行为的特征指标，如表4-3所示。

表4-3 在线学习行为的指标体系

学习活动类型	行为类型维度	行为特征指标	量化指标
学习者与学习内容	课程访问行为	学习行为天数 X1	学习者在课程实验周期内登录平台并发生学习行为的总天数
		行为总数 X2	学习者登录学习平台并参与课程学习的行为总数
	课程学习行为	浏览总数 X3	学习者在教学平台浏览课程的总次数
		浏览活动数 X4	学习者在教学平台浏览课程教学活动的总次数
		浏览资源数 X5	学习者在教学平台浏览学习资源的总次数
	课程测试行为	形考总数 X6	学习者提交形考的次数
学习者与学习者	讨论参与行为	浏览帖子数 X7	学习者浏览论坛已有帖子的总次数
		发表讨论数 X8	学习者在论坛发起新的主题帖子的数量
		回复讨论数 X9	学习者回复他人的与课程相关的有效帖子数量
学习者与学习成绩	课程学习效果	试卷成绩 Y1	期末考试卷面成绩
		形考成绩 Y2	学习过程中平时成绩
		最终成绩 Y3	由试卷成绩和形考成绩各占比50%计算得出

第二节 数据采集与预处理

一、研究对象与数据来源

在大数据与云计算的有力支持下，目前在线学习平台已经实现了多终端覆盖和多平台集成，平台不仅支持移动端、Web端和客户端等多种终端形式，还具备丰富的模块功能。一般包括课程中心、资源社交中心、资源共享中心、作业评价中心等，能够支持学习者对学习资源的管理与存储、在线学习与交流、作业管理等功能，满足在线学习者进行学习以及教学互动等多种需求。在数据采集方面，现代在线学习平台多采用服务端与客户端并存的数据采集方案。服务端主要负责实时采集学习者的各类行为数据，包括学习时长、学习路径、点击次数等，而客户端则负责收集学习者的个人信息、学习偏好等数据。这些数据被实时传输至后台数据库进行存储和分析，为在线学习行为分析提供了重要的数据支持。

本书选取某在线开放学习平台为实证分析对象。考虑到数据规模和数据类型的多样性，分别选取该平台中思政类课程、外语类课程和专业类课程中的典型课程进行实证和对比分析。在对数据进行初步筛选时，基于以下原则选择代表性课程。一方面，要求课程的学习活动记录较为完整。行为数据应该覆盖学习者在线学习过程，包括登录、学习、交互、测试等学习活动行为记录。该类记录存储在数据库中，并随时间与需求动态变化，这些数据是研究需要采集的重要信息，也是进行学习行为量化的重要指标依据。保证指标数据的完整性，是保障模型计算的基本前提和规范要求。另一方面，为保障分析过程和分析结论具有普适性和代表性，要求参与课程学习的学习者数量规模大、代表性强，从而使得分析结论便于向其他课程推广。在进行课程筛选时，首先，基于选课人数进行过滤；其次，对课程资源设置进行浏览，要求课程资源设置较为合理；最后，对学习者的学习行为数据进行统计，要求学习者学习行为较为频繁，且个体学习者之间具有明显的区分度。

基于上述原则，同时考虑到疫情防控期间线上数据的完整性，研究选取2021年度春季学期作为研究对象。选取《思想道德修养与法律基础》《人文英语》《管理学基础》三门课程分别作思政类课程、外语类课程和专业类课程的代表性课程。通过对这三门典型课程的分析，探究学习者对三门课程的差异化学习行为和学习有效性。剔除无效数据样本及数据缺失样本，三门课程的有效样本对象人数依次为1618人、835人和1081人。

研究涉及学习者通过在线学习平台开展的全部学习活动，因此，数据样本选取实验周期内的全部在线学习活动，相关数据通过平台采集提取的方式获得。

二、数据采集与预处理

（一）数据采集

对在线学习行为数据的采集是行为分析的前提，在实际操作中，数据采集的方式可以根据采集对象的不同而有所区分，主要包括基于服务器端与基于客户端两种方式，在线学习行为数据采集框架如图 4-2 所示。

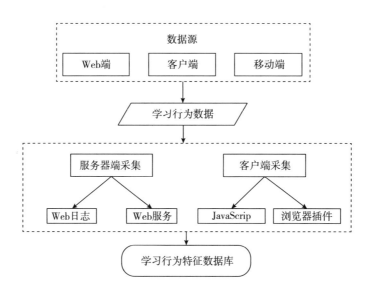

图 4-2　在线学习行为数据采集框架

基于服务器端的数据采集主要包括 Web 日志和 Web 服务两种方式。Web 日志是记录学习者实时操作数据的重要工具，其中包含学习者的 IP 地址、请求时间、请求类型、请求内容、请求状态、访问地址、操作执行时间以及使用的浏览器类型等信息。这种采集方式简便易行，能够迅速获取大量数据。然而，Web 日志在采集学习行为数据类型方面存在一定的局限性，尤其对于一些细微、复杂的行为数据，可能无法全面捕捉。为弥补这一不足，可以采用 Web 服务的方式进行数据采集。Web 服务通过后端代码实现，研究者可以根据学习行为类型来设计平台模块和数据库模块，从而根据需求精确地采集目标内容。这种方式更加全面、灵活，能够更深入地了解学习者的行为特征。同时，Web 服务范围也更广泛，能够适用于各类在线学习场景。

除服务器端的数据采集外，基于客户端的数据采集也是重要的补充。这种方式主要关注学习者在使用浏览器或进行本地学习时产生的数据。通过创建 Cookie，我们可以方便地获取学习者的浏览行为信息，包括页面访问顺序、停留时间等。这些数据对于分析学习者的学习路径和兴趣点具有重要价值。同时，客户端数据采集还能够实现数据的灵活采集、记录缓存以及代理服务器访问等功能，对访问者行动追踪更为准确。

最后，结合在线学习平台的后台数据库来完善数据采集工作。后台数据库记录了用户的基本信息、学习课程的基本情况以及其他与学习过程相关的数据。通过整合服务器端、客户端和后台数据库的数据，可以形成一个全面、真实的在线学习行为特征数据库，为后续的行为分析提供有力的数据支持。

（二）数据选取与预处理

根据分析任务的具体需求，需要从在线学习平台的数据库、服务器端以及客户端等收集相关的学习行为数据。由于学习行为数据的多样性和复杂性，这些数据可能包括结构化、非结构化和半结构化等多种类型。此外，原始数据往往存在数据冗余、不完整以及噪声等问题，这些问题可能会影响后继分析的准确性和有效性。因此，在进行分析之前，需要对收集到的学习行为数据进行预处理。预处理的主要目的是清理数据、提高数据质量，并保证数据的一致性和可用性。预处理的流程通常包括数据去重、数据去噪、数据转换、处理缺失值等步骤，具体处理流程如图 4-3 所示。

图 4-3　在线学习行为数据预处理流程

依据图 4-3 构建的在线学习行为特征指标进行数据采集，获得学习者的个人信息、学业信息、课程信息、登录课程行为、学习行为频次、课程访问频次、课程浏览频次、浏览资源数量、视频观看频次、发帖数、作业完成情况、课程成绩等学习行为原始数据。在此基础上，对采集到的原始数据进行预处理，剔除没有在线学习行为数据以及数据存在缺失情况的学习者信息。在课程教师协助下，对教学过程产生的数据进行统计与校对，以确保原始学习行为数据的准确性。整理后的原始数据示例如图 4-4 所示，为保护学习者隐私，将学习者姓名用"＊＊"替换。

用户编号	姓名	课程编号	课程名称	课程行为天数	行为总数	浏览数	浏览活动数	浏览资源数	提交形考数	评阅形考数	发帖数	回帖数	教师回帖数	统计日期
2034001451199	＊＊	04680	思想道德修养与法律基础	3	297	151	75	21	4	4	1	3	0	2021/7/28 14:17:12
2034001450989	＊＊	04680	思想道德修养与法律基础	10	554	169	86	32	5	5	11	14	8	2021/7/28 14:17:12
2134001412372	＊＊	04680	思想道德修养与法律基础	25	813	137	39	134	7	7	0	0	0	2021/7/28 14:17:12
2134001411810	＊＊	04680	思想道德修养与法律基础	17	502	284	82	10	3	3	10	1	2	2021/7/28 14:17:12
2134001407431	＊＊	04680	思想道德修养与法律基础	5	657	465	18	0	0	0	10	0	4	2021/7/28 14:17:12
2134001407812	＊＊	04680	思想道德修养与法律基础	6	479	36	0	22	5	5	9	6	2	2021/7/28 14:17:12
2134001451051	＊＊	04680	思想道德修养与法律基础	5	70	42	77	2	0	0	4	0	0	2021/7/28 14:17:12
2134001404730	＊＊	04680	思想道德修养与法律基础	3	372	229	146	0	0	0	9	1	5	2021/7/28 14:17:12
2134001407617	＊＊	04680	思想道德修养与法律基础	8	437	25	23	15	3	3	1	0	0	2021/7/28 14:17:12
2134001459006	＊＊	04680	思想道德修养与法律基础	3	455	32	26	98	5	5	9	3	4	2021/7/28 14:17:12
2134001412356	＊＊	04680	思想道德修养与法律基础	1	343	0	0	2	2	2	8	6	3	2021/7/28 14:17:12
2134001411431	＊＊	04680	思想道德修养与法律基础	7	341	69	26	10	1	1	9	0	4	2021/7/28 14:17:12
2134001407818	＊＊	04680	思想道德修养与法律基础	10	509	26	23	40	5	5	1	0	1	2021/7/28 14:17:12
2034001451123	＊＊	04680	思想道德修养与法律基础	5	376	38	45	21	2	2	0	0	0	2021/7/28 14:17:12

图 4-4　原始数据示例

第三节　在线学习行为的特征分析

一、在线学习行为的特征关系

研究发现，学习投入、学习动机、学习交互等与学习效果之间存在紧密联系，这些要素共同构成了提升学习有效性的关键因素。对于这些行为特征进行深入分析，不仅有助于学习者更好地识别自身内在特性，同时能够为他们提供有力支撑，以便精准把握个体的学习情况。在学习过程中，学习者会根据自身的学习动机和需求，展现出不同的学习状态。这些状态在在线学习平台上留下了完整的个人学习行为记录。这些行为数据，无论是浏览课程、参与讨论，还是完成作业情况，均直接或间接地影响着学习者的在线学习效果和认知情况。因此，对这些学习行为数据进行深入分析，能够为研究者提供全面且精准的数据支撑。

由学习需求与学习者内在特征的视角出发，行为数据可以依据其特征进行有效分类。在研究过程中，将这些特征划分为学习投入、学习动机、学习交互以及学习效果四个维度。为更精准地刻画和描述这些行为特征，利用前文构建的在线学习行为指标量化展示学习者的行为模式和学习状态。四个维度的行为特征指标之间的关系如图 4-5 所示，箭头方向指示了这些要素之间的因果关系和相互影响路径。通过这个模型，我们能够更深入地理解学习者行为特征之间的相互作用机制，从而为学习行为分析提供更加合理和清晰的依据。

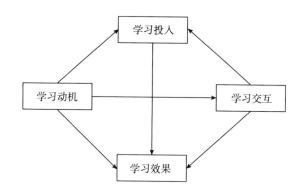

图 4-5　在线学习行为四个维度的行为特征指标之间的关系

（一）学习投入

学习投入是学习者在学习过程中展现出的情绪或情感状态，它反映了学习者的内在特质。学习投入的核心要素涵盖了活跃性、参与度和专注力。基于行为科学理论，学习行为的投入不仅是学习投入的重要组成部分，更是学习者情感与认知投入的直观体现。在探究学习行为时，学习者的行为投入情况能够直接反映其学习投入的程度。学习投入的程度是评估学习者在学习过程中是否进行有效学习的重要观测指标。因此，深入分析学习行为，提取能够描述行为投入的相关指标，并构建行为投入与这些指标之间的关系，是评价行为投入以及探索行为投入与学习效果之间联系的基础。

在学习投入衡量指标的研究中发现，参与、专注、交互以及规律是描述和衡量行为投入的关键指标。参与，反映了学习者对学习的参与程度以及方向。通过观察学习者的出勤情况、投入的时间以及参与的学习活动类型，可以有效评估其参与程度。专注，体现了学习者长时间保持学习状态并完成任务的能力，如学习课件的时长、发帖与作业的质量等，都是描述学习者专注情况的重要指标。交互，是指学习者与学习同伴之间的合作与交流，这一指标反映了学习者基于自身的学习习惯和自我认知与他人建立联系的过程。此外，学习投入还具有时间特征，学习者在学习活动中往往会保持一定的学习规律。这种规律，如学习者访问学习资源或论坛的时长、准时参与学习活动的频率等，均是学习投入的重要表现。参与、专注、规律与交互共同构成学习投入行为的特征衡量指标，如图4-6所示。

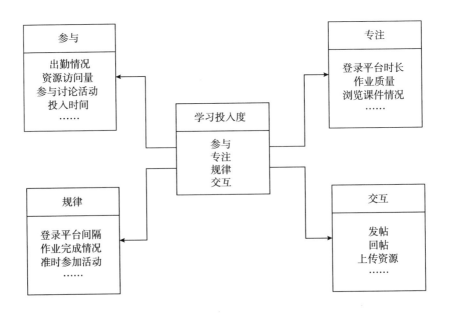

图4-6 学习投入行为的特征衡量指标

（二）学习动机

学习动机，作为影响学习效果的关键因素之一，同样是学习行为分析不可忽视的因素。在教学过程中，学习动机能够激励学习者个体积极参与到学习活动中，促使他们的行为朝着既定的学习目标稳步前进。根据行为科学理论，学习动机是触发并维持学习活动的内在动力，其规律性显著，主要体现在学习起因、指向作用和强化学习三个方面。这意味着学习动机并非一成不变，它可能会随着学习环境的变迁而调整变化。同时，学习动机对于学习者的行为具有明确的指向作用，能够引导他们朝着特定的学习方向努力，并以强化学习效果为最终目标。因此，深入理解和把握学习动机的变化规律及其对学习行为的影响，对于优化学习过程和提升学习效果具有重要意义。

学习需求与学习期待是学习动机的两大核心要素，它们相互交织，共同推动着学习动机的形成。具体而言，学习需求是学习者基于个人内在需求而呈现的心理状态，表现为浓厚的兴趣、明确的意向和旺盛的好奇心，这是学习动机得以产生的基石和原动力。而学习期待则是学习者对学习效果的一种预期和向往，它激励学习者朝着目标努力前行。学习动机的强弱与类型会直接影响学习者的学习行为，具有强烈学习动机的学习者往往更加积极主动，他们更愿意投入到学习与各种活动中，主动利用搜索工具和学习资源，积极在论坛中与他人交流探讨。

（三）学习交互

在线学习过程中，学习者通过在线学习平台与学习伙伴和教师进行互动。学习者在论坛中通过发帖与回帖参与讨论。通过统计学习者的发帖与回帖数量，能够直观地展示学习者的交互活跃度。在学习交互的过程中，学习者的活跃度是反映其参与程度的重要指标。活跃度主要衡量学习者在社会网络中的积极性，具体表现为发帖和回帖的频率以及交互次数相关的测量指标。一个活跃度高的学习者通常会频繁地参与讨论，积极发表自己的观点和看法。

二、学习投入分析

本小节采用 SPSS 软件对前述采集到的学习者在线学习行为过程中产生的课

程访问行为、课程学习行为和课程测试行为数据进行描述性统计分析，以初步揭示学习投入行为的特征和分布态势，结果如表4-4所示。

表4-4 学习者学习投入行为分析 单位：天，次

课程类别	指标	最大值	最小值	平均值	极差	标准差
思政课程	学习行为天数	80	1	9.1	79	6.3
	行为总数	1425	0	474.0	1425	180.1
	浏览总数	1209	0	184.2	1209	133.3
	浏览活动数	189	0	23.3	189	17.8
	浏览资源数	328	0	26.0	328	29.6
	形考总数	71	1	16.3	70	9.8
外语课程	学习行为天数	42	1	8.7	41	5.6
	行为总数	2547	0	816.2	2547	463.3
	浏览总数	1515	0	304.4	1515	265.4
	浏览活动数	147	0	31.2	147	28.8
	浏览资源数	434	0	31.3	434	36.7
	形考总数	77	1	9.8	76	8.8
管理课程	学习行为天数	53	1	7.2	52	6.2
	行为总数	3687	0	677.7	3687	680.2
	浏览总数	2863	0	241.8	2863	320.0
	浏览活动数	215	0	35.6	215	22.3
	浏览资源数	446	0	23.0	1447	71.4
	形考总数	69	1	15.6	68	8.5

（一）课程访问行为

学习者访问在线学习平台并产生学习行为的天数和次数能够在一定程度上刻画学习者参与学习的主动性和活跃性。考虑到学习者在学习周期内可能在较短时间多次登录课程平台的情形，因此，将学习者登陆课程平台并产生点击学习页面的行为定义为有效的课程访问行为，以避免数据重复或无效采集等问题。以学习平台导出的每个学习者在不同日期学习访问情况为依据，对全体学习者的学习行为发生天数以及学习行为总数的整体情况进行描述性统计。

课程访问天数的分布情况显示，学习者的访问行为存在显著的不均匀性。最高访问天数达 80 天，而最低访问天数仅为 1 天。就课程访问次数而言，最高访问次数达 3687 次，而最低访问次数仅为 0 次。标准差数值较大，进一步证明了学习者的课程访问行为存在较大差异，个体参与课程的积极度不尽相同。部分学习者保持了高度的参与度和活跃度，而部分学习者对课程缺乏参与意愿，这种差异可能源于学习者的学习习惯、学习需求、时间管理等多种因素。值得注意的是，有 62.9% 的学习者访问次数主要集中在 0～614 次，说明超过六成的学习者在课程访问方面表现不够积极，可能只是偶尔访问课程平台或者只进行了一些基本的浏览和学习活动。这部分学习者在课程学习中的积极性仍需大幅度提升，他们的学习投入和参与度需要得到更多的关注和引导。

（二）课程学习行为

学习者通过投入时间与精力参与课程学习，这是其学习行为投入的关键体现。学习投入能够从一定程度上反映出学习者对于课程的认可度和接受程度。在在线学习环境中，学习者的行为主要通过学习投入和资源学习经历等反映。其中，浏览活动和资源情况尤为重要，不仅展现了学习者对课程的认可与接受程度，更是他们在线学习投入的基础，也是学习者获得学习认知的基础。借助于在线课程中的课件、文档、视频等基础学习资源，学习者积极参与到学习活动中。同时，通过对各类学习资源的浏览选择，也反映出学习者对于课程资源的自主挑选与决策。在对学习者的学习行为进行全面统计后，进行描述统计分析。就浏览活动数量而言，最高数量达 215 次，而最低数量仅为 0 次；就浏览资源数量而言，最高数量达 446 次，而最低数量仅为 0 次，展示出较大的标准差。82.5% 的学习者浏览资源集中在 0～50，而仅有 17.5% 的学习者浏览次数超过 50 次。这表明虽然大部分学习者具有一定的学习行为，而学习投入较多的学习者数量相对较少。

（三）课程测试行为

在线学习过程中，在线测试是体现课程与学习者学习交互的重要过程，能够反映出学习者对概念和基本知识的理解、消化和深化的过程。以学习任务为导向驱动的小结测试和章节测试有助于帮助学习者客观界定自身学习状态，横向和纵向对比识别差距，督促学习者进行学习过程的优化和学习进度的调整。就提交测试数量而言，数据呈现明显的两极分化现象，最高次数达 77 次，而最低次数仅为 1 次，呈现偏态分布。经过深入分析发现，学习者的测试参与次数与其最终学习成绩之间存在一定的相关性。具体而言，那些测试提交次数少于 5 次的学习者，其成绩普遍低于提交次数多于 5 次的学习者。这一发现进一步强调了在线测试在促进学习效果提升方面的重要作用。

三、学习动机与学习交互分析

学习者通过参与讨论活动与其他学习者进行学习交互。基于统计分析方法对学习者在线学习行为过程中产生的讨论行为进行特征描述，以揭示在线学习行为动机与学习交互的特征和分布态势，结果如表 4-5 所示。

表 4-5　学习者学习动机与学习交互行为分析

课程类别	指标	最大值	最小值	平均值	极差	标准差
思政课程	浏览帖子数	1007	0	225.1	1007	99.7
	发表讨论数	77	0	3.4	77	7.2
	回复讨论数	109	0	11.6	109	10.5
外语课程	浏览帖子数	1987	0	127.6	1987	100.4
	发表讨论数	56	0	1.8	56	4.4
	回复讨论数	145	0	6.6	145	10.2
管理课程	浏览帖子数	1353	0	114.5	1353	100.2
	发表讨论数	98	0	1.6	98	4.5
	回复讨论数	255	0	5.6	255	13.3

在线学习者可以通过课程讨论模块与其他学习者进行交流互动。讨论互动能

够刻画学习者对网络资源的临时需求。整体而言，学习者参与互动的发帖数量和回帖数量较低。讨论模块的设置有助于促进学习者结合学习内容进行深入思考，同时激发群体协作效应，然而当前该模块尚未发挥充分作用，没有有效调动学习者的学习热情和积极性进行主题讨论。发帖数量和回帖数量的均值均较低，回帖数略高于发帖数。相较于主动发起新的讨论主题，学习者更倾向于以回帖方式参与讨论。部分学习者倾向于以参与交流方式积极回应其他学习者的发帖，然而，也存在81.8%的学习者低于人均回帖数量，甚至没有发帖或回帖行为。

综合来看，三门课程学习者的各个指标均存在较大差异，所有学科均存在学习行为几乎为零的学习者，这使每个指标组间的极差接近最大值。这也从一定侧面反映出学习者对于课程的重视程度不同，部分学习者不够重视在线学习过程，导致参与性不高。

就不同类型课程而言，三门课程的平均行为天数差异较小，平均行为总数和浏览数差异较大，说明不同课程的学习者在学习方法和侧重点的选择上有所不同。思政类课程的学习者相对行为总数较少，主要源于这门课程对于学习者平时进行网页学习互动的要求较少。

整体而言，学习者参与讨论互动的次数整体水平较低，表明大部分学习者在参与课程项目讨论中尚未分配足够的时间和精力。讨论模块的设置旨在督促和加强学习者在线学习知识的深度挖掘，而目前这一模块尚未发挥充分作用。究其原因，一方面，可能源于讨论主题目前设置得不够科学合理，未能较好地激发学习者的讨论与参与热情；另一方面，部分讨论项目以小组为单位协作开展，部分小组人均参与活跃度不足，在小组成员选取和组织上有待优化，以便进一步调动学习者的参与热情，并激发小组内部和小组之间的凝聚力和竞争力，从而形成良好的讨论互动参与氛围。

四、学习结果分析

基于统计分析方法对学习者在线学习行为过程中产生的学习结果进行描述性

分析，以揭示分布态势，结果如表 4-6 所示。在学习过程中，学习者的差别较为明显，同一门课程中不同学习者的学习方式也存在较大差异。三门课程中，各项指标差异最为明显的是管理课程，表明该课程的学习者学习程度差别最大。专业类课程在学习过程中往往存在一定的难度，因此导致部分学习者出现无法跟上整体进度的情况。

表 4-6　学习者学习结果统计分析

课程	指标	最大值	最小值	平均值	极差	标准差
思政课程	试卷成绩	96	0	75.9	100	31.4
	形考成绩	100	0	87.4	100	30.0
	最终成绩	98	0	77.7	100	35.6
外语课程	试卷成绩	92	0	64.3	92	25.2
	形考成绩	100	0	89.9	100	22.0
	最终成绩	96	0	74.4	96	26.5
管理课程	试卷成绩	95	0	63.1	100	35.4
	形考成绩	100	0	75.5	100	37.6
	最终成绩	96	0	65.2	100	37.8

对样本课程的全部学习者的最终成绩进行统计，获得成绩信息如表 4-7 所示。大多数学习者通过完成全部学习过程掌握了课程相关知识，并能够顺利通过该课程考核。

表 4-7　学习者成绩统计分析

课程	课程通过比例	平均最终成绩	成绩优于平均值人数	成绩中位数
思政课程	90.3%	84.7	1377	94
外语课程	89.3%	77.3	611	85
管理课程	79.8%	76.4	877	89

整体而言，课程通过率较高，且平均成绩均在 75 分以上、中位数在 85 分以

上，且在通过考试的学习者中80%以上成绩高于平均成绩。然而，三门课程的频数分布存在差异。思政类课程的频数最高分布区间是90～100分，而语言类和专业类课程的频数最高分布区间为80～95分。其中思政类课程最终分值在95～100分的学习者占比高达45%，说明该门课程的学习者更易取得较高成绩。三门课程均存在低分者（小于60分）较多的情况，分别占比9.70%、10.86%、16.46%，这表明一定比重的学习者对课程不够重视，甚至可能存在弃考现象。整体频数分布在65～95分且存在稳定的上升趋势，分数较高的学习者往往投入更多的在线学习时间和精力，从而获得高分，这符合实际分布规律。

第四节　聚类分析与挖掘

结合学习者的在线学习行为数据以及对应的成绩数据，探索学习者学习行为之间是否具有明显的类别特征。在此基础上，根据学习行为类别，进行对比性的学习有效性评价。基于Python编写程序进行K-means聚类分析，在聚类基础上挖掘不同类型学习者行为模式的差异化特征。

聚类分析的轮廓系数是聚类性能评估的重要指标，轮廓系数越大代表聚类效果越好。通过多次试验，并比对不同分类数量的轮廓系数，结果表明K＝2时轮廓系数最高。这说明将学习者划分为两类时，聚类效果最好。据此，根据在线学习行为数据，将每门课程的学习者分别划分为两类。此时，三门课程的轮廓系数均在0.5左右，聚类性能良好。两类学习者的在线学习行为指标之间存在显著性差异，表明不同类型学习者的学习行为具有明显差异性。其中，类别1学习者的成绩和学习行为数据频次明显优于类别2学习者的对应特征，结合陈长胜等（2021）的研究，将两类学习者分别定义为"勤奋收获者"与"学习体验者"。两类学习者在不同课程的学习行为数据结果如表4-8所示。

表 4-8　学习行为的聚类分析结果及组间差异

课程	指标	勤奋收获者		学习体验者	
		均值	方差	均值	方差
思政课程 轮廓系数＝0.56	学习行为天数	9.47	40.96	5.18	17.75
	行为总数	493.95	27498.25	288.01	40439.35
	浏览总数	191.97	17807.25	111.90	11753.14
	浏览活动数	36.7	7266.9	5.8	453.4
	浏览资源数	26.87	899.98	17.68	558.12
	形考总数	34.5	564.3	6.4	435.4
	浏览帖子数	784.1	17438.6	34.2	8236.7
	发表讨论数	6.5	66.5	2.1	12.4
	回复讨论数	56.3	354.5	5.3	22.2
	试卷成绩	89.10	96.83	24.27	497.35
	形考成绩	97.88	32.73	58.66	1916.73
	最终成绩	93.69	30.88	0.84	37.30
外语课程 轮廓系数＝0.50	学习行为天数	9.08	32.27	5.25	15.09
	行为总数	856.73	202246.11	471.14	189469.04
	浏览总数	325.22	71283.20	127.41	28630.82
	浏览活动数	45.2	5225.1	11.1	512.6
	浏览资源数	32.70	1410.75	19.60	665.12
	形考总数	42.5	211.1	3.2	120.1
	浏览帖子数	452.3	7212.4	23.0	8535.3
	发表讨论数	3.5	8.1	0.9	5.9
	回复讨论数	7.5	4.6	0.7	4.2
	试卷成绩	72.21	158.24	14.61	769.60
	形考成绩	95.75	38.06	65.26	1295.48
	最终成绩	84.21	51.23	18.02	527.91
管理课程 轮廓系数＝0.48	学习行为天数	7.72	39.57	4.61	21.98
	行为总数	709.58	473820.43	514.85	375733.93
	浏览总数	248.86	103546.30	205.67	95540.92
	浏览活动数	45.3	3565.2	6.5	325.5
	浏览资源数	23.71	5620.51	19.49	2422.01
	形考总数	21.3	2235.9	2.5	52.5
	浏览帖子数	133.3	4332.5	20.2	721.2
	发表讨论数	1.9	222.5	0.4	53.6
	回复讨论数	5.9	1225.9	0.7	1521.5
	试卷成绩	82.07	94.73	23.12	1325.43
	形考成绩	94.39	46.84	51.15	1948.81
	最终成绩	88.48	36.37	14.76	486.22

在对两类学习者的三门课程的各项指标数据进行单因素方差检验时发现，所有的 p 值均小于 0.01，表明两类学习者的全部学习行为指标在统计学上均具有显著差异。这意味着两类学习者在在线学习过程中各项学习活动的指标值差异明显，尤其在最终成绩上的差异最为明显。绝大多数勤奋收获组的成员均通过课程考核并且成绩良好，而未通过课程考核的学习者则主要分布在学习体验组中，只有个别学习者不满足该规律。

聚类分析二维表示图如图 4-7 所示，该图直观地展示出学习者之间呈现分类聚集的特征，其中数量较多的集群为"勤奋收获者"，数量较少的集群为"学习体验者"。

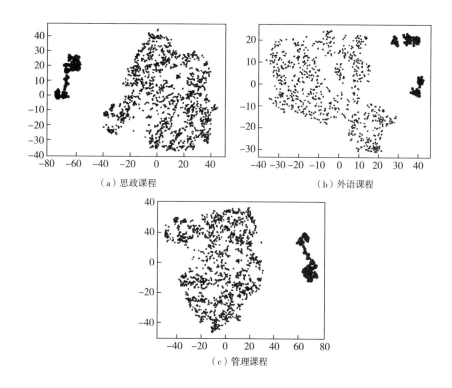

（a）思政课程　　　　（b）外语课程

（c）管理课程

图 4-7　聚类分析二维表示图

结合两类学习者的在线学习行为特征，勤奋收获者表现较为活跃，行为总数远高于学习体验者，且在平时表现和测试中也较为优秀；而学习体验者则恰好相反，整体表现较为低迷，行为数量较少，平时表现和测试成绩均不理想。这表明按照线上学习任务要求和进度要求，积极开展学习活动，能够有助于相应知识点的掌握，进而提升学习效果。

第五节 学习行为有效性评价结果

一、评价过程与结果

为客观评价学习者在线学习行为的有效性，本书选取数据包络分析方法，对不同类型的学习者进行学习效率评价，从投入产出视角识别在线学习行为与学习效果之间的关系，进而判断学习者的学习有效性及有效程度。将表4-3中的课程访问行为、课程学习行为、课程测试行为和讨论参与行为四个维度的9个指标作为投入指标；将学习效果维度的3个指标作为产出指标，这三部分成绩指标综合了学习者平时的努力程度、学习情况和最终考试的成绩结果。对于每门课程，将每一名学习者作为一个决策单元，在此基础上，将该课程所有学习者进行汇总用于DEA分析。

分别采用三种模型对学习者的学习综合效率、学习技术效率、学习规模效率和学习超效率进行测算。基础CCR模型一般假定规模效率不变，其得出的技术效率包括规模效率的成分，因此被称为"综合技术效率"。若综合技术效率为1则称决策单元有效，若综合技术效率小于1则称决策单元无效。BCC模型基于规模效率可变的假设，所得出的效率被称为"纯技术效率"，"综合技术效率"与"纯技术效率"的商值即为"规模效率"。超效率模型中被评价的决策单元的效率根据其他有效的决策单元构成的前沿得出，从而使得有效的决策单元的效率大于1，是对BCC模型的扩展与完善。

假设有 n 个决策单元，各有 m 种投入 $x_i(i=1, 2, 3, \cdots, m)$，对应 r 种产出 $y_j(j=1, 2, 3, \cdots, r)$。$s-$、$s+$ 分别表示投入和产出的松弛变量，λ 表示权重向量，ρ 表示学习超效率值。$\rho \geqslant 1$ 表示决策单元的相对有效。超效率 SBM 模型如式（4-1）所示。

$$\rho = \min \frac{1 + \frac{1}{m} \sum_{i=1}^{m} \frac{s_i^-}{x_{ik}}}{1 - \frac{1}{r} \sum_{j=1}^{r} \frac{s_r^+}{y_{rk}}}$$

$$s.t. \begin{cases} \sum_{j=1, j \neq k}^{n} x_{ij}\lambda_j - s_i^- \leqslant x_{ik} \\ \sum_{j=1, j \neq k}^{n} y_{tj}\lambda_j + s_r^+ \geqslant y_{rk} \\ \lambda, \ s^-, \ s^+ \geqslant 0 \\ i = 1, 2, \cdots, m; \ r = 1, 2, \cdots, q; \ j = 1, 2, \cdots, n(j \neq k) \end{cases} \tag{4-1}$$

采用 DEA Solverpro 软件计算实现，获得三门课程学习者的效率统计结果，以此作为有效性评价依据，如表4-9所示。

表4-9　课程学习效率统计情况对比

课程类别	效率指标	有效数量	有效占比%	整体 $\bar{x}$	最小值	勤奋收获者 $\bar{x}$	学习体验者 $\bar{x}$
思政课程 $N=1618$	综合效率	35	2.16	0.19	0.003	0.18	0.27
	纯技术效率	924	57.11	0.97	0.01	0.98	0.78
	规模效率	61	3.77	0.20	0.01	0.19	0.37
	超效率	24	1.48	0.88	0.27	0.93	0.28
外语课程 $N=835$	综合效率	14	1.68	0.20	0.03	0.18	0.25
	纯技术效率	191	22.87	0.95	0.18	0.95	0.79
	规模效率	21	2.52	0.22	0.03	0.20	0.39
	超效率	40	4.79	0.82	0.12	0.88	0.29
管理课程 $N=1081$	综合效率	16	1.48	0.26	0.01	0.25	0.33
	纯技术效率	43	3.98	0.94	0.10	0.95	0.84
	规模效率	84	7.77	0.28	0.02	0.26	0.39
	超效率	26	2.41	0.78	0.04	0.89	0.13

二、思政类课程学习有效性评价

（一）基于学习效率的有效性评价

综合效率为 1 的学习者占比 2.16%，综合效率小于 0.5 的学习者占比达 93.45%，说明仅有极少数学习者实现了综合技术效率有效这一目标。在所有学习者中，规模报酬递减的人数占比为 86.40%，这类学习者按比例增加投入只能获得相对较少的产出增量。这表明思政类课程的大部分学习者在学习效率上还有较大的提升空间，然而，继续增加在线学习行为的投入却只能带来较少的成绩提升。

选取不同组别效率排名分布在前部、中部、后部的代表性学习者进行分析，结果如表 4-10 所示。以编号为 1022 的学习者为例，其效率指标均实现了有效，超效率值为 1.86，排名为 1，这意味着该学习者继续增加 86% 的学习行为投入仍然可以实现有效。直观而言，学习者超效率变化趋势与综合效率变化趋势不完全相同，超效率均值为 0.87，标准差为 0.22，说明大部分学习者的超效率较好，但是距离实现有效还有一定的提升空间。超效率实现有效的学习者，超效率均值为 1.10，标准差为 0.21，整体超效率的波动也比较小。

表 4-10　思政类课程部分学习者效率及排名

学习者编号	组别	综合技术效率	纯技术效率	规模效率	规模报酬趋势	超效率	排名
1022	1	1	1	1	Constant	1.86	1
653	1	1	1	1	Constant	1.00	24
712	1	0.10	0.99	0.97	Constant	0.10	521
1565	2	0.06	0.34	0.17	Decreasing	0.11	1602

综合效率能够综合体现学习者对于学习方法的使用、学习技巧和时间管理、学习努力投入程度，该指标由纯技术效率和规模效率两部分组成，其中纯技术效率主要刻画了学习方法和时间管理等方面，规模效率则刻画了学习者在学习过程

中的努力程度。进一步分析综合效率非有效的学习者的纯技术效率发现，有 889 人（占比 56.16%）纯技术效率实现有效，这部分学习者的综合效率无效主要源于规模效率不足，需要提升努力程度。而全部学习效率非有效的学习者中规模效率实现有效的有 26 人（占比 1.64%），这部分学习者的综合效率无效主要是源于纯技术效率不足，需要在学习方法、学习技巧和时间管理等方面加强。综合效率非有效的学习者中，规模报酬递减的占比为 88.31%，这部分学习者在学习过程中的投入程度不足，通过加大在线学习时间所带来的成绩提升空间不大。

（二）学习效率的组间差异分析

组间差异能够反映不同学习者群体学习方法的差异性。对比两类学习者的效率指标能够发现学习者的学习问题，进而提出精准的施教建议。单因素方差分析结果显示，两组学习者的效率指标在统计学上均存在显著差异（$P<0.01$）。

综合效率值指标上，勤奋收获组均值（0.18）略小于学习体验组均值（0.27），并且在统计学上拥有较大的差异（$P<0.01$）。规模效率值上也呈现相同的数学特征，勤奋收获组的均值（0.19）略低于学习体验组（0.37），这主要源于大部分的勤奋收获者存在较大程度的投入冗余。超效率值则真实反映了两组学习者在学习效果上的差距，勤奋收获组的均值（0.93）远大于学习体验组（0.28），勤奋收获组的方差（0.004）也明显小于学习体验组（0.05），勤奋收获者的超效率组间差异更小，数据的波动更加稳定，两组超效率的方差均较小，数据之间的波动并不明显，纯技术效率反映了和超效率类似的特征。

三、外语类课程学习有效性评价

（一）与思政类课程的对比分析

外语类课程中实现综合效率有效的共计 14 人（占比 1.68%），同样，只有少量学习者实现了学习效率的有效。纯技术效率实现有效的学习者为 191 人（占比 22.87%），规模效率实现有效的为 21 人（占比 2.51%），大部分学习者的学习效率无效由规模效率不足导致，应加强努力程度。与思政类课程相同，外语类课程大部分学习者（占比 91.50%）也呈现规模递减特征，说明学习行为投入冗余是影响学习有效性的重要因素。外语类课程中规模报酬不变的占比为 7.78%，也存在规模报酬递增的学习者，对于这部分学习者并没有达到学习投入的较高规模，应加大对学习行为的投入，挖掘潜在学习能力。

整体而言，外语类课程与思政类课程呈现相似的整体特征。实现有效的学习者占据少数，且学习效率分布不均，外语类课程综合效率小于 0.2 的学习者占比 68.86%。综合效率均值、规模效率均值、超效率均值与纯技术效率均值呈现递增分布（分别为 0.20、0.22、0.82、0.95）；规模报酬递减的学习者占据多数。两类学习者在四项效率指标中均存在明显差异（$P<0.01$），且勤奋收获者的纯技术效率均值（0.97）明显高于学习体验者（0.82）。同时，勤奋收获组成员实现纯技术有效的比例（0.24）也明显高于学习体验组（0.14），说明在学习上表现得更优秀的学习者更加重视学习技巧和时间管理等方面，两组学习者的差异也主要体现在纯技术效率方面。

（二）非有效学习者的目标改进值

为对非有效学习者的效率改进进行定量分析，可根据 DEA 的投影定理，得到各投入产出指标的松弛改进值。产出改进对应若要实现有效时应提高多少产出，投入改进则表示在保持原有的效果时投入指标所应减少的额外投入。产出角度的 DEA 模型，优先对产出指标进行调节再对投入指标进行调节，投入角度的 DEA 模型则相反。选取超效率值排名中间水平的编号为 27 的学习者为例，分析其根据 DEA 投影定理所得的松弛改进值，如表 4-11 所示。

表 4-11　外语类课程学习者 27 松弛改进情况

指标	原始值	松弛改进值	目标值
学习行为天数	10	0	10
行为总数	994	−337	657
浏览总数	518	−247	271
浏览活动数	55	−45	10

续表

指标	原始值	松弛改进值	目标值
浏览资源数	36	−33	3
形考总数	3	0	3
浏览帖子数	53	−27	26
发表讨论数	42	−19	23
回复讨论数	45	−20	25
试卷成绩	84	0	84
形考成绩	76	0	76
最终成绩	80	2	82

该学习者的超效率排名为554，超效率值0.84，综合效率值0.10，纯技术效率值0.91，规模效率值0.11且规模报酬递减，在聚类分析时属于勤奋收获者，符合大多数学习者的效率分布情况。由于在模型选择时选择产出角度的模型进行计算，因此会优先对产出指标进行优化。根据各投入产出变量所对应的松弛变量可以发现，该学习者存在产出不足、投入冗余的情况。在行为总数、浏览数、浏览资源数三个指标上冗余值较大，需要大幅度的调整，这表明课程行为总数、浏览数、浏览资源数对于学习效率的贡献值并没有该学习者的实际投入预期的多，该学习者可能在学习过程中过度关注学习资源的浏览，然而未能对学习内容进行高效率的转化，从而导致投入过高却没有创造产出价值。存在这种情况的学习者共计330名，占比39.37%，这意味着一定比例的学习者存在过度投入的情况，他们对于知识的吸收效率较低，这应该是后续在线教学过程中应重点关注的问题。

四、专业类课程学习有效性评价

通过对比分析发现，三门课程在效率的整体分布上具有相似特征，效率的整体趋势也较为相似。两类学习者的效率组间差异也呈现相似特征，且管理类课程的效率组间差异显著性也通过了检验（$P<0.01$）。

为探究两类学习者的效率差异，选取排序上更具优势的超效率指标，评估两类学习者的差异水平。两类学习者的超效率频数分布如图 4-8 所示。超效率具有显著的组间差异（$P<0.01$），勤奋收获组均值为 0.89，学习体验组均值为 0.13，在学习行为上投入较多的勤奋收获组超效率明显优于学习体验组，勤奋收获组方差（0.007）远小于学习体验组（0.03），成绩较好的学习者的效率分布更为稳定。由图可知，勤奋收获者的超效率主要分布在 0.9 以上（占比79.89%），大部分勤奋收获者都属于高效的学习者，学习体验者的超效率主要分布在低于 0.2 的范围内（占比90.38%），大部分学习者都属于低效的学习者。勤奋收获者的高效率主要得益于纯技术效率方面，高效学习者对于学习方法的使用和时间管理能力上具有明显优势。

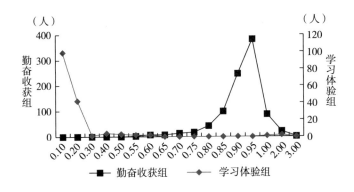

图 4-8 专业类课程超效率频数分布

五、有效性评价结论

选取学习者在在线学习平台的思政类、外语类、专业类课程的学习行为数据进行挖掘，同时对学习有效性和种群差异性进行分析，主要研究结论如下：

（一）勤奋收获者与学习体验者这两类学习者具有显著差异性

勤奋收获者在学习行为上的投入会明显优于学习体验者，特别是在行为总数的指标上差异最为明显。这与先前的研究发现相类似，勤奋收获学习者通常在学习过程中更愿意钻研、投入更多的学习时间；而学习体验者则在学习过程中缺乏积极性，对在线课程学习往往缺少长期的学习计划。

（二）DEA 方法在不同类型课程学习有效性分析中具有普适性

三门课程的成绩及效率分布具有相似性特征，学习行为上呈现课程行为指标组内差异明显、课程通过率高、优秀者成绩差异较小、成绩存在两极分化等现象。学习效率上，不同类型的课程均存在综合效率有效者占比较低、整体规模报酬递减的学习者占比高、纯技术效率相对规模效率较易实现有效等特征。

（三）大部分的在线学习者并未实现学习效率最优

就综合效率指标而言，三门课程均只存在少数实现学习行为有效的学习者，并且大部分尚未实现学习行为有效的学习者呈现规模报酬递减特征，较多学习投入的增加也仅能实现较少的成绩提升效果。

（四）两类学习者在超效率方面差异最为显著

大部分勤奋收获者都属于高效学习者，他们能够充分利用学习资源和时间，取得较好的学习效果。而低效学习者则可能由于基础知识薄弱、适应能力不足或其他原因，导致学习成果不尽如人意。

第五章

考虑内隐数据的在线学习行为有效性评价

第一节　基于学习风格模型的学习行为评价

一、Felder-Silverman 学习风格模型

学习风格是学习者在长期学习过程中逐渐形成的、具有个人特色的学习方式和学习倾向。它反映了学习者在认知、情感、生理和行为等方面的偏好和特征，是影响学习效果和个性化发展的重要因素。每个学习者都有自己独特的学习风格，这些风格的形成受到多种因素的影响，因此学习风格具有多样性和差异性。了解学习者的学习风格对于教育者和学习者都至关重要。教育者可以根据学习者的学习风格调整教学策略，创造更符合学习者需求的学习环境，从而更有效地促进学习者的学习。同时，学习者也可以通过认识自己的学习风格，选择更适合个人的学习方法和资源，提高学习有效性。近年来，研究者纷纷提出各种不同的、有建设性的学习风格理论模型，从不同视角、不同层面对学习风格进行分类和讨论。研究者对学习风格的含义从不同视角进行了诠释，但关注热点主要围绕以下四个方面展开：其一，学习风格的本质，即学习风格就是学习者经常使用的学习

方式或学习倾向（学习习惯）；其二，研究发现，任何学习者的学习风格均具有长期不变的稳定性和独特性；其三，对于学习风格的形成，多方面因素均可能产生影响；其四，学习风格具有普遍性。

经典的学习风格分类模型包括 Felder-Silverman 学习风格理论模型和 Honey and Mumford 学习风格理论，本书重点介绍 Felder-Silverman 模型。这一模型由美国教育心理学家 Barbara A. Felder 和 Richard M. Silverman 提出，模型建立在学习风格多样性的理论基础上，强调每个学习者具有自己独特的学习方式和偏好。围绕信息加工、信息感知、信息输入与信息理解四个维度，涵盖认知、情感、生理以及社会互动等方面的学习偏好。具体对学习者学习风格的判别进行展开，则每个学习者完整的学习风格类型包括四个维度中的某一风格。例如，信息加工维度可能为活跃型与沉思型中的一种；以此类推，剩余三个维度也可能是两者学习风格中的一种。据此，不同学习风格类型的组合为 $2 \times 2 \times 2 \times 2 = 16$ 种，具体描述如表 5-1 所示。

表 5-1　Felder-Silverman 学习风格

Felder-Silverman 学习风格模型分类	学习风格类型	学习风格描述
信息加工维度	活跃型	遇到问题会动手操作；喜欢与他人一起学习，通过讨论学习新知识
	沉思型	遇到问题先思考再动手，比较谨慎；喜欢独立思考问题
信息感知维度	感觉型	对具体事物有更好的理解力；比较细心，学习花费时间较长
	直觉型	对抽象概念有更好的理解力；比较粗心，学习花费时间较短
信息输入维度	视觉型	擅长从图片、图表、演示、电影中获取知识
	言语型	擅长从文本、讨论中获取信息
信息理解维度	序列型	擅长线性学习，按照重归步骤解决问题，学习方式从局部到整体
	综合型	擅长运用跳跃式思维解决问题，学习方式从整体到局部

Felder-Silverman 学习风格模型从多个维度较为全面、细致地概括和描述了不同学习风格学习者的特征。此外，结合该模型已经开发出相应的学习者学习风格测量工具，经过不断修正完善，目前已经具有较高的信度和效度，被广大研究者认可并广泛地应用于学习风格的相关研究中。在此基础上，模型的各个维度能够对在线学习的设计、资源和活动的组织等各个环节提供有效指导。

二、在线学习风格模型

基于文献研究与实际在线学习需求，对 Felder-Silverman 经典学习风格模型中的各个维度进行分析与融合，如表 5-2 所示。这一过程旨在更精确地描述在线学习者的个性化特征，并为教育实践提供更具针对性的指导。首先，将信息加工维度与信息输入维度融合为新的维度——学习投入维度。这一维度主要反映学习者在在线学习过程中的努力程度和参与意愿。努力型学习者倾向于全身心地投入到学习中，他们喜欢深入思考、积极探索，对于学习任务的完成往往表现出高度的责任感和使命感。相较之下，微努力型学习者则可能在学习上表现出一定的被动性和惰性，他们可能需要更多的外部激励和引导才能保持学习状态。其次，将信息感知维度与信息理解维度融合为另一个新的维度——学习理解维度。这一维度主要描述学习者对知识的感知和理解能力。强能力型学习者通常具备较强的逻辑思维和抽象思维能力，他们能够迅速把握知识的核心要点，形成深刻的理解。而弱能力型学习者可能在知识的理解和应用上存在一定的困难，他们可能需要更多的直观教学和实例解析来辅助学习。

表 5-2　学习风格维度分类

维度	学习风格类型
学习投入维度	努力型
	微努力型
学习理解维度	强能力型
	弱能力型

通过这种维度的融合与分析，不仅可以更全面地了解学习者的学习风格，还可以为教育者提供更具针对性的教学策略建议。例如，对于努力型且强能力型的学习者，教育者可以给予更多的自主学习空间和挑战性任务，以激发他们的学习潜能；而对于微努力型且弱能力型的学习者，教育者则需要提供更多的具体指导和情感支持，帮助他们逐步建立学习信心和兴趣。

首先，针对学习投入这一维度，可以观察到，学习者的在线学习时长、登录频率以及任务完成度等行为特征属性对其具有显著影响。努力型学习者往往表现出更长的在线学习时长，他们会更加频繁地登录学习平台，并且倾向于及时完成学习任务。相比之下，微努力型学习者可能在线学习时长较短，登录频率较低，且任务完成度不尽如人意。其次，对于学习理解度这一维度，学习者的成绩表现等行为特征属性是重要影响因素。强能力型学习者通常表现出较高的互动积极性，他们通过积极参与并充分利用各种学习资源来深化理解，在测试和作业中的成绩也往往较为优异。相反，弱能力型学习者可能较少参与，对资源的利用不够充分，且成绩表现相对较差。此外，研究还发现，学习者的学习偏好和习惯也会影响其学习风格的维度。例如，视觉型学习者可能更倾向于观看视频和图表类资源，而听觉型学习者则可能更喜欢听讲和听录音。动手型学习者则可能更喜欢通过实验操作和实践来巩固知识。这些学习偏好和习惯在一定程度上反映了学习者的信息输入和加工方式，进而影响了其学习风格的形成。根据文献研究和研究结果，对学习者的各类在线学习行为特征属性与学习风格的不同维度之间的关系进行详细分析，得到影响不同维度学习风格的行为特征属性。

（一）学习投入维度

通过分析学习者的在线学习行为特征属性，可以清晰地发现它们与学习投入度学习风格之间存在紧密的关系。具体而言，以下核心特征属性与学习投入度具有显著的相关性。首先，视频观看时长是一个直接反映学习者投入程度的指标。学习者花费在视频学习上的时间越长，说明他们越愿意投入时间和精力去理解和掌握知识。这种长时间的观看不仅有助于加深对知识的印象，还能反映出学习者对学习的认真态度。其次，章节学习次数也是一个重要的特征属性。学习者反复学习同一章节的内容，表明他们对该章节的知识掌握不够牢固或者对其中某些内容特别感兴趣。这种重复学习的行为体现了学习者对知识的追求和投入。此外，课程互动是评估学习投入度的另一个关键指标。学习者在课程论坛中的发言次数、提问频率以及与其他学习者的交流程度，都能反映出他们对学习的投入和参与度。积极的课程互动不仅能够促进知识的共享与传播，还能激发学习者的学习兴趣与动力。作业完成时间也是衡量学习投入度的一个重要方面。学习者能够在规定时间内完成作业，甚至提前完成，说明他们对学习任务的重视和投入。相反，如果学习者经常拖延作业或者无法按时完成，可能意味着他们在学习上的投入度不够。最后，任务点完成量也是一个不可忽视的指标。学习者完成的任务点数量越多，说明他们越能够按照学习计划进行学习，保持较高的学习进度和效率。这种持续地学习行为体现了学习者的学习投入和自律性。其具体属性如表5-3所示。

表5-3　学习投入维度的学习行为特征属性

学习行为特征属性	学习风格
视频观看时长	
章节学习次数	
课程互动	学习投入度
作业完成时间	
任务点完成量	

（二）学习理解维度

通过前文对学习者在线学习行为特征属性的深入分析，可以发现这些属性与理解度学习风格之间存在着紧密的联系。特别是作业得分和课程得分等核心特征属性，它们与学习理解度这一学习风格的关系尤为显著。作业和课程得分是直接衡量学习者理解度的关键指标。较高的得分通常表明学习者对知识点的理解透彻，能够准确应用所学知识解决问题；而较低的得分则可能意味着学习者在理解上存在困难，或者在知识应用方面存在不足。其具体属性如表5-4所示。

表5-4　学习理解维度的学习行为特征属性

学习行为特征属性	学习风格
作业得分	
课程得分	学习理解度

第二节 在线学习行为特征分析

一、数据采集与预处理

考虑到研究需要以及线上平台数据的丰富性，本书以专业课程为对象，选取某校物流工程和物流管理两个专业，以其两门专业核心课程《物流信息系统》和《运筹学》在2021年第1学期的线上教学数据进行分析。这两门专业核心课程在物流工程和物流管理专业中占据核心地位，对于培养学生的专业素养和综合能力具有重要意义。这两门课程不仅要求学生掌握一定的理论知识，还需要具备一定的实践能力和创新思维。因此，通过分析其线上教学数据，可以更准确地评估学生的学习效果，以及线上教学对于学生能力培养的影响。

学习通作为一个集成了丰富学习资源和先进数据功能的在线学习平台，为研究提供了宝贵的学习行为数据。首先，这些数据涵盖了学习者的学习行为。通过学习通平台，能够精确追踪到每位学习者在课程学习过程中的具体行为，如观看视频的次数和时长、参与课程讨论的活跃度、完成作业的情况等。这些行为数据能够直观地反映出学习者的学习态度、学习习惯以及学习参与度，对于挖掘学习风格、优化教学策略具有重要意义。其次，学习通平台还提供了学习者的学习进度数据。这些数据记录了学习者的学习进度、任务完成情况和学习路径等信息，能够全面展示学习者在课程学习中的整体进展和个别差异。通过分析学习进度数据，可以发现学习者在学习过程中的问题和困难，为他们提供及时的帮助和指导，确保学习过程的顺利进行。此外，学习通平台还提供了学习者的学习成果数据。这些数据包括作业得分、考试成绩等，能够客观地反映学习者的学习效果和学习水平。通过学习成果数据，可以评估学习者的学习风格对学习成果的影响，进一步了解学习者的学习特点和需求，从而优化教学策略、提高教学质量。

在读取原始数据集后，需要对数据进行预处理。预处理的主要目的是确保数据的准确性和一致性，同时保护个人隐私，研究使用 Python 语言进行数据处理。首先，剔除数据中由于数据录入错误或其他原因导致的异常值；其次，为保护学习者隐私，隐去学习者姓名与学号等敏感信息，将姓名和学号字段替换为序号实现；再次，还需要检查数据中是否存在重复或缺失值；最后，在完成上述预处理步骤后，对数据进行进一步的格式转换、数据类型统一等清洗和整理工作，为后续的学习风格挖掘工作奠定了基础。

依据前述学习行为特征属性，进行线上学习行为数据的提取。具体包括视频观看时长、章节学习次数、课程互动、八次课后作业提交时间、任务点完成量、作业得分和课程得分在内的 14 个具体行为数据。其中，视频观看时长、章节学习次数、作业、课程互动、课程得分为系统直接导出数据，1h 至 8h 为每位学习者每次课后作业完成时间与截止日期的相对时间，共提取八次。学习者部分原始数据截图如图 5-1 所示。

	VIDEO_MIN	STUDY_COUNT	HOMEWORK_30%	INTERACTION_30%	h1	h2	h3	h4	h5	h6	h7	h8	PRACTICE	grade
0	582	400	30.00	30.00	214	311	598	361	219	183	347	97	49	41.5
1	729	335	29.62	30.00	213	303	636	399	343	210	323	84	47	41.5
2	300	238	25.50	30.00	152	189	234	262	246	142	346	51	50	43.0
3	1058	622	30.00	30.00	189	290	-1	424	342	96	363	75	44	42.5
4	729	335	29.62	30.00	214	285	690	428	342	137	437	132	33	42.0
5	576	299	29.62	30.00	191	231	684	350	293	214	384	47	39	30.5
6	604	283	30.00	30.00	195	306	376	339	263	213	338	53	40	42.0
7	793	344	28.88	30.00	20	263	378	400	338	89	387	47	38	36.0
8	327	118	29.25	30.00	189	233	473	428	251	115	346	51	55	25.0
9	1011	340	29.62	30.00	72	188	349	263	250	90	337	48	36	39.0
10	291	199	25.88	30.00	152	110	331	350	310	142	337	49	55	40.0
11	442	235	29.62	16.50	-407	212	689	351	96	61	338	50	12	20.5
12	272	191	26.25	30.00	161	252	240	352	251	142	337	49	38	38.0
13	383	188	29.25	30.00	90	308	684	352	266	212	337	50	31	37.0
14	332	214	30.00	30.00	161	233	590	354	340	214	338	140	37	39.0
15	623	205	30.00	30.00	214	281	446	383	291	214	363	76	47	45.0

图 5-1　学习者部分原始数据截图

二、聚类分析

在获取学习者的行为数据后，利用 K-means 聚类算法对这些数据进行分析，从而有效挖掘学习者学习风格。K-means 算法属于无监督学习方法，确定 K 值是算法的关键步骤之一，它决定了最终形成的簇的数量。手肘法常用于确定 K 值，它通过观察不同 K 值下的 Inertia 值（或称为簇内平方和）的变化趋势来选择合适的 K 值。Inertia 值是衡量聚类效果的一个重要指标，它表示每个数据点与其所属簇中心的距离平方和。当 K 值较小时，每个簇包含的数据点较多，因此 Inertia 值会较大；随着 K 值的增加，簇的数量增多，每个簇包含的数据点减少，Inertia 值也会逐渐减小。然而，当 K 值增加到一定程度后，再增加簇的数量对 Inertia 值的减小效果就不再显著，这时就会出现一个"手肘"形状的变化趋势。

通过观察图 5-2 中不同 K 值下的 Inertia 值，可以发现，当 K 值由 1 增加到某个值时，Inertia 值迅速下降；而当 K 值继续增加时，Inertia 值的下降速度明显变缓，形成一个明显的拐点。这个拐点所对应的 K 值就是研究需要选择的最佳 K 值。通过观察图 5-3 可以清晰地看到不同 K 值对应的聚类误差的变化趋势。当 K 值小于 4 时，聚类误差随 K 值的增大而急剧下降，这表明增加簇的数量可以显著改进聚类效果，使数据点更好地被分配到其所属的簇中。然而，当 K 值大于 4 时，聚类误差的下降速率明显减缓，这表明再增加簇的数量对于进一步提升聚类效果的贡献变得有限。这种变化趋势形成了一个类似于手肘的形状。

基于这一观察，选择 K 值设定为 4 较为合理，因为它位于手肘的拐点处，既能够确保聚类效果的显著性，又避免了因簇数量过多而导致的过度拟合和计算复杂度的增加。因此，在后续实验中，利用 K-means 算法，将学习者数据划分为 4 类。

在确定合适的 K 值后，就可以根据学习者的线上学习行为数据进行 K-means 聚类操作。通过这一步骤，能够将具有相似学习行为特征的学习者划分到同一个簇中，从而得到最终的学习者聚类结果。学习者被划分为四个不同的簇，cluster

```
from sklearn import metrics
from sklearn.cluster import KMeans
import matplotlib.pyplot as plt
X = data_scaler
best_score = -1
best_k = -1
scores = []
for k in range(2, 20):
    kmeans = KMeans(n_clusters=k, random_state=0)
    labels = kmeans.fit_predict(X)
    score = metrics.silhouette_score(X, labels)
    scores.append(score)
    if score > best_score:
        best_score = score
        best_k = k
print(scores)
plt.plot(list(range(2,20)), scores)
plt.xlabel('n')

[0.26818419481805317, 0.24593750465944783, 0.23808058011685945, 0.2095008497798217, 0.11936963487373341

Text(0.5, 0, 'n')
```

图 5-2　K-means 聚类算法 K 值确定

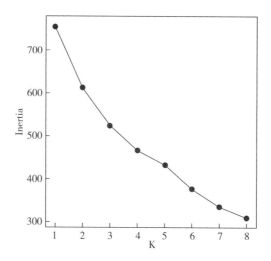

图 5-3　K-means 算法手肘法则拐点

值分别为 0、1、2 和 3。这四个簇分别代表四种不同的学习风格或行为模式。每个簇内的学习者在线上学习行为上表现出一定的相似性，而不同簇之间的学习者则在学习行为上存在差异。图 5-4 展示了某教学班的聚类结果，可以直观地观察到不同学习者被分配到各个簇的情况。通过对每个簇的特征进行深入分析，我们可以进一步了解不同学习风格的具体表现。此外，通过比较不同簇之间的学习成果和表现，还可以探讨学习风格与学习效果之间的关系，为教育研究和实践提供有价值的参考。

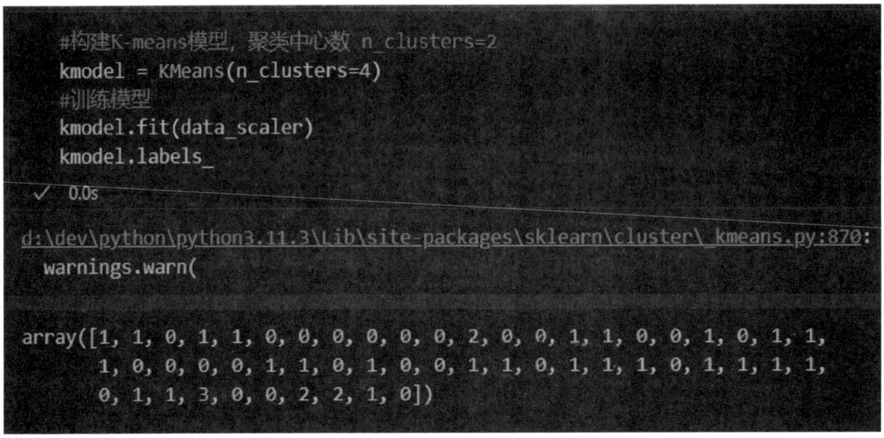

```
#构建K-means模型，聚类中心数 n_clusters=2
kmodel = KMeans(n_clusters=4)
#训练模型
kmodel.fit(data_scaler)
kmodel.labels_

✓ 0.0s

d:\dev\python\python3.11.3\Lib\site-packages\sklearn\cluster\_kmeans.py:870:
 warnings.warn(

array([1, 1, 0, 1, 1, 0, 0, 0, 0, 0, 0, 2, 0, 0, 1, 1, 0, 0, 1, 0, 1, 1,
       1, 0, 0, 0, 0, 1, 1, 0, 1, 0, 0, 1, 1, 0, 1, 1, 1, 0, 1, 1, 1, 1,
       0, 1, 1, 3, 0, 0, 2, 2, 1, 0])
```

图 5-4　聚类结果

三、学习行为与学习风格关系分析

为精确地界定每类学习者的学习风格，利用雷达图直观展示物流工程专业在《物流信息系统》课程中的四类学习行为特征，如图 5-5 所示。由图可知，聚类 1 涵盖了 25 名学习者，占比达到 46.29%，是人数最多的群体。这一群体除学习时长相对较短外，其他方面表现相对均衡。在班级中，他们的成绩通常处于中等偏上水平。根据之前的学习风格分类，将这类学习者归为"微努力且强能力型"。聚类 2 同样包含 25 名学习者，占比与聚类 1 相同。这类学习者在学习上表现积极，成绩优异。他们不仅学习能力强，而且愿意付出努力。将他们归类为"努力且强能力型"。聚类 3 只有 3 名学习者，占比 5.55%，是人数最少的一个群体。这类学习者对课程学习投入的时间较少，学习任务完成度低，因此成绩相对较差。根据这些特点，将他们归类为"微努力且弱能力型"。聚类 4 只有 1 名学习者，占比 1.85%。尽管人数少，但这位学习者的学习时长较长，成绩却处于中下水平。表明他可能在学习方法或效率上存在问题。因此，将他归为"努力且弱能力型"。通过对雷达图的分析，不仅能够了解每类学习者的学习行为特征，还能够更准确地识别他们的学习风格，为后续的教学策略调整提供有力支持。

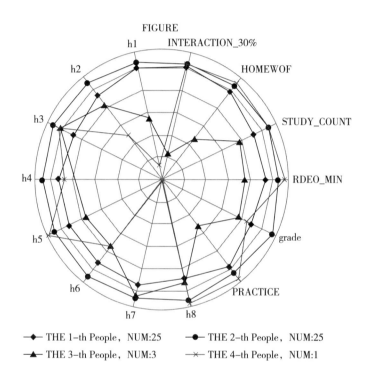

图 5-5　物流工程专业《物流信息系统》的学习风格雷达图

为深入探究不同学习风格学习者的行为特征，对不同聚类的学习者的特征数据取平均值，以揭示整体规律，结果如表 5-5 所示。

表 5-5　学习者学习行为聚类结果平均值

聚类	互动次数 （次）	作业完成量 （次）	学习次数 （次）	视频观看时长 （分钟）	成绩（分）	练习次数 （次）
1	29.54	26.66	239.72	487.08	35.36	40.83

聚类	互动次数（次）	作业完成量（次）	学习次数（次）	视频观看时长（分钟）	成绩（分）	练习次数（次）
2	30.00	28.90	316.65	639.97	39.25	41.68
3	18.50	15.99	165.00	247.66	31.66	19.66
4	30.00	29.62	327.00	739.20	34.00	46.00

（一）聚类1

聚类1的学习者被精准地归类为"微努力且强能力型"。这一分类深刻揭示了这类学习者在学习过程中的独特特点。尽管他们的成绩中等偏上，但与学习投入相比，他们的表现却相对较差。具体来说，这类学习者的作业完成量仅为26.66（占总数的30.64%），这反映出他们在完成作业方面的积极性并不高。同时，他们的学习次数为239.72次，视频观看时长为487.08分钟，这些数据也表明学习上投入相对较低。值得注意的是，即使学习投入不足，这类学习者依然能够取得中等偏上的成绩。这一结果可能得益于他们自身具备的学习天赋或较强的学习能力。他们可能拥有较高的学习效率，能够在较短的时间内掌握大量的知识，或者能够迅速理解复杂的概念。这些优势使得他们在学习过程中能够事半功倍。然而，遗憾的是，这类学习者并没有充分运用自己的天赋和能力。可能由于对学习缺乏足够的热情和动力，或者没有意识到学习的重要性，这类学习者目前并没有将全部精力投入到学习中，导致学习成果未能达到更高的水平。

对于这类学习者，建议他们增加学习投入，以提高学习成绩。具体来说，可以通过督促其制订合理的学习计划，确保他们每天有足够的学习时间。同时，教师可以通过尝试多种学习方式，如小组讨论、在线学习等，以激发学习者的学习兴趣和动力。如果他们能够稍加努力，增加学习投入，则成绩可能会有显著的提升，甚至可能取得更优异的成绩。此外，教师也可以针对这类学习者提供更有针对性的辅导和支持。也可以通过提供多样化的学习资源和学习方式，帮助这类学习者充分发挥自己的潜力，取得更好的学习成果。

（二）聚类 2

聚类 2 的学习者被归类为"努力且强能力型"，这一分类精准地反映了他们在学习过程中的表现。这类学习者占据学习者总数的 46.29%，成为班级中的主力军。他们在学习上的表现较为积极和出色。首先，作业完成量达到了 28.90（占总数的 33.21%），是班级中的最高值，显示出他们对待课程任务的认真态度。其次，学习次数平均值为 316.65 次，远高于班级平均水平，这意味着他们投入了大量的时间和精力在学习上。最后，视频观看时长为 639.97 分钟，同样是班级中的最大值，表明他们不仅完成了所有的课程视频观看，还进行了深入的学习和思考。除这些量化数据外，聚类 2 的学习者在其他方面也表现出色。他们的互动次数平均值为 30.00 次，说明他们积极参与主题讨论和线下教学活动，与其他学习者进行了有效的交流和互动。这种积极的互动不仅有助于他们更好地理解课程内容，还提升了他们的学习体验和效果。正是由于这种高度的学习投入和积极的学习态度，聚类 2 的学习者能够很好地掌握课程内容，有效地管理自己的学习行为。这种能力使得他们在综合成绩上取得了优异的成绩，平均成绩为39.25 分，是班级中的佼佼者。

因此，将聚类 2 的学习者归类为"努力且强能力型"非常准确。他们的学习行为数据表明，他们不仅拥有较强的学习能力，还愿意付出努力来提升自己的学习成果。对于大部分学习者来说，只要学习投入量大，就能够取得优秀的成绩。这也为我们提供了重要启示，在学习过程中，努力和学习能力是取得优异成绩的关键因素。

（三）聚类 3

聚类 3 的学习者被归类为"微努力且弱能力型"。这类学习者的学习行为相对较差，缺乏对学习活动的积极参与。具体而言，他们的作业完成量仅为 15.99（占总数的 18.39%），这一数据明显低于班级平均水平，显示出他们对作业任务的不重视或缺乏完成的动力。此外，这类学习者的学习次数平均值为 165.00 次，视频观看时长仅为 247.66 分钟，均属于班级中的最低水平，这进一步说明他们在学习上投入的时间和精力有限。除这些量化数据外，聚类3的学习者在互动次数和练习次数上也表现不佳。他们很少参与到主题讨论和线下教学活动中，缺乏与其他学习者的交流和合作。这种消极的学习态度不仅影响了学习效果，还可能阻碍了学习能力的进一步提升。目前学习者对学习内容的掌握程度较低，学习兴趣也相对较低，导致综合成绩表现较差，平均成绩仅为31.66分，远低于班级平均水平。这一结果再次印证了努力和学习投入对于学习成绩的重要性。

对于聚类3的学习者，需要重新审视个人的学习态度和方法。首先，他们需要认识到学习的重要性，并树立积极的学习目标。其次，可以尝试增加学习投入，如制订合理的学习计划、积极参与教学活动等。最后，通过寻求教师、同学或学习辅导的帮助，以提高自己的学习能力和学习效果。总之，聚类3的学习者需要付出更多的努力和时间来改善自己的学习行为和学习成绩。只有通过不懈的努力和持续的学习投入，才能逐步改善自己的学习状况，实现更好的学习成果。

（四）聚类4

聚类4的学习者被归类为"努力且弱能力型"。这类学习者学习热情与投入高，作业完成量高达29.62（占总量的34.04%），学习次数累计至327次，视频观看时长达到739.2分钟，以及高达46次的练习次数，这些数据均表明他们对课程的每一个环节都进行了深入且反复的学习。他们的学习态度积极而端正，积极参与，充分显示了他们为提升学业所付出的辛勤努力。然而，尽管付出较多的时间与精力，聚类4的学习者在成绩上却并未达到预期的效果。相较于聚类2的优秀学习者，他们的成绩明显处于中下水平。值得思考的问题是，为何这类学习者的努力并未转化为理想的成绩。可能的原因在于这类学习者可能尚未找到最适合自己的学习方式，导致学习效率低下；或者在考试时因紧张或其他因素未能正常发挥，影响最终的成绩。为帮助这类学习者走出困境，教师需要进一步了解他们的学习需求与困难，提供更有针对性的学习指导和支持，从而帮助他们找到适合的学习路径，以便在学业上取得更大进步。

四、比较分析

为验证聚类分析获得的学习风格与学习行为之间的关系，并进一步探究不同群体、不同学习课程之间的聚类结果差异，具体包括比较同一门课程在不同班级中的聚类情况，以及同一班级在不同课程中的聚类结果。以下是详细的分析结果。

（一）同一门课程不同班级的聚类结果比较

以《物流信息系统》课程为例，比较不同班级的聚类情况如表5-6所示。对比分析发现，尽管是同一门课程，但由于学习者群体的差异，聚类结果也呈现一定的差异性。不同班级的聚类结果中，各类学习风格的人数比例存在差异。例如，某些班级可能"微努力且强能力型"的学习者较多，而另一些班级则可能"努力且强能力型"的学习者占比较大。这种差异可能与学习者群体的整体学习水平、学习态度以及教学方法等因素有关。即使是同一门课程，不同班级的学习者在学习行为特征上也可能存在差异。这表现在作业完成量、学习次数、视频观看时长等方面。这些差异可能反映了不同班级学习者的学习习惯、学习动力以及学习环境等因素的影响。

表5-6 同门课程《物流信息系统》不同班级聚类情况比较 单位：人、%

班级	微努力且强能力型 人数及占比	努力且强能力 人数及占比	微努力且弱能力型 人数及占比	努力且弱能力型 人数及占比
物流工程	25/46.3	25/46.3	3/5.6	1/1.8
物流管理	15/29.4	17/33.3	5/9.8	14/27.5

不同班级中各学习风格的人数相差较大，反映出两个班级不同的学习风格。结合实际情况分析，由于《物流信息系统》是属于技术型课程，需要学习者具有较强的工科思维。物流工程专业具有工科背景，因此班级在实践能力方面总体强于物流管理专业，这也导致两个班级不同学习风格的人数比例相差较大。

（二）同一班级不同课程的聚类结果比较

以物流工程专业为例，比较《物流信息系统》和《运筹学》两门课程的聚类情况如表5-7所示。尽管课程不同，但同一班级的学习者在学习风格上表现出一定的一致性。这说明学习者的学习风格可能相对稳定，不容易因课程的变化而发生较大改变。不同课程的学习内容、难度和要求不同，这可能导致学习者在学习行为上表现出一定的适应性。例如，对于难度较大的课程，学习者可能会增加学习投入，提高学习次数和作业完成量。这种适应性反映了学习者在学习过程中的自我调节能力和应对能力。通过对同一班级两门课程的学习行为数据分析发现，学习风格分类结果相差不大。《物流信息系统》和《运筹学》同属工科类课程，说明在同类型课程中，学习者的学习行为数据可以用于刻画学习风格，而且学习风格具有一致性。

表5-7　相同班级物流工程专业不同课程聚类情况比较　单位：人、%

课程	微努力强能力型人数及占比	努力强能力型人数及占比	微努力弱能力型人数及占比	努力弱能力型人数及占比
物流信息系统	25/46.3	25/46.3	3/5.6	1/1.8
运筹学	22/40.7	27/50	4/7.5	1/1.8

由上述分析可知，聚类得到的分类法具有普适性，按照学习者在学习中的投入水平和能力水平，可将学习者的学习风格大致分为四类：微努力强能力型、努力强能力型、微努力弱能力型、努力弱能力型。

第三节　学习行为与学习有效性的相关性分析

为深入探究学习行为数据与学习有效性之间的关联性，采用SPSS软件进行相关性分析。聚焦于学习行为数据与考试成绩以及课程设计效果的相关性，旨在挖掘出对学习有效性有显著影响的行为特征，并剔除那些与学习有效性相关性不高的特征。

首先，使用皮尔逊相关系数作为衡量学习行为特征与学习有效性之间关系的指标。皮尔逊相关系数能够反映出两个变量之间的线性关系强度和方向，是相关性分析中常用的方法之一。通过计算，获得 14 个行为特征与学习有效性之间的相关系数。其次，对这些相关系数进行逐一解读。对于与学习有效性显著相关的行为特征，重点关注它们对学习有效性的具体影响。这些特征可能是提升学习者学习成绩和课程设计效果的关键因素，值得在教学实践中加以利用和强化。

一、物流工程—物流信息系统—考试成绩

由表 5-8 的数据可以观测到学习行为特征与考试成绩之间的相关性情况。具体而言，仅有 5 个行为特征与考试成绩存在显著相关，分别是互动、课堂练习以及第一次作业、第五次作业、第八次作业，这些与完成课程任务直接相关的行为特征显示出与考试成绩具有较强的相关性。这一发现验证了基于课程任务的行为特征对于分析学习有效性具有显著影响，进一步强调了完成作业在提升学习成绩方面的重要作用。然而，需要注意的是，任务完成数、作业得分、视频学习时长、学习次数以及其他几次作业的行为特征与考试成绩之间不存在显著的相关性。这一结果可能意味着这些行为特征在单独考虑时，对学习成绩的预测或解释能力有限。然而，这并不意味着这些行为本身不重要，而是可能在本次分析的情境下，它们与考试成绩的直接联系并不显著。

基于以上分析，可以发现，与考试成绩显著相关的行为特征主要集中在互动、课堂练习以及特定次数的作业完成情况上。这些发现对于指导学习者学习策略、优化教学安排以及评估学习效果具有重要的实践意义。同时，对于那些与考试成绩相关性不高的行为特征，或许需要更深入地探究其背后的原因，以及它们与其他学习成果或能力之间的潜在联系。

表5-8 物流工程《物流信息系统》学习有效性的相关性分析

行为特征	sig	相关系数	行为特征	sig	相关系数
任务完成数	0.181	0.185	作业得分	0.832	0.032
视频学习时长	0.267	0.154	互动	0.040	0.281*
学习次数	0.070	0.249	课堂练习	0.011	0.345*
第一次作业	0.003	0.391*	第二次作业	0.262	0.155
第三次作业	0.960	0.007	第四次作业	0.753	0.004
第五次作业	0.001	0.425*	第六次作业	0.191	0.181
第七次作业	0.068	0.250	第八次作业	0.015	0.328*

注：* 表示 sig<0.05，存在显著相关性。

二、物流工程—物流信息系统—课程设计成绩

由表5-9可知，与课程设计成绩存在显著相关的行为特征有7个，即任务完成数、作业得分、视频学习时长、互动、学习次数、课堂练习、第六次作业。其中，任务完成数、视频学习时长、学习次数都是和学习者学习投入程度有关的行为特征，均与课程设计成绩有较强的相关性，说明提取基于学习投入程度的行为特征具有意义。第一次作业、第二次作业、第三次作业、第四次作业、第五次作业、第七次作业、第八次作业这些行为特征与课程设计成绩不存在相关性，可判定其对学习效果的解释力不佳。表明学习者在课程学习过程中的投入程度对于课程设计成绩具有显著影响，进一步强调了提升学习投入在改善学习效果方面的重要性。学习者在学习过程中的积极参与和课堂互动对于提升课程设计能力具有积极作用。

表5-9 物流工程《物流信息系统》课程设计学习有效性的相关性分析

行为特征	sig	相关系数	行为特征	sig	相关系数
任务完成数	0.004	0.388*	作业得分	0.000	0.743*
视频学习时长	0.002	0.415*	互动	0.000	0.673*

续表

行为特征	sig	相关系数	行为特征	sig	相关系数
学习次数	0.000	0.509*	课堂练习	0.006	0.367*
第一次作业	0.109	0.220	第二次作业	0.286	0.148
第三次作业	0.562	0.081	第四次作业	0.191	0.181
第五次作业	0.538	0.086	第六次作业	0.045	0.274*
第七次作业	0.316	0.139	第八次作业	0.055	0.262

注：*表示 sig<0.05，存在显著相关性。

三、物流管理—物流信息系统—考试成绩

由表 5-10 可知，9 个行为特征与考试成绩存在显著相关，分别是作业得分、视频学习时长、互动、学习次数、课堂练习以及第一次作业、第二次作业、第五次作业、第六次作业。这一发现为我们提供了哪些学习行为对考试成绩具有直接影响的清晰线索。值得注意的是，第一次作业、第二次作业、第五次作业和第六次作业这些与完成课程任务直接相关的行为特征，与考试成绩的相关性尤为显著。这进一步证实了提取基于课程任务的行为特征在评估学习效果方面的重要性，并强调了按时完成作业对提升考试成绩的积极作用。此外，作业得分、视频学习时长、互动、学习次数和课堂练习行为涵盖了学习投入、学习方式和课堂参与等，表明它们对学习成绩的提升同样具有积极影响。任务完成数、第三次作业和第四次作业与考试成绩等行为特征与考试成绩之间不存在显著相关，这可能是由于这些行为特征在单独考虑时，对学习成绩的预测或解释能力有限，或者受到其他因素的干扰。

表 5-10 物流管理《物流信息系统》学习有效性的相关性分析

行为特征	sig	相关系数	行为特征	sig	相关系数
任务完成数	0.127	0.216	作业得分	0.003	0.414*
视频学习时长	0.011	0.352*	互动	0.019	0.327*

续表

行为特征	sig	相关系数	行为特征	sig	相关系数
学习次数	0.000	0.508*	课堂练习	0.006	0.379*
第一次作业	0.023	0.318*	第二次作业	0.006	0.380*
第三次作业	0.163	0.198	第四次作业	0.460	0.106
第五次作业	0.001	0.452*	第六次作业	0.005	0.390*

注：＊表示 sig<0.05，存在显著相关性。

四、物流管理—物流信息系统—课程设计成绩

从表5-11 中可以观察到学习行为特征与课程设计成绩之间的相关性情况。分析结果显示，共有 10 个行为特征与考试成绩存在显著相关，这些特征包括任务完成数、作业得分、视频学习时长、学习次数以及从第一次到第六次的作业完成情况。这一发现为我们揭示了哪些学习行为对课程设计成绩具有显著影响。学习者在学习过程中投入的时间和精力对课程设计成绩具有显著影响，进一步强调了学习投入努力程度在提升学习效果方面的关键作用。此外，从第一次到第六次的作业完成情况也与考试成绩存在显著相关性。这说明作业完成情况不仅与学习成绩相关，还与课程设计成绩存在紧密的联系。然而，我们也要注意到，互动和课题练习这两个行为特征与课程设计成绩之间不存在显著的相关性。这可能是由于在本次分析的情境下，这两个行为特征对课程设计成绩的直接解释能力有限。但这并不意味着这两个行为特征本身不重要，它们可能在其他学习成果或能力方面发挥着重要作用。

表 5-11　物流管理《物流信息系统》课程设计学习有效性的相关性分析

行为特征	sig	相关系数	行为特征	sig	相关系数
任务完成数	0.038	0.292*	作业得分	0.001	0.443*
视频学习时长	0.002	0.432*	互动	0.272	0.157

续表

行为特征	sig	相关系数	行为特征	sig	相关系数
学习次数	0.000	0.547*	课堂练习	0.097	0.235
第一次作业	0.026	0.312*	第二次作业	0.000	0.484*
第三次作业	0.007	0.375*	第四次作业	0.011	0.351*
第五次作业	0.000	0.584*	第六次作业	0.000	0.575*

注：＊表示 sig<0.05，存在显著相关性。

五、学习行为数据与学习有效性的相关性比较分析

表 5-12 对前述结果进行总结和对比，给出两个不同的班级分别以考试和课程设计成绩作为学习有效性评价的学习行为相关因素。分析表 5-12 可以发现如下结论。

表 5-12　学习行为特征相关性比较

学习行为	物流工程 考试相关因素	物流工程课程 设计相关因素	物流管理考试 相关因素	物流管理课程 设计相关因素
任务完成数		√		√
作业得分		√	√	√
视频学习时长		√	√	√
互动	√	√	√	√
学习次数		√	√	√
课堂练习	√	√	√	
第一次作业	√		√	√
第二次作业			√	√
第三次作业				√
第四次作业				√

续表

学习行为	物流工程 考试相关因素	物流工程课程 设计相关因素	物流管理考试 相关因素	物流管理课程 设计相关因素
第五次作业	√		√	√
第六次作业		√	√	√
第七次作业				√
第八次作业	√			√

（一）考试成绩与课程设计成绩相关因素的差异分析

考试成绩与课程设计成绩的相关因素之所以不同，主要是受到本门课程的教学策略和目标的影响。线上任务主要围绕课程设计所需的技术知识点展开，着重锻炼学习者的动手实践能力。这导致与课程设计成绩相关的行为特征更为丰富，包括任务完成数、视频学习时长等学习投入程度的因素。而考试则更侧重于书本知识的考查，因此与考试成绩相关的行为特征可能更多体现在对知识点的记忆和理解上。这种差异为授课教师做出提醒，在教学过程中，应根据不同的教学目标和考核方式来设计相应的教学策略。同时，在评估学习有效性时，也应综合考虑多种因素，以便更全面地了解学习者的学习情况。

（二）不同班级学习行为因素相关性的差异分析

物流管理专业和物流工程专业的学习行为因素相关性并不完全相同，前者相关的学习行为因素更多。这可能与两个班级的学习风气和任务完成认真程度有关。物流管理专业的学习风气较好，任务完成认真程度更高，大部分学习者能够独立完成任务，因此学习行为数据能够更加真实地反映学习效果。这种差异表明，班级文化和学习氛围对学习者的学习行为和最终学习效果具有重要影响。因此，教师在教学过程中应注重营造积极的学习氛围，鼓励学习者认真完成任务，提高学习投入水平。同时，针对不同班级的特点，可以采取不同的教学策略和激励措施，从而更好地促进学习者的学习和发展。

分析结果显示，上述提炼的能够反映学习投入的若干因素均对于学习有效性的提升具有重要影响，因此这些因素也是在线实践教学中需要重点关注的关键目标。

第四节　内隐数据的采集与处理

一、数据来源与采集

通过对学习平台数据进行初步收集与梳理，前面已经识别出一些影响在线学习者有效性的因素。然而，由于平台所收集的数据种类有限，难以全面反映在线学习者的真实学习状态。因此，本节采用问卷调研方式，进一步丰富学习者学习状态的分析视角，旨在探究学习者的内隐学习行为特征。问卷调研作为一种直接、有效的调查方法，能够帮助深入了解学习者的学习行为、态度、动机等主观因素，以及这些因素如何影响学习有效性。通过问卷，可以收集到学习者的真实反馈，获得他们在在线学习过程中的实际体验，进而更准确地评估学习者的学习状态。

问卷内容涵盖三部分。第一部分聚焦于学习者的基本信息，包括学号、性别、所学专业以及使用学习平台的时间等。这些信息有助于我们了解学习者的背景和学习环境，为后续的数据分析提供重要参考。为确保数据的准确性，问卷调查过程中还特别要求学习者提供其在学习平台上的账号信息，以便进行数据的核对和验证。第二部分着重调查学习者的成绩情况。通过收集学习者的成绩数据，能够直观了解他们的学习有效性，以便分析不同学习者之间的差异，并探索学习成绩与学习行为之间的潜在关系。第三部分关注的是学习者的学习动机和态度。设计一系列问题，旨在了解学习者对在线学习的看法、满意度以及他们的学习动力来源。这些问题将帮助深入了解学习者的内心世界，揭示他们的学习需求和期望，为学习平台的优化和改进提供宝贵建议。

根据问卷的目的和范围，为确保此次调查的完整性和准确性，同时考虑到问卷发放的便利性，采用网络问卷的形式进行发放。问卷的发放对象与前述数据采集对象相同，即包含物流管理专业与物流工程专业学生。问卷数据通过问卷星平台线上发布，组织目标群体进行填写，并关注问卷的回收情况。本次调查共回收问卷 106 份，经过筛选和审核，其中有效问卷达到 104 份，无效问卷仅有 2 份。有效问卷占比高达 98.11%，无效问卷的产生可能是由于填写不完整或存在明显逻辑错误等，已将其排除在数据分析之外。根据问卷数据，对内隐学习行为与学习有效性进行统计与相关性分析，以揭示它们之间的内在联系。

二、数据处理

在对问卷进行深入分析之前，要先分析问卷的可靠性，即对问卷进行信度分析。信度分析是一种度量综合评价体系是否稳定、是否可靠的有效分析方法，能够进一步确保问卷内容分析结果的精准性。研究选用 Cronbach's α 系数信度法来检测问卷的信度，问卷的 Cronbach's α 信度系数是 0.921，其值大于 0.9，可知问卷的可信度良好。效度是对测量工具的有效性的反映，它是指测量的结果能够准确反映评价目的和要求，即问卷设计的指标体系是否能够满足所需要测量变量。其中包括使用测量工具来明确研究的对象和所要测量特征的正确性。研究运用因子分析法中的巴特利球形检验值的大小来检测调查问卷的有效性。KMO（Kaiser-Meyer-Olkin）值是用于比较变量间的简单相关系数和偏相关系数的指标值。巴特利球形检验用于检验问卷整体，检测各变量间的相关性是否相互独立，用 sig 卡方检验的概率值来表示变量之间的显著相关性。通过检验发现，问卷的 KMO 系数为 0.678，巴特利球形检验 sig 显著性的值为 0，小于 0.05，可见各变量的相关性较好，效度较为符合要求。这些结果均表明问卷的信效度较为符合要求，能够有效地反映评价目的和要求。

第五节　在线学习意愿评价

一、学习意愿时间评价

对在线学习意愿时间进行分析发现，学习者在每周愿意投入在线学习的时间呈现特定的分布模式。具体而言，有25.24%的学习者选择每周投入1小时以内的时间进行在线学习，而38.84%的学习者则愿意投入1~2小时。值得注意的是，超过1/3（35.92%）的学习者表示愿意每周花费2小时以上的时间进行在线学习。这一数据表明，尽管有一部分学习者倾向于用较少的时间参与在线学习，但也有相当一部分学习者愿意投入更多的时间来学习。这种时间分布的多样性为在线学习平台的课程设计提供了重要的参考依据。为了吸引更多的用户并提升学习参与度，平台可以设计不同时长的课程，以满足不同学习者的需求。例如，对于时间较为紧张的学习者，可以提供一系列短而精练的课程，以便他们能够在有限的时间内快速学习新知识。而对于愿意投入更多时间的学习者，则可以设计更为深入和系统的课程，以帮助他们深入理解和掌握所学内容。

此外，我们还发现在线学习意愿花费时间与学习者成绩之间存在一定的正相关关系，如表5-13所示。这意味着，那些愿意在在线学习中投入更多时间的学习者，往往能够取得更好的学习成绩。这一发现进一步强调了合理安排学习任务时长的重要性。通过设计符合学习者学习意愿和学习习惯的课程，不仅可以提高学习者的学习有效性和满意度，还有助于提升在线学习平台的销量和用户黏性。因此，在线学习平台在课程设计时，应充分考虑学习者的在线学习意愿时间分布及其与学习成绩的相关性。通过优化课程时长、内容和结构，平台可以为学习者提供更为高效的学习体验，从而吸引更多的用户参与到学习中来。

表 5-13　不同在线学习意愿时间对应的平均成绩

	1 小时以内	1~2 小时	2 小时以上
试卷成绩	73.63 ↑	75.14 ↑	77.47 ↑
最终成绩	76.35 ↑	77.98 ↑	80.82 ↑

对在线学习意愿花费时间群体的成绩平均分进行差异性分析，深入探究不同学习时间投入对学习者成绩的影响是否显著。由表 5-14 中的数据可以看出，在置信度为 95% 的情况下，对应的 sig 值为 0.197，大于 0.05 的显著性水平。因此，可以判断在线学习意愿花费时间对于试卷成绩的影响不具有显著性。这意味着，在试卷成绩这一评估维度上，不同时间投入的学习者群体之间并没有表现出明显的成绩差异。

表 5-14　方差单变量分析（在线学习意愿时间与试卷成绩）

源	Ⅲ 型平方和	df	均方	F	sig
校正模型	238.155a	1	238.155	1.687	0.197
截距	59555.710	1	59555.710	421.825	0.000
线上时间	238.155	1	238.155	1.687	0.197
误差	14400.960	306	141.186		
总计	578238.500	312			
校正的总计	14639.115	309			

a. $R^2 = 0.016$（调整后的 $R^2 = 0.007$）

然而，表 5-15 中的数据却显示出不同的结果。在相同的置信度水平下，对应的 sig 值为 0.040，小于 0.05 的显著性水平。因此，可以得出结论，在线学习意愿花费时间对于最终成绩的影响具有显著性。这表明，在最终成绩的评估上，不同时间投入的学习者群体之间确实存在显著的成绩差异。这两个看似矛盾的结果实际上可能反映了不同评估维度下学习者成绩受学习时间投入影响的不同情况。试卷成绩可能更侧重于考查学习者对某一特定知识点或技能的掌握情况，而最终成绩可能是一个更综合的评估，包括多个方面的考核内容。因此，即使在在线学习意愿花费时间对试卷成绩的影响不具有显著性的情况下，它仍可能对最终成绩产生显著影响。

表5-15 方差单变量分析（网络学习意愿时间与最终成绩）

源	Ⅲ型平方和	df	均方	F	sig
校正模型	325.353a	1	325.353	4.319	0.040
截距	63552.577	1	63552.577	843.675	0.000
线上时间	325.353	1	325.353		0.040
误差	7683.484	306	75.328		
总计	618327.000	312			
校正的总计	8008.837	309			

a. $R^2 = 0.041$（调整后的 $R^2 = 0.0031$）

二、学习自主性评价

对在线学习主动性与学习者成绩进行相关性分析发现，试卷成绩与学习主动性呈现一定的正相关，即学习主动性越高，其对应的试卷成绩越高，如表5-16所示。

表5-16 不同在线学习主动性对应的试卷成绩

	能努力完成学习任务，并争取拓宽学习	能主动完成学习任务	基本能够完成学习任务	应付学习，不得不在限定时间内完成学习任务	有时能按时完成学习任务
试卷成绩	74.08	74.96	72.61	71.88	76.83
最终成绩	81.62↓	78.74↓	74.35↓	74.08↓	71.00↓

对在线学习者的学习自主性进行分析发现，学习者的自主性呈现多样化的特点。占比最高的类型为基本能完成学习任务（33.84%），这显示了大部分学习者具备基本的学习责任感和自律性，能够按照要求完成学习任务。其次是能主动完成学习任务（33.01%）类型，这表明有相当一部分学习者不仅满足于完成基本

任务，还具备较高的学习热情和主动性，能够主动寻找和完成更多的学习任务。占比最少的类型为有时能按时完成学习任务（2.91%），这表明仍有少数学习者在学习自主性方面存在一定的不足，可能缺乏足够的学习动力或自律性。此外，虽然大部分学习者能够以较为积极的态度参与到在线学习中，但积极主动并拓展学习类型的占比并不高，这反映出在提升学习者学习深度和广度方面仍有潜力空间。

对于在线学习平台而言，如何有效调动学习者的积极性与参与度是一个值得深入思考的问题。平台可以通过优化课程设计、增加互动环节、提供个性化学习建议等方式来激发学习者的学习兴趣和动力。同时，建立有效的激励机制，如设置学习勋章、积分奖励等，也可以促进学习者更加积极地参与到在线学习中来。

此外，研究还发现学习主动性与学习者成绩之间存在一定的正相关，这进一步强调了提升学习者学习自主性的重要性。通过激发学习者的内在动力，引导他们更加主动地投入到学习中，不仅可以提高学习效果，还有助于培养学习者的终身学习能力。

对不同学习主动性群体的平均分进行差异性分析，可以揭示学习自主性对学习者试卷成绩的影响是否显著。如表 5-17 所示，在置信度为 95% 的情况下，对应的 sig 值为 0.001，小于 0.05 的显著性水平。因此，学习自主性对于试卷成绩的影响具有显著性。这一发现表明，学习者在在线学习过程中的学习主动性与其试卷成绩之间存在显著的关联。那些能够积极主动完成学习任务，甚至能拓展学习范围的学习者，往往能够取得更好的试卷成绩。相反，学习主动性较低的学习者可能在成绩上表现不如前者。

表 5-17　方差的单变量分析（学习主动性与试卷成绩）因变量：课程设计成绩

源	Ⅲ 型平方和	df	均方	F	sig
校正模型	775.934a	1	775.934	10.942	0.001
截距	87664.771	1	87664.771	1236.268	0.000
学习主动性	775.934	1	775.934		0.001

续表

源	Ⅲ型平方和	df	均方	F	sig
误差	7232.902	306	70.911		
总计	618327.000	312			
校正的总计	8008.837	309			

a. $R^2 = 0.097$（调整后的 $R^2 = 0.088$）

这一结果对于在线学习平台具有重要的指导意义。平台应该通过设计富有吸引力的课程、提供个性化的学习路径、建立有效的激励机制等方式来激发和提升学习者的学习主动性。同时，教师和学习导师也可以在学习过程中给予积极的反馈和指导，帮助学习者提高学习自主性，从而进一步提升学习有效性。学习自主性对学习者试卷成绩的影响具有显著性，这提醒我们在在线教育中应更加注重培养学习者的自主学习能力和习惯，以促进他们的全面发展。

对学习者在线学习意愿时长与系统采集的在线学习平台真实学习时长进行相关性分析发现，两者呈现一定的正相关。这意味着学习者的在线学习意愿时长与其在在线学习平台上的实际学习时长之间存在某种程度的联系。

具体而言，当学习者表示愿意投入更多的时间在在线学习时，他们在在线学习平台上的实际学习时长往往也较长。反之，在线学习意愿时长较短的学习者，其实际学习时长也可能相对较短。这一发现表明，学习者的学习意愿与其实际行动之间存在一定的一致性。他们的学习意愿和计划往往能够转化为实际的学习行为。因此，了解和分析学习者的在线学习意愿时长，对于预测和评估他们在在线学习平台上的学习表现具有重要意义。平台可以通过了解学习者的在线学习意愿时长，来预测和规划其课程内容和学习资源的安排。同时，平台还可以设计相应的激励机制和策略，以激发学习者的学习意愿和积极性，提高他们在平台上的学习时长和学习效果。

然而，也需要注意到，在线学习意愿时长与实际学习时长之间的正相关并不是绝对的（见表5-18）。在实际操作中，还需要考虑到其他因素的影响，如学习者的学习风格、课程内容的吸引力、平台的用户体验等。因此，在线学习平台在优化学习体验和提升学习效果时，需要综合考虑多个因素，以制定更为全面和有效的策略。

表 5-18　不同网络学习时间对应的真实学习时间

	1 小时以内	1~2 小时	2 小时以上
真实时长（小时）	533.40↑	624.70↑	691.16↑

对不同学习主动性群体的平均分进行差异性分析，从而判断各平均值的差异性是否显著。如表 5-19 所示，在置信度为 95% 的情况下，对应的 sig 的值为 0.062，说明显著性为 0.062>0.05，因此，在线意愿学习时间对于在线真实学习时间的影响不具有显著性。这一结果意味着，学习者的在线学习意愿时长与他们实际在在线学习平台上花费的学习时间之间并没有显著的关联。换言之，即使学习者表达了强烈的在线学习意愿，但并不一定能转化为实际的、长时间的在线学习行为。这可能受到多种因素的影响，如学习者的时间管理能力、学习环境、课程内容的质量与吸引力，以及学习者的学习风格与习惯等。对于在线学习平台而言，仅仅激发学习者的学习意愿可能并不足以确保他们投入足够的时间进行在线学习。平台需要更深入地了解影响学习者实际学习时间的因素，并据此制定更有效的策略来优化学习者的在线学习体验，如提供更个性化的学习路径、优化课程内容的结构与呈现方式、建立学习社区以增加学习者之间的互动与激励等。

表 5-19　方差的单变量分析（网络意愿时长与实际花费时长）因变量：视频观看时长

源	Ⅲ 型平方和	df	均方	F	sig
校正模型	380599.881a	1	380599.881	3.574	0.062
截距	2623720.692	1	2623720.692	24.637	0.000
在线学习投入时间意愿	380599.881	1	380599.881	3.574	0.062

续表

源	Ⅲ型平方和	df	均方	F	sig
误差	10862669.516	306	106496.760		
总计	52018533.090	312			
校正的总计	11243269.398	309			

a. $R^2 = 0.034$（调整后的 $R^2 = 0.024$）

在线学习时间意愿以及自我学习的主动性与试卷成绩在置信度为95%的情况下，呈现一定的正相关，这意味着学习者的在线学习意愿越强，其自我学习主动性也可能越高，而这两个方面的高水平通常能够带来较好的试卷成绩。这种正相关关系揭示了学习态度和努力程度对于学业表现的重要影响。

具体来说，在线学习时间意愿反映了学习者对于在线学习的投入意愿，它可能包括学习者对于学习内容的兴趣、对于学习目标的设定以及对于学习时间的规划等方面。当学习者有更强的在线学习时间意愿时，他们更可能主动安排时间进行在线学习，从而增加学习机会和深度。自我学习的主动性则体现了学习者在学习过程中的自觉性和积极性。主动学习的学习者会积极寻求学习资源、主动解决问题、参与讨论和反思，这些行为有助于提升学习效果。试卷成绩作为衡量学习者在一定时间段内学习成果的重要指标，通常反映了学习者对于知识的掌握程度和应用能力。因此，在线学习时间意愿和自我学习主动性的提升，有助于学习者更好地掌握知识，从而在试卷上取得更好的成绩。

然而，对于最终成绩，暂未发现与其呈现相关性的指标。这可能是因为最终成绩的形成涉及更多复杂的因素，如学习者长期的学习习惯、学习策略、课程内容的难易程度、考试形式等。这些因素可能对学习者的最终成绩产生更为显著的影响，而单一的学习意愿或主动性可能不足以全面解释最终成绩的差异。

第六节　在线学习过程评价

一、学习过程评价

对学习者在在线学习过程的分析统计结果如图5-6所示，这为深入理解在线学习的特点和优势提供了数据支撑。与传统面授学习相比，大部分学习者对在线学习持认可态度，认为在线学习形式较为自由，且目前已经形成了丰富的学习资源。这一发现揭示了在线学习在现代教育中的重要地位，以及学习者对在线学习模式的积极接受度。当前在线学习平台的多样化和丰富化，已经能满足大部分学习者的学习需求。这表明在线学习平台在资源建设和服务提供方面已经取得了显著的进步，能够为学习者提供多样化的学习选择和个性化的学习体验。

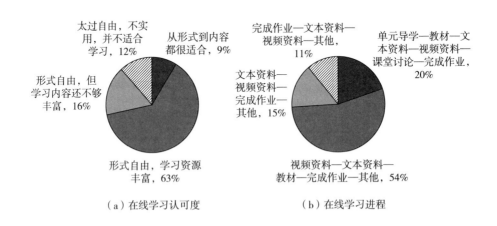

（a）在线学习认可度　　　　　　　（b）在线学习进程

图5-6　在线学习过程的分析统计结果

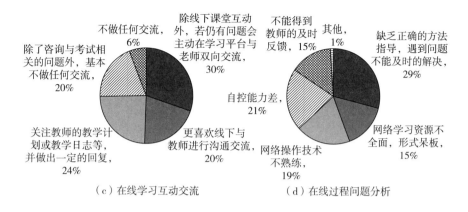

（c）在线学习互动交流　　　　（d）在线过程问题分析

图5-6　在线学习过程的分析统计结果（续）

同时，对在线学习进程的分析发现，半数以上学习者的学习进程遵循"视频资料—文本资料—教材—完成作业—其他"这一路径。这一主流学习进程的选择反映了学习者在学习过程中的偏好和习惯，也为我们优化在线教学资源设计提供了重要的参考依据。因此，教师在设计在线教学资源时，应更多地关注视频资源建设，以满足学习者对视频资料的高需求。同时，引入多样化教学材料丰富学习内容，如文本资料、教材等，以提供更为全面和深入的学习支持。此外，还可以根据学习者的学习进程和习惯，合理安排学习内容的顺序和呈现方式，以调动学习者的学习兴趣和积极性。

二、学习交互评价

对学习者与教师互动情况的调查分析，有助于揭示在线学习中师生互动的复杂性和多样性。大部分学习者倾向于与教师围绕课程相关问题进行交流互动，这体现了他们对学习内容的关注和对知识获取的渴望。然而，也存在相当比例的学习者不愿与教师进行互动，这可能是由于他们的性格特点、学习风格或是对在线交流方式的适应性问题。此外，还有部分学习者认为线下交流效果更好，这提示我们在推进在线教育的同时，也要注重线上线下相结合的教学模式，以满足不同学习者的需求。这一调查结果对教师在线授课过程提出了更高要求。教师应采取多种方式关注学习者的学习状态，包括定期在线提问、设置讨论区等，以激发学习者的参与热情。同时，教师还应及时回复学习者信息，以体现对学习者需求的尊重和关注。在互动形式上，教师可以尝试多样化的方式，如在线讨论、小组协作、实时答疑等，从而加强过程指导，提升学习效果。

在对在线学习过程中学习者遇到的问题进行分析时发现，选择较为分散，这表明不同的学习者面临不同的学习问题。但主要问题依次集中在缺乏正确指导、自控能力差、网络操作技术不熟练以及网络学习资源不全面等方面。这些问题为教师在授课过程中指明了未来改进的方向。首先，教师应及时关注学习者的学习进度，对出现问题较多的节段进行补充讲解和重点指导。这有助于解决学习者在学习过程中遇到的困惑和难题，提升他们的学习信心和效果。其次，引入平台工具加强监管力度也是一个有效的策略。通过利用在线学习平台的功能，教师可以更好地监控学习者的学习情况，及时发现并纠正他们在学习过程中的不良习惯或问题。此外，教师还应注意网络操作指导与学习资源的丰富性扩充。对于网络操作技术不熟练的学习者，教师可以提供详细的操作指南或视频教程，帮助他们快速掌握在线学习的基本技能。同时，不断丰富和完善网络学习资源也是提升在线教育质量的关键。教师可以通过整合优质教学资源、引入最新研究成果等方式，为学习者提供更为全面和深入的学习内容。

第七节　在线学习有效性评价

一、在线学习效果评价

对学习者学习效果的分析如图5-7所示，结果表明，超过一半的学习者认为线上学习的效果尚可，这是一个积极的信号，表明在线学习平台在提供学习资源和支持学习者学习方面已经取得了一定的成效。同时，有超过 1/4 的学习者认为在线学习的效果很好，这进一步证明了在线学习在提升学习效果方面的潜力。然而，也需要注意到，仍有大约 1/6 的学习者认为在线学习的效果一般或者几乎没什么效果。这提醒我们，在线学习平台在提供学习资源和服务时，仍需进一步优化和完善，以满足更多学习者的需求。

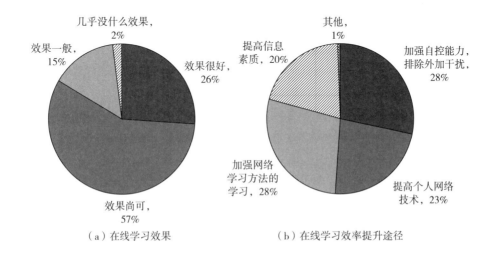

（a）在线学习效果　　　　　　（b）在线学习效率提升途径

图 5-7　在线学习学习者的学习效果分析

随着在线学习平台的普及，学习者对在线学习的认可度越来越高。这种认可度的提升不仅是因为在线学习平台的便捷性和灵活性，更是因为优质的教学资源和灵活的学习模式为学习者提供了更好的学习体验和学习效果。在线学习平台通过整合各类教学资源，为学习者提供了丰富的学习内容和学习路径，使得学习者可以根据自己的需求和兴趣进行个性化学习。这种灵活性不仅方便了学习者的学习安排，也提高了学习者的学习效率和积极性。

二、学习效率评价

在探讨提升在线学习效率的途径时，研究发现提高自控能力以及加强在线学习方法为多数学习者所选择的途径。这两个方面相辅相成，共同构成了提升学习效率的关键因素。

首先，自控力对于在线学习至关重要。由于在线学习环境具有灵活性和自主性的特点，学习者需要具备较强的自控力来抵制各种诱惑和干扰，保持专注和高效的学习状态。因此，提升自控力是提升在线学习效率的有效途径之一。学习者可以通过制订合理的学习计划、设定明确的学习目标、培养良好的学习习惯等方式来提升自己的自控力。

其次，加强在线学习方法也是提升学习效率的重要途径。在线学习需要学习者掌握一定的学习技巧和策略，以便更加高效地获取知识和信息。例如，学习者可以学习如何有效使用搜索引擎、如何筛选和整理网络资源、如何进行有效的在线讨论和交流等。这些在线学习方法的掌握和应用，能够帮助学习者更加高效地完成学习任务，提升学习效果。

最后，提高个人网络技术以及提高信息素质也是提升在线学习效率的重要途径。随着信息技术的不断发展，网络学习环境也在不断更新和变化。因此，学习者需要具备一定的网络操作能力和信息素养，以便更好地适应和利用网络学习环境。这包括熟练掌握基本的计算机操作和网络技能，了解网络学习平台的使用方法和规则，以及具备评价和筛选网络信息的能力等。

在后继教学过程中，教师也需要重点关注这些能力的培养。教师可以通过设计针对性的教学活动和任务，引导学习者提升自控力、掌握在线学习方法、提高网络操作能力和信息素养。同时，在线学习平台也应不断优化和完善其功能和服务，为学习者提供更加便捷、高效的网络学习环境。

第六章

在线学习行为有效性提升路径

基于在线学习实践的现实需求以及学习活动的时间序列，将在线学习过程划分为学习准备阶段、自主学习阶段、巩固内化阶段和应用迁移阶段，共计四个阶段。对每个阶段设计具体的学习者在线学习行为有效性提升路径，框架如图6-1所示。

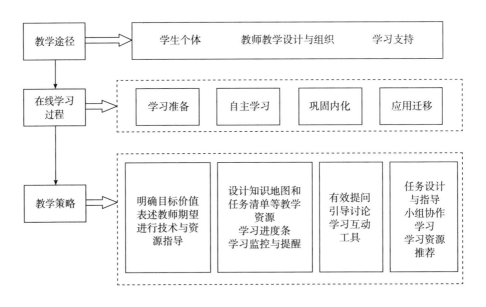

图6-1 学习过程设计策略框架

第一节 学习准备阶段的提升路径

学习准备阶段的主要活动包括梳理课程知识结构、明晰学习目标、明确任务价值、制订学习计划。这一阶段的主要目的在于激发在线学习者的学习动机，促使学习者制订学习计划和开展学习准备活动。学习者通过学习系统，开展学习过程中涉及的学习资源、技术工具、学习平台的操作与使用方法，熟练掌握在线学习工具，减少技术障碍，树立参与信心。具体而言，准备阶段的提升路径包括明确目标价值、表述教师期望、进行技术与资源指导等。

一、明确目标价值

学习目标不仅标志着学习的起始点，也是衡量学习有效性的关键标准。因此，在设定学习目标时，既要简明扼要、直观明了，立足学习者现有的知识水平与知识结构，又要蕴含一定的挑战性和高阶性，从而激发学习者的学习热情和学习动力。在课程开始时，教师需要用简洁清晰的语言阐明目标宗旨，帮助学习者理解本门课程的历史渊源、现实需求、知识框架和实用技能，以及各部分知识间的内在联系和它们在专业或日常生活中的实际应用，使学习目标与学习者的个人价值追求相契合。学习目标的达成离不开学习者自身的知识储备和学习经验。因此，明确告知学习者所期望达到的目标与任务至关重要，使其能够迅速而准确地自我评估，调动并利用已有的知识和经验。科学而合理的学习目标设定，不仅能够引导学习者有效地学习，也能增强他们的学习信心，为后续的深入学习奠定基础。

（一）学习者需要全面把握课程的整体架构和内容

通过了解课程的整体结构和学习目标，学习者可以对将要学习的内容有一个清晰的认识，从而为自己设定明确的学习目标。

（二）学习者需将课程的学习目标转化为个人的学习目标

这意味着学习者需要思考，自己希望从这门课程中获取哪些知识、技术或能力；同时，思考这些目标对自己的学习和未来发展有何深远意义。通过设定个人化的学习目标，学习者才能够更加精准地聚焦学习重点，从而达成学习目标。

（三）学习者需要做好时间管理和进度安排

在线学习过程需要学习者有效评估个人可用时间，合理规划在线学习进度，才能确保在规定的时间内，按时完成学习任务并达成目标。具体而言，可以通过制订详细的学习计划、设定阶段性学习目标等方式实现，从而确保在线学习的高效推进。

（四）学习过程中要注重自我评估和反思

学习者需要定期检查个人的学习进度和学习成效，评估自己是否达到设定的学习目标。同时，也要对自己的学习方法和过程进行反思，思考如何进一步优化学习策略，以实现目标价值的最大化。通过持续的自我评估和反思，学习者能够不断调整自己的学习路径，提升在线学习的效果和价值。

综上，明确目标价值是在线学习平台学习中不可或缺的一步。通过深入了解课程、设定个人化目标、合理安排时间和进度以及注重自我评估和反思，学习者能够更好地实现目标价值，从而充分发挥在线学习的潜力和优势。

二、表述教师期望

教师期望，即教师在深入了解学习者学习状态后，对学习成效的一种预期与认知，这种期望对学习者的行为与表现具有潜在的、不可忽视的推动作用。在线学习中，师生间的有效沟通显得尤为重要，它不仅是教师信任与陪伴的体现，更是为学习者提供情感支撑、激发学习投入的重要手段。然而，相较于传统课堂，在线学习过程中，教师难以通过手势和表情等进行直观的互动，因此需要寻找其他积极的互动方式来替代。例如，教师可以通过在线学习平台实时关注学习者的学习进度，对于进展较慢的学习者，定期提醒学习任务，帮助他们保持学习节奏；对于学习状态不同的学习者，则采取个性化的帮扶与指导。同时，对学习者的问题和发言给予及时回应，提高反馈的时效性，以持续关注的方式为学习者提供过程性指导。在学习准备阶段，教师期望的明确表述不仅有助于学习者更清晰地理解教师的意图与要求，同时也为他们的学习过程提供了明确的指引和方向。

（一）全面阐述对学习者的期望

具体包括学习目标、学习态度、参与程度以及作业完成度等各个层面。通过明确的期望设定，学习者可以清晰地知道他们应该如何进行学习，并了解所需达到的标准。

（二）定期向学习者提醒学习目标和进度

通过时刻提醒，确保学习者在学习过程中始终保持正确的方向和充足的动力。这包括在课程开始之初就明确告知学习目标，并在学习过程中不断提醒学习进度，以及在课程结束时进行总结，让学习者可以实时追踪学习进展和学习成果。

（三）提醒学习者关注学习方法和技巧运用

在线学习平台需要学习者具备一定的自主学习能力和技巧，教师可以提醒学习者注意学习方法和技巧。例如，通过指导学习者如何合理安排学习时间、如何有效记录笔记、如何积极参与在线讨论等，帮助学习者更好地适应在线学习环境。

（四）关注学习者的学习状态和情绪

在线学习平台可能带来网络问题、学习压力等挑战，这些均可能影响学习者的学习状态。因此，教师应时刻关注学习者的情绪变化，及时给予关心和支持，帮助他们克服困难，保持积极的学习态度。

（五）提醒学习者遵守学习纪律和规定

在线学习平台需要学习者具备一定的自律性和自觉性。教师需要提醒学习者遵守学习纪律和规定，包括按时完成作业、不抄袭、不作弊等基本原则，以维护良好的学习秩序和氛围。

三、进行技术与资源指导

在线学习过程中，学习者需要熟练掌握技术平台、学习工具和线上资源，并精准理解应用相关功能模块，这是保障学习活动顺利进行的关键。因此，教师在开展在线学习活动前，应详尽地介绍在线学习环境，确保学习者了解如何通过技术工具接入在线学习平台、查看学习资源和进度、反馈与沟通学习问题。同时，要明确各项学习活动的具体要求与完成细节，使学习者对必须完成的学习任务、截止时间、学习过程与考核方式、学习路径与方法以及线上线下学习活动的衔接等有清晰的认识。在线学习平台的技术与资源指导对学习者至关重要，能够助力学习者高效利用平台工具和功能，优化学习过程，提升学习效果。

（一）提供清晰详尽的技术指导

为方便用户使用，平台需要提供技术指导手册，内容涵盖平台登录、界面布局和功能按钮的基本操作，使学习者能够迅速上手，避免技术障碍影响学习进程。同时，平台应定期更新技术指导，以适应技术更新和版本升级，确保学习者始终享受最佳体验。

（二）汇聚丰富的学习资源

在线学习平台应涵盖包括课程视频、学习资料和在线题库等丰富的学习资源，以满足学习者不同学习阶段的需求。平台应定期更新资源，确保内容的时效性和实用性，同时提供特色资源，满足不同学习者的兴趣和需求。

（三）提供资源使用的具体指导

在线平台功能较为强大，为保障学习者使用的方便性，应提供详细的资源配套说明。包括课程视频的定位方法、字幕和倍速播放功能的使用技巧，以及在线题库的练习计划制订和错题集利用等，帮助学习者高效利用平台资源。

（四）提供实用的学习工具和插件

为丰富学习者的学习体验，提高学习效率，平台可提供在线笔记工具和单词背诵插件等，方便学习者在学习过程中实时记录笔记、整理知识点和思路，同时通过分享促进学习交流与合作。此外，单词背诵插件对于语言学习者也较为重要，融合了记忆、测试和进度跟踪功能，能够帮助学习者系统地学习和复习单词。时间管理插件可以帮助学习者制订学习计划并追踪学习时间，确保学习任务的合理分配和高效完成。

（五）提供技术支持和客户服务

技术支持与客户服务有助于确保学习者获得良好的学习体验。好的在线学习平台除提供丰富的学习资源和先进的学习技术外，还应该配备专业高效的技术团队。他们负责监控平台的运行状况，负责解答学习者在使用过程中遇到的问题，确保学习顺利进行。这不仅能提升学习者的满意度和信任度，也有助于平台的持续发展。

第二节　自主学习阶段的提升路径

在线学习过程中，学习者以教师和平台资源为指引，自主进行课程理论知识和相关概念的学习，涵盖观看教学视频、浏览配套学习资源以及完成章节知识测试等多个环节。同时，学习者还需基于所学内容进行巩固、反思与质疑，从而初步完成概念的构建与知识的内化。在这一过程中，学习者掌握了学习的主导权。然而，数据分析发现，相当大比例的学习者在在线学习中缺乏足够的自主性和主动性。针对这一问题，教师需要更加关注自主学习过程的实施指导，并适时进行干预。此外，还可以根据学习需求，探索教学平台的监督与提醒功能，进一步促进学习者的自主学习。

一、设计教学资源

在自主学习过程中，教师借助知识地图这一直观展示工具，为学习者呈现课程的知识脉络和章节关系。知识地图的设计旨在满足学习者对确定性、标准化学习内容的认知需求，帮助他们全面、系统地掌握本门课程的知识结构。

（一）知识地图采用可视化呈现方式

通过图表、思维导图、概念图等工具，清晰地展示知识点之间的层级、关联和逻辑关系。视觉元素的运用，如颜色、大小、形状等，进一步强调重要知识点，帮助学习者快速识别和理解关键内容。

（二）知识地图具备交互和导航功能

方便学习者进行自主学习和探索。通过节点链接和搜索功能的设置，使学习者实现轻松跳转到感兴趣的知识点或章节。同时，设置学习路径推荐和学习进度跟踪等功能，帮助学习者制订个性化的学习计划，并实时监控学习进度，确保学习的高效性和针对性。

（三）确保知识地图的准确性和时效性

在线学习平台在运行过程中，需要建立定期更新和维护机制。通过对知识地图进行定期检查和评估，及时修正错误或过时的内容，确保学习者获取的信息始终是最新、最准确的资源。

（四）以学习任务清单作为辅助工具

依托学习任务单，为学习者提供清晰的学习目标和任务。帮助学习者明确学什么、用什么、怎么学以及学习效果如何，从而更好地进行自我学习监控和调整。通过结合知识地图和学习任务清单，学习者能够更加系统、有序地进行自主学习，提高学习效果和满意度。

二、学习进度条

学习进度条不仅是展示学习进度的工具，也是学习者与平台之间互动和反馈的桥梁。平台可以设计一些互动功能，如进度分享、进度挑战等，让学习者之间互相激励和交流。同时，还可以设置反馈渠道，让学习者能够对进度条的设计和使用体验提出意见和建议，以便不断改进和优化。学习进度条在在线学习平台中发挥着重要角色，它通过可视化方式直观地展示学习者的学习进度，为后续深入分析提供了有力支持。鉴于不同在线学习平台和学习系统的特性，学习进度条的显示形式和内容可能有所不同。然而，不可否认的是，学习进度条已成为在线学习平台中的一项关键技术工具。通过实时展现学习者的个人学习进度和状态，帮助他们在自我监控过程中更加有效地管理学习。此外，通过进度条的量化展示，学习者可以与其他学习者进行进度对比，从而激发竞争意识和学习动力，促使他们更快地达成学习目标。

（一）明确进度条的功能与定位

进度条不仅需要展示已完成的章节、任务和习题，还需要实时更新，确保学习者随时掌握自己的学习状态。同时，进度条还应具备引导性，能够激励学习者保持学习动力，规划高效的学习路径。

（二）进度条设计应注重简洁直观

简洁的进度条应避免过多装饰和冗余元素，只保留已完成比例、剩余时间等，减少视觉干扰，防止被复杂的界面设计分散注意力。直观性要求能够让学习者一目了然地了解学习进度，可以采用百分比、颜色区块等方式展示。设计时还要注意避免使用复杂或易混淆的设计元素，确保学习者能够轻松使用。

（三）提供个性化的设置选项

学习者可以根据自己的习惯调整进度条的显示方式和更新频率。例如，可以选择是否显示已完成的任务列表，以便回顾过去的学习成果；或者选择是否开启进度提醒功能，以便在达到某个学习阶段时收到通知。

（四）与课程内容和目标紧密结合

根据课程的章节、知识点和任务设计进度条，确保学习者按照课程逻辑和进度进行学习。此外，设置阶段性目标，帮助学习者明确学习方向，激发学习动力。当学习者看到个人进度条不断向前推进时，更具成就感。

（五）优化进度条设计

通过分析学习进度条数据，了解学习者的学习习惯和效果，进而优化进度条的设计。例如，根据学习者的反馈和行为数据，调整更新频率和显示方式，使其更符合学习者的实际需求。此外，通过对比不同学习者的进度数据，发现学习难点和瓶颈，为课程优化和推荐提供依据。这种持续优化的设计过程可以确保进度条始终保持与学习者需求的一致性，为学习者提供更好的支持。

（六）作为互动和反馈的桥梁

通过设计互动功能，如进度分享、挑战等，促进学习者之间的交流与激励。当学习者将自己的学习进度分享到社交媒体或学习社区时，通过获得他人的鼓励和支持，从而增强学习动力。同时，设置反馈渠道收集学习者对进度条的建议和意见，帮助开发者不断改进和优化用户体验。

三、学习监控与提醒

在线学习模式因其灵活性和资源多样性而备受欢迎，但学习资源的可选择性同时也可能导致学习者迷失方向或受到干扰。对于众多在线学习者而言，特别是在学习初期，教师的指导和反馈尤为关键，它们能够引导学习者逐步完成每个阶段的学习任务，达到预定的学习目标。随着时间的推移，学习者需要逐渐培养起自主的学习习惯和监控能力，实现从依赖外部监督到自我管理的转变。为实现这一目标，教师可以根据学习者的在线学习表现和学习进度，利用电子邮件、微信、QQ等社交工具，或在线学习平台自带的监督功能，定期向那些学习进度较慢的学习者发送提醒信息。这些提醒旨在鼓励学习者按时完成课程学习、作业提交以及同学间的互评等关键环节，确保学习过程的连贯性和有效性。在线学习平台的技术支持为此提供了可能，通过实施一系列干预措施，学习监控和提醒可以贯穿整个学习过程，从学习任务的开始到结束，确保学习者始终保持正常进度。这样，不仅能提升学习者的学习效果，还能帮助他们建立起良好的学习习惯，为未来的自主学习奠定坚实的基础。

（一）实时追踪学习者的学习行为和进度

平台通过详细记录登录时间、视频观看时长、作业完成情况等数据，构建了一个完整的学习轨迹图。这不仅能够深入洞察学习者的学习习惯和偏好，还为后续的个性化教学推荐和课程优化提供了有力支撑。为更有效地进行学习监控，平台应积极采用先进的大数据分析和人工智能技术，深入挖掘学习者的学习数据，从而精准发现他们在学习过程中的瓶颈和挑战，并提供针对性的辅导和帮助。

（二）设置提醒功能以督促学习进展

当学习者出现学习进度滞后或成绩下降等情况时，平台通过设置智能提醒规则迅速发送提醒信息，帮助他们及时调整学习状态，保持学习热情和动力。在提醒方式上，可以提供多种选择，如短信、电子邮件和 App 推送等，以满足不同学习者的个性化需求。同时，根据学习者的反馈和行为习惯，灵活调整提醒的频率和方式，确保提醒信息的及时性和准确性。

（三）将学习监控与课程内容紧密结合

通过在视频播放中巧妙地融入知识点测试，根据学习者的答题情况及时给予反馈和提醒；在作业提交后，根据学习者的成绩和错题情况，智能推送相关的复习资料和练习题。这些举措不仅增强了学习的互动性和趣味性，还有助于学习者更深入地理解和掌握知识。

在线学习平台的学习监控与提醒功能在个性化教学和提升学习效果方面发挥着举足轻重的作用。通过精心设计和实施这些功能，平台能够更好地满足学习者的需求，提升他们的学习体验感和满意度。同时，这也将有助于平台赢得更多用户的信任和支持。

第三节　巩固内化阶段的提升路径

　　在线学习为学习者带来了学习时间的全新规划与再构。学习者可以灵活自主地选择课前观看视频或研读推荐材料，这种自主安排不仅提升了学习效率，还释放了更多时间用于深化对基本概念和知识的理解。通过这些学习资源的运用，学习者能够更轻松地实现不同章节知识之间的关联，构建出更为完整的知识体系。同时，在线学习平台还鼓励学习者通过参与学习讨论、人机互动以及小组协作等方式，实现对课程知识的全面建构、知识迁移与实践应用，从而搭建起一个系统的知识框架。在这个过程中，教师的角色同样重要。他们运用有效的策略，激发学习者的积极性，使学习者能够更主动地参与到学习中来。通过营造积极的对话氛围，教师引导学习者进行深入思考和探究，帮助他们实现原有知识到新学知识的迁移与提升。这种在线学习模式不仅让学习变得更加高效和有趣，还有助于培养学习者的自主学习能力和终身学习习惯。

一、有效提问

　　有效提问是提升学习者学习效果和深化理解的关键环节，不仅可以帮助学习者回顾和巩固已学知识，还能激发他们的思维活性，促进知识的内化和应用。在课堂教学中，教师经常运用提问这一互动方式，这种有效的提问方式对于达成课程目标、完善教学过程、激发学习者的兴趣与关注度，以及促进学习者的主动思考与认知具有显著作用。同样，在在线学习过程中，学习者浏览学习资源，进行在线学习时，也需要定期设置题目进行提问。这些设计的问题需要简洁明了、完整清晰，并与课程内容紧密相连，以此引导学习者关注自己的学习成果。有效的提问不仅能够激发学习者的参与热情，培养问题意识，还能够帮助他们明确自己的学习成效。在问题的设置与分布上，应体现层次性和系统性。章节问题设计应具备情境性和综合性，引导学习者全面理解和应用知识；而小节问题则应具备启发性，能够激发学习者的思考，促进他们对知识的深入探索。

（一）确立明确的提问目标

在知识的巩固与内化阶段，提问的首要任务应聚焦于帮助学习者夯实知识点、深化概念理解、熟练掌握解题方法，并锻炼其思维能力。因此，教师需紧密结合课程内容及学习者的实际情况，量身打造一系列针对性强的问题。这些问题应紧密围绕课程核心，激发学习者的深度思考，并引导其将所学知识灵活应用于实际问题解决中。

（二）灵活运用多种提问形式

有效的提问需避免单调乏味，采用丰富多彩的形式来激发学习者的兴趣。通过选择题、填空题、简答题、论述题等多样化题型，让学习者在回答过程中保持新鲜感与积极性。同时，结合课程特色与实际场景，设计富有挑战性和启发性的问题。

（三）鼓励学习者主动发问

在巩固内化阶段，引导学习者自主提问同样重要。通过积极鼓励学习者在学习过程中大胆质疑、主动提问，激励其尝试独立解决问题。这不仅能够培养学习者的问题意识，还能提升其自主学习和解决问题的能力。

（四）及时提供反馈与解答

对于学习者提出的问题，教师应及时给予明确反馈和详细解答。这不仅有助于消除学习者的疑虑，还能增强其学习信心。在反馈过程中，教师还可以针对学习者的回答给予具体点评和指导，帮助学习者深化对知识点的理解和应用。

（五）结合案例提升应用能力

案例分析是巩固内化阶段的有效教学手段，教师通过结合课程内容和真实案例，设计贴近生活的实际问题，引导学习者进行深入分析和讨论。通过案例分析，学习者能够更直观地理解知识点的实际应用价值，提高解决现实问题的能力。

（六）构建互动平台促进合作交流

在线学习平台应通过构建完善的互动机制，如设立在线讨论区、推动小组协作等，为学习者之间的交流与合作提供便利。在提问环节，鼓励学习者在互动平台上分享自己的疑问和见解，与其他学习者共同探讨和交流。通过拓宽学习者的思维视野，提升其沟通能力和团队协作精神。

二、引导讨论

与传统教师引导的教学方式相比，讨论更侧重于以学习者为核心，实施以学习者为主体的积极学习模式，凸显学习者主动参与的特性。然而，为避免讨论陷入形式主义、偏离主题或表面化等困境，教师在整个过程中需采取适时的干预措施，对讨论进程和结果进行导向性调控。具体而言，教师应精心策划讨论主题，有效引导讨论过程，并精准把控讨论方向，确保讨论与学习目标和任务紧密相连。通过激发学习者的参与兴趣，提高其参与度，进而实现预期的学习效果。巩固内化阶段的引导讨论不可或缺，不仅能够推动学习者对知识的深层次理解，还能提升他们的问题解决能力，并培养批判性思维。因此，教师应充分利用这一教学策略，为学习者创造一个积极、高效的讨论环境，促进他们的全面发展。

（一）确立清晰的讨论目标与议题框架

为确保讨论的高效与深入，教育者需为学习者明确设定讨论的目标与议题。这些目标与议题应紧密贴合课程内容，引导学习者深入探讨知识的核心要素与实际运用。同时，议题的选择应具备足够的开放性与争议性，从而有效激发学习者的兴趣与参与意愿。

（二）营造积极的讨论氛围与互动空间

在线学习平台应营造积极向上的讨论氛围与互动空间，让学习者能够畅所欲言、自由交流。可以通过设计友好的界面、提供便捷的沟通工具、鼓励学习者积极参与等方式实现。此外，教师应及时回应学习者的发言，给予正面的反馈与建设性的指导，以保持讨论的活力与深度。

（三）激发学习者的深度思考与清晰表达

在讨论过程中，教师应引导学习者进行深入思考，并鼓励他们清晰表达自己的观点。通过巧妙提问、引导讨论方向、提供相关资料等手段，可以有效激发学习者的思考潜能与表达欲望。同时，教师还应关注学习者的表达方式与逻辑清晰度，协助他们提升表达技巧与思维水平。

（四）加强学习者间的交流与合作互动

在线学习平台可以利用技术手段促进学习者之间的交流与合作。例如，设立在线讨论区、组建学习小组、开展协作任务等，让学习者在共同探讨中相互学习、共同进步。这种交流与合作不仅可以拓宽学习者的视野与思路，还能够培养他们的团队协作能力与沟通技巧。

（五）及时总结提炼讨论成果

讨论结束后，教师应对讨论成果进行及时总结与提炼，帮助学习者梳理讨论中的核心观点与思路。同时，展示和分享讨论中的精彩发言与观点，让学习者感受到讨论的价值与意义。通过这种方式，可以进一步巩固学习者的学习效果，提升他们对知识的理解与应用能力。

三、学习互动工具

在线学习平台的互动环节是提升学习者参与度、增强学习效果的关键环节。通过提问、讨论等手段，有效激发学习者的互动参与热情与积极性，这不仅是在线教学的核心目标，更是在线学习成果的直接展现与反馈。学习互动工具为学习者指明方向。在线学习强调以学习者为中心的教学活动，多维度地激发他们的参与热忱与深入思考，确保学习者在参与线上活动时，能够保持高度的专注与热情。学习互动形式以签到、测验、抢答、选人、投票、讨论、评分等多种方式搭建起学习者与教师、学习者之间交流的桥梁，营造出一个轻松活跃的学习氛围。

（一）签到功能

通过签到功能可以确保学习者的出勤率，同时作为学习互动的开端，让学习者感受到学习的仪式感。同时，可以创新签到形式，采取手势签到、二维码签到等新颖方式，既增加学习的趣味性，也让签到成为新鲜的体验。

（二）测验环节

测试是对学习者知识掌握程度的全面检验。在线学习平台可以设计多种测验题型，包括选择题、填空题、判断题等，还可以根据题目难度设置不同分值，让学习者在挑战中巩固知识。及时反馈的测试结果能够帮助学习者了解自己的薄弱环节，并开展有针对性的复习。

（三）抢答环节

以抢答方式激发学习者的竞争意识和积极性。教师通过设定抢答题目和规则，让学习者在紧张的氛围中争相作答。这不仅考验学习者的反应速度和知识储备，也让他们在紧张刺激的氛围中提升学习效果。

（四）选人功能

教师通过随机选取或指定选择的方式，确保每位学习者都有机会参与到互动中来。这种随机性增加了互动的不确定性，能够增强课堂生动性与互动性。

（五）投票功能

投票是学习者表达观点、参与决策的重要方式。通过投票，教师可以快速了解学习者的普遍看法和倾向，进而调整教学策略或引导深入讨论。投票过程不仅增强了学习者的参与感，也让教学更加贴近学习者的实际需求。

（六）讨论环节

通过讨论，学习者之间进行思想和观点的交流。在线学习平台为学习者提供了专门的讨论区，鼓励学习者发表观点，各抒己见。教师扮演引导者角色，负责引导话题方向，确保讨论的深度和广度。同时，平台还提供了讨论记录、关键词提取等功能，方便学习者回顾和总结讨论内容，深化对知识的理解和应用。

（七）评分功能

评分是对学习者学习表现和互动成果的一种全面评价。通过评分，量化评估学习者的参与度、回答质量、讨论贡献等方面，更加客观地了解他们的学习状况。同时，评分结果也是对学习者学习成果的一种展示和认可，激励他们不断提升个人学习能力。

第四节　应用迁移阶段的提升路径

在线学习的显著特征在于其紧密围绕现实场景中的问题展开，以学习任务为核心，驱动整个学习进程。在这种模式下，学习者通过自主钻研，不仅能够深化对知识的理解，而且能够将理论知识灵活应用于解决实际问题之中。他们依据自身已有的知识结构，致力于完成学习任务或解决实践问题，这一过程实质上是对所学知识的深入探究和理解，也是将课堂知识转化为解决实际问题能力的关键步骤。现实情境中的问题或学习任务，因其与日常生活和工作的紧密关联，更有助于激发学习者的兴趣和动力。这种贴近实际的学习方式不仅提高了学习者的投入度，也有效锻炼了他们的逻辑思维和问题解决能力。因此，在设计在线教学活动时，应坚持以问题为导向，以现实情境为背景，以任务模块为驱动的原则。这样，学习者能够将学习任务与他们的知识积累、经验体会以及待解决的实际问题紧密结合，形成一种自主学习为主、团队协作为辅的高效学习模式。这种模式不仅有助于完成复杂的学习任务，也能促进知识的深入理解和创新应用。

这一阶段的教学目标是助力学习者高效实现自主与协作学习，圆满完成学习任务，并全面发展他们在综合分析、实践应用与解决问题等方面的高阶学习能力。为实现这一目标，教师可以采取一系列具体的教学策略，如精心设计学习任务与指导方案，促进小组间的协作学习，以及为学习者推荐丰富的学习资源等。

一、任务设计与指导

依据构建主义学习理念，在线教学过程中，对学习任务进行导向性设计和引导尤为关键，它有助于深化学习认知并锻炼学习者的高阶思维能力。学习任务不仅具有价值引领的作用，更是指引学习者学习方向的重要导向。因此，在设计学习任务时，教师必须确保目标指向和结果指向的清晰性，使表述具体明确，让学习者能够一目了然。同时，学习任务的难度应适中，略高于学习者的平均能力水平，这样既能激发学习者的挑战精神，又能有效促进他们高级思维能力的培养与提升。此外，教师还应积极为学习者提供必要的指导性帮助和支持性资源。这包括提供阅读材料、半结构化模板、任务解析表等，以及创造必要的实践条件，以规范学习者的学习路径和行为，确保线上学习的成效。通过这样的设计与支持，可以更有效地促进学习者的全面发展，提升他们的学习质量和能力水平。

（一）清晰界定任务目标与背景

任务目标应与课程目标和学习者的实际需求紧密对应，确保任务能够准确反映所学知识的实际应用价值。同时，设定明确的任务背景，使学习者能够在贴近现实或模拟的环境中完成任务，从而有效提升他们的实践能力和问题解决能力。

（二）构建递进性与挑战性并存的任务体系

任务设计时考虑递进性，从基础到高级，逐步引导学习者深入探索和应用所学知识。同时，任务需具备一定的挑战性，以激发学习者的兴趣和积极性，促使他们主动思考、积极探索。通过完成这样一系列递进且具挑战性的任务，学习者能够逐步提升应用能力。

（三）提供详尽的引导与支持

在应用迁移阶段，学习者可能会遇到各种挑战和困惑。此时，教师应提供详尽的任务引导和支持，包括任务的具体说明、操作步骤、注意事项等，并在学习过程中给予及时的反馈和建议。通过有效的引导，降低学习者的学习难度，提高他们的学习效率和满意度。

（四）促进学习者间的合作与交流

通过小组合作、在线讨论等方式，学习者可以相互分享经验、交流想法、共同解决问题，这种合作与交流有助于培养团队协作精神和沟通能力。

（五）关注任务完成进度与效果评估

教师应密切关注学习者的任务完成进度，及时收集和分析学习数据。同时，对任务效果进行全面评估，包括学习者的应用能力、问题解决能力、创新能力等方面。根据评估结果，教师可以调整任务设计和指导策略，进一步优化学习效果，确保学习者能够高效实现知识的应用迁移。

二、小组协作学习

当前，教育发展的显著趋势之一是以小组或团队为单位的线上协作学习与互动。在线学习平台中的小组协作学习能够增强学习者的参与感，促进知识的共享与交流，同时培养学习者的合作能力和解决问题的能力。尽管小组协作教学在教学实践中已被广泛应用，但该方法往往需要复杂的学习场景支持，导致学习者在实际应用中对于协作学习的深层意义、协作过程的实施以及协作学习的最终成效等方面仍有待提高。为确保协作学习的有效性，避免小组讨论流于形式，识别并防止成员"搭便车"行为，教师需要精心监控整个协作学习过程。在协作团队组建、活动组织安排以及协作互动模式等方面，为学习者提供专业化的指导，这既包括对学习者在协作学习方面的指导和帮助，也涉及通过积极参与和监控协作学习过程，给予及时的反馈和监管。唯有如此，才能真正实现同伴之间的有效交互与深度协作。在线学习平台中的小组协作学习模式，凭借其独特的优势，已成为一种高效的教学模式，它不仅能够增强学习者的参与感和归属感，促进知识的共享与交流，还能有效培养学习者的合作精神和解决问题的能力。因此，进一步推广和完善这一模式，对于提升在线教育质量和效果具有重要意义。

（一）精心设计策划小组的构成

在小组协作学习中，合理的小组划分是成功的基石。教师应充分考虑学习者的学习能力、兴趣爱好及性格特点，进行有针对性的分组，确保每个小组的成员能够互补，形成和谐且富有成效的合作氛围。同时，小组的人数需适中，既保证充分交流，又便于管理和协调。

（二）设定清晰的学习目标与任务

教师应为小组协作学习设定明确且具体的学习目标和任务，这些目标与整体课程目标相互匹配，能够激发学习者的学习热情和动力。任务设计时具备一定的挑战性和探索性，能够引导学习者进行深入的探讨和实践，促进知识的内化和应用。

（三）提供丰富的资源与针对性指导

在线学习平台应提供多样化的学习资源，包括课程资料、学习工具、在线图书馆等，以满足小组协作学习的多样化需求。同时，教师应给予学习者具体的指导，帮助他们明确学习方向，解决在学习过程中遇到的难题与困惑。

（四）营造积极的交流与合作氛围

在小组协作学习中，教师通过设立专门的讨论区、组织线上讨论活动、安排协作任务等方式，促进学习者之间的信息共享、观点交流和思想碰撞。同时，通过及时给予反馈和建议，引导学习者深入思考，并不断完善个人见解。

（五）建立有效的评价与激励机制

为持续激发学习者的学习动力，在线学习平台应建立科学有效的评价与激励机制。通过设定合理的评价标准和方法，对小组协作学习的成果进行客观公正的评价。同时，对于表现优秀的小组和个人，应给予适当的奖励和表彰，以激励他们继续发挥优势，取得更好的成绩。

（六）密切关注学习进程与成效

在小组协作学习过程中，教师通过保持对学习者的关注，密切关注他们的学习进程和成效。通过观察学习者的讨论情况、查看学习记录、收集反馈意见等方式，了解学习者的学习进展和遇到的困难。

三、学习资源推荐

为提升学习者的任务完成率和学习效果，选择适合的学习素材和资源支持能够支撑学习者的整个学习过程。这些学习资源应尽可能满足丰富多样化需求，既可以通过结构化形式展现，便于学习者系统地掌握知识，也可以通过半结构化方式呈现，以适应不同学习者的学习需求和风格。显性化的学习材料能够直观展示解决问题的过程、步骤和思路，帮助学习者深入理解复杂任务，降低学习中的不确定性。学习者通过明确研究思路，树立研究信心，从而更加聚焦关键核心问题，寻求有效的解决方案。此外，教师还应为学习者提供认知工具和认知支持。例如，发放协作任务单，明确任务的必备工具和要求；提供典型任务范例和经典案例，以供学习者参考和借鉴；还可以进行模板讲解等过程性工具的介绍，帮助学习者更好地理解和完成任务。

（一）协作任务单推荐

协作任务单是小组协作学习的核心，详细描述了任务的目标、要求、步骤和分工等信息。筛选并推荐一系列优质的协作任务单模板，能够帮助学习者快速理解任务要求，高效规划协作任务。

（二）明确任务必备工具的推荐清单

根据协作任务的具体需求，在线学习平台为学习者提供了任务必备工具，涵盖在线协作、项目管理、思维导图制作、数据分析工具等多个方面，帮助学习者提高协作的效率和质量。

（三）典型任务范例展示

典型任务范例可以来自不同领域和背景的学习者和学习团队，包括优秀作业、项目报告或创意作品等。通过观摩这些范例，学习者可以学习到如何构思任务、组织内容、呈现成果等方面的经验和技巧。

（四）经典案例分析与讲解

在线学习平台精选一系列与协作任务紧密相关的经典案例，包括成功案例和失败案例。通过对这些案例的深入分析和讲解，学习者可以深入了解不同情境下的协作策略、问题解决方案以及经验教训，从而为个人协作实践提供借鉴和启示。

（五）模板讲解与指导

为帮助学习者更好地完成协作任务，在线学习平台还可以提供一系列报告模板、PPT模板、海报模板等，帮助学习者快速构建任务框架、组织内容并呈现成果。平台可以详细解释每个模板的使用方法、注意事项和修改建议，使学习者能够灵活运用这些模板，提高任务完成的质量和效率。

第五节　提升在线学习行为有效性的重要因素

在线学习行为有效性的提升受到众多因素影响，这些因素大致划分为学习者内在因素和外在因素两个维度。内在因素维度主要与学习者自身的特性有关，受到学习者的基础知识结构、学习自控力、学习效能感知等影响；外在因素维度则与学习环境和资源有关，包括教师、课程、交互、平台等因素。

一、学习者内在因素

学习的两个要素包括智力因素、非智力因素。两者相互交织，既是学习的目标，也是学习的工具。智力因素涵盖了记忆力、观察力、思维能力、注意力、反应力以及想象力等综合认知能力的总和，构成了学习的基础，是人们在认知活动中展现出的心理特性。除智力因素外，其他心理因素也对学习过程具有深远影响，称之为非智力因素。一般包括需求、动机、目标、价值观、态度、兴趣、情感、意志、性格等，这些因素往往直接决定了学习者的认知方式和过程。在某种程度上，非智力因素甚至比智力因素更为关键。因此，在线教学实践中，不仅要关注学习者的智力水平，如在线学习能力和认知能力，更要重视他们的学习动机、学习目标和学习态度等非智力因素。

具体而言，首先要帮助学习者确立明确的学习目标，这是学习者保持学习动力、持续学习的内在驱动力。同时，积极的学习态度和持续的学习兴趣也是促使学习者主动学习的关键。在线学习尤其需要坚定的学习意志，学习通过提升自我管理能力，形成强大的学习动力，以克服在线学习中的各种挑战，实现学习目标。此外，在线学习对学习者的远程学习能力也提出了要求，必要的计算机操作能力和网络交流技能是快速进入学习状态的重要保障。

（一）知识结构

知识结构是在线学习的基础，涵盖了学习者的信念、知识、技能等多个方面。扎实的知识基础能够帮助学习者快速理解在线学习的各个情境。知识基础较好的学习者在面对复杂问题时，能够进行全面而深入的分析，展现出较高的原创性；相反，知识结构薄弱的学习者可能在应用理论知识到实际情境中时感到困难，对于难以理解的知识点可能采取回避的策略。

（二）学习自控力

学习自控力是在线学习得以成功的重要保障，体现在学习者对学习活动的规划、监控、评价和反馈等方面。自控力强的学习者能够对学习过程进行有效的管理和调节，确保学习活动的顺利进行。这种自控力不仅有助于达成学习目标，而且能够促进学习效果的持续提升。通过不断的自我检查和强化，学习者可以形成一个良性循环。

（三）学习效能感知

学习效能感知是影响学习者积极性和努力程度的关键因素，是指学习者对自己达成学习目标的能力的信心程度。一个学习效能感知能力强的学习者，通常对自己的学习能力有充分的信心，能够设定具有挑战性的学习目标，并持之以恒地努力实现。这种积极的心理状态有助于激发学习者的学习动力，使其在面对困难时能够坚持下去。相反，学习效能感知能力低的学习者，可能对自己的学习能力持怀疑态度，导致他们在设定学习目标和付出努力时缺乏积极性。

二、教师因素

教师作为在线教学的核心角色，其导学、助学、促学、督学的职责有助于提升在线学习行为的有效性。首先，教师需要掌握并熟练运用网络教学技能，这包括在线学习平台操作、教学设计、教学资源的整合等方面。丰富的教学经验能够帮助教师更好地适应在线教学环境，为学习者提供有效的指导和帮助。例如，通过设计富有吸引力的教学活动，激发学习者的学习兴趣和动力；利用在线学习平台的功能，对学习者进行实时监控和反馈，确保学习过程的顺利进行。教师在在线学习中发挥着重要的引导作用，能够帮助学习者快速适应在线学习环境，掌握必要的学习技能。在学习过程中，教师应及时关注学习者的学习进展，发现问题并给予及时的指导和帮助。同时，还需要引导学习者在掌握理论知识的基础上，结合实际场景进行应用，实现知识的转化和能力的提升。此外，教师作为学习过程的组织者，要做到能够依托教学情境，灵活地调整教学目标和教学方法。准确把握教学目标，同时，注重知识与能力、过程与方法、情感态度与价值观等多个方面的培养。通过采用启发式、互动式等教学方法，激发学习者的参与热情。

（一）提升教师的专业素养和教学能力

在线教学对教师的综合素质提出了较高要求，要求教师具备扎实的专业知识基础，也能够熟练运用在线学习平台与教学工具的使用。通过深入浅出地讲解课程内容，确保学习者能够准确理解并掌握相关知识。同时，借助在线学习平台的沟通工具，与学习者建立良好的沟通和引导联系，激发学习者的学习兴趣，引导他们积极参与在线学习。

（二）加强教师的教学态度和投入程度

在线学习环境中，教师不仅是知识的传递者，更是学习氛围的营造者和学习动力的激发者。一个积极投入并时刻关心学习者学习进度的教师，无疑能够在线上教学中发挥出更大的影响力。他们通过不断的互动和反馈，让学习者感受到被关注和尊重，从而营造出更加积极、互动的学习氛围。相反，如果教师持以冷淡、消极的态度，则学习者很可能会感受到被忽视和冷漠。这不仅会削弱他们的学习热情，还可能导致他们对在线学习产生抵触情绪。

（三）精心进行教学设计

在线学习需要更加灵活和个性化的教学设计，以适应不同学习者的学习需求和学习风格。教师应根据学习者的实际情况，包括他们的知识基础、学习兴趣、学习习惯等；还应该根据课程目标和要求，精心设计在线教学活动和任务，使学习者能够在互动和实践中掌握知识、提升能力。此外，通过提供丰富的学习资源和练习机会，帮助学习者巩固所学知识、提升能力，激发学习兴趣和动力。

（四）建立激励机制和评价体系

在线学习过程中，学习者的学习成果和进步需要得到及时的肯定和奖励。这不仅能够增强他们的学习信心和积极性，还能够激发他们继续学习的动力。因此，教师应建立有效的激励机制和评价体系，对学习者的学习成果进行客观、公正的评价，并给予相应的奖励和表彰。此外，教师还应提供有针对性的学习反馈和发展建议。通过对学习者的学习行为和表现进行观察和分析，发现优点和不足，并据此提出具体且可操作性的改进和发展建议。

三、资源因素

网络教学资源作为在线教学的核心组成部分，其线上呈现形式和内容设计对于学习者的知识理解和构建较为重要。优秀的教学资源不仅能激发学习者的学习兴趣，还能提升学习行为的有效性。

（一）课程内容设计是实施在线教学的根本

设计者进行课程内容规划时，应紧密结合教学目标展开，确保知识的系统性和连贯性，这意味着课程内容不仅要覆盖必要的知识点，还要确保这些知识点之间具有清晰的逻辑关系，形成完整的知识体系。同时，也要考虑到学习者的兴趣和认知特点，在选择教学内容、设计教学活动时，尽量贴近学习者的生活实际。

此外，设计者还需要精心设置教学难度和进度。教学难度不宜过高或过低，应该根据学习者的实际水平进行适当调整，确保他们在学习过程中既能感受到挑战，又能获得成就感。同时，教学进度也要合理安排，避免学习者因进度过快而感到压力巨大，或因进度过慢而失去学习兴趣。

（二）课程内容编排是提升学习效果的重要因素

合理的课程内容编排应该遵循学习者的认知规律，按照知识的逻辑顺序进行组织。这样做有助于学习者更好地理解和掌握知识，形成系统的知识体系。在编排过程中，设计者需要注重突出重点。通过强化关键知识点和难点，引导学习者关注这些重要内容，从而帮助他们更好地掌握和应用所学知识。同时，为保持学习者的学习兴趣和动力，设计者还可以适当穿插一些趣味性的元素或案例，使学习过程更加生动有趣。

（三）学习内容呈现方式不容忽视

学习内容的呈现方式直接关系到在线学习者的学习体验和效果。优秀的在线学习平台应该能够提供清晰、简洁、易于理解的学习内容呈现方式。多种形式的学习内容，如文字、图片、视频、音频等能够相互补充。同时，注重内容的质量和准确性，确保学习者能够获取有价值的信息。对于学习内容的呈现，通过合理的布局和排版增加可读性和可理解性。例如，可以使用醒目的标题和段落来区分不同的知识点，使用图表和图片来展示复杂的概念或过程等。平台还可以根据学习者的学习进度和反馈来调整学习内容的呈现方式。例如，对于难以理解的内容可以提供更详细的解释或示例，对于已经掌握的内容则可以减少呈现量以提高学习效率。

四、交互因素

在线学习过程中，教师与学习者、学习者之间往往处于分离状态，学习过程基本借助于在线平台，通过师生和小组交流讨论实现交互。交互活动是在线学习的重要环节，学习者参与交流讨论的数量和质量均是影响学习有效性的重要因素。

（一）引导学习者积极参与交流讨论

在线学习环境中，学习者通过积极参与讨论，不仅能够表达自己的观点和疑问，还能够从他人的发言中获得新的思路和启发。这种互动有助于加深学习者对知识的理解和记忆，同时也能够提升他们的批判性思维和问题解决能力。因此，鼓励学习者多发言、多参与讨论，是提高在线学习有效性的重要途径。

（二）关注学习者参与交流讨论的质量

高质量的讨论意味着学习者能够提出有深度、有见解的问题和观点，能够进行有效的信息交流和思想碰撞，这需要学习者具备扎实的学科知识、良好的沟通技巧和批判性思维能力。同时，教师或引导者也需要发挥积极作用，通过提出有启发性的问题、引导讨论方向、提供反馈等方式，促进讨论的深入和有效进行。

首先，为提升学习者参与交流讨论的数量和质量，可以精心设计具有启发性和讨论价值的问题，以激发学习者的兴趣并引导他们深入思考。其次，提供多样化的交互工具和平台，以满足学习者随时随地交流讨论的需要。再次，营造积极的学习氛围和社区文化，鼓励学习者勇于表达个人观点，并敢于提出质疑，构建开放包容的学习环境。最后，教师要发挥积极作用，及时给予学习者反馈和指导，推进交流讨论质量的持续提升。

五、评价因素

在线学习评价是一个多维度、综合性的过程，旨在全面评估学习者的学习效果和在线学习体验。

（一）学习成果的质量评价

成果评价不仅要关注学习成果的完成情况，更要重视完成质量。学习成果的准确性通过与在线平台的标准答案或专家评价进行对比。评估学习者的学习成果是否全面、完整地覆盖所学的知识点和技能要求，意味着要关注学习者能否将知识点有效整合，形成完整的知识体系，并熟练掌握相关技能。在此基础上，鼓励学习者在学习过程中展现创新思维和解决问题的能力，重视学习成果的新颖性、独特性和实用性，激发学习者的创造力和探索精神，使他们能够在学习中不断突破自我，实现更高水平的发展。检验学习者是否能够将所学知识和技能应用于实际情境中，解决现实问题，这可以通过案例分析、项目实践等方式进行检验。通过这些实践活动，观察学习者在实际操作中的表现，从而评估他们是否真正具备将知识应用于实际问题的能力。

（二）学习过程的监控评价

通过学习过程监控，可以深入了解学习者的学习进度、时间投入和互动情况，以便及时发现问题并进行干预。通过设定明确的在线学习计划和进度安排，跟踪学习者的学习进度，如观看视频时长、完成作业情况等，确保他们按计划学习，对进度滞后的学习者提供提醒和支持。鼓励学习者积极参与在线讨论、互动等活动，通过监控发言情况，了解参与程度和表现，对参与度低的学习者采取激励措施或提供额外支持。通过在线测验、作业批改等方式，评价学习者的知识掌握程度和应用能力。通过分析答题情况、作业质量和创新性，了解学习成果和表现，并提供有针对性的反馈和指导。收集和分析学习过程中的数据，如学习时间、活动参与度、成绩分布等，基于这些数据调整教学内容、方法和评价方式，满足学习者的学习需求并提升效果。通过与学习者分享数据分析结果，帮助其制订合理的学习计划。

（三）学习反馈的及时性评价

当学习者及时了解到自己的学习表现时，他们可以根据反馈调整学习策略，如改变学习方法、加强薄弱环节等，从而提高学习效果。及时的反馈可以帮助学习者及时发现并纠正学习中的错误，避免形成错误的知识体系或习惯。当学习者看到自己的学习成果得到认可或进步时，他们会受到鼓励，进而激发更大的学习动力。在线学习平台应设定明确的反馈机制，如作业批改周期、测验结果发布时间等，确保学习者能够在合理的时间内获得反馈。通过自动化批改、实时数据分析等技术手段，可以大大提高反馈的效率，缩短学习者等待的时间。教师应积极参与学习者的讨论和问题解答，提供及时的指导和建议，帮助学习者解决学习中的困惑。

（四）学习者满意度的调查

定期开展学习者满意度调查，了解学习者对在线学习平台、课程内容和教学方法的满意度，以便不断优化和改进。通过调查，更好地把握学习者的期望和需求，为他们提供更加符合期望的学习资源和支持。调查中获得的在线学习平台或课程存在的问题和短板，为改进和优化提供了明确的方案，也增加了学习者的参与感和归属感。对于调查的实施，需要设计合理的调查问卷，问卷应涵盖平台、内容、方法、学习支持等多方面评价内容。同时，通过奖励或激励措施，鼓励学习者积极参与调查，并确保调查结果的客观性和代表性。调查一般在课程结束后、期末或定期进行，通过及时获取学习者的反馈，对收集的数据进行深入分析，找出满意度较低的方面和存在的问题，为改进优化提供依据。

六、平台因素

在线学习平台是网络课程的载体，是学习者参与学习的工具，其功能应用的完备性、登录的方便性、系统的稳定性、功能的易用性、界面的美观性、学习者能够获得的技术支持均对学习者学习具有一定程度的影响。

（一）确保服务的稳定运行

学习者在平台上进行学习时，最不希望遇到的就是系统故障、维护更新等问题，这些问题可能导致他们无法及时访问学习资源、完成作业或参与讨论，从而影响学习进度和体验。因此，平台运营者需要采取一系列措施来确保服务的稳定运行。通过建立完善的系统监控机制，实时监测平台的运行状态。定期进行系统维护和更新，确保平台的软硬件设施始终处于最佳状态，避免出现故障或漏洞。此外，平台还可以考虑设置故障应急预案，以应对突发的系统故障或网络问题。在出现故障时，能够迅速启动应急预案，及时恢复平台的正常运行，减少对学习者的影响。

（二）界面设计简洁易用

设计精良的界面不仅能够提升用户体验，同时能够帮助学习者轻松地找到所需的学习资源，减少不必要的困扰和迷失感。简洁的界面设计意味着平台上的元素和信息都经过精心筛选和安排，采用直观明了的图标、按钮和菜单，确保学习者能够迅速理解并操作各个功能。同时，平台应提供清晰的导航和搜索功能，帮助学习者快速定位到所需的学习资源。一致的用户体验则是确保学习者在使用过程中不会感到困惑或迷失的重要保障。平台应在各个页面和功能中保持一致的布局、色彩和交互方式，避免学习者因为界面变化而感到不适或迷茫。

（三）优化学习体验

通过运用数据分析和智能推荐算法，平台能够深入了解学习者的行为模式、偏好和学习习惯，进而为他们提供个性化的学习路径和资源推荐。学习者的学习进度、成绩和活动参与情况允许他们随时追踪自己的学习成果。智能推荐算法则通过分析学习者的历史学习数据，预测他们的学习需求和兴趣点，并据此为他们推荐相关的学习资源和课程。这种个性化的推荐不仅能够节省学习者在海量信息中筛选的时间，还能够提高学习的针对性和效率。

（四）确保兼容性

随着移动设备的普及和多样化，平台必须确保在各种设备和操作系统上的兼容性，以满足学习者的多样化需求，并提供一致的用户体验。为实现跨终端的无缝学习体验，平台需要采用先进的响应式设计技术。在保障兼容性的同时，平台还应严格遵守相关的数据安全和隐私保护法规。这包括采取先进的加密技术和安全措施来保护学习者的个人信息，防止数据泄露和非法访问。此外，平台还应建立完善的隐私政策和用户协议，明确告知学习者关于数据收集、使用和共享的相关事宜，确保他们的权益得到充分保障。

第七章

在线学习行为有效性提升的策略

第一节 发挥学习主体主动性

在线教育的对象为在线学习者，他们作为在线学习的主体，需要充分调动自身学习的主动性、积极性和创造性，以自主学习形式主动完成知识的获取，进而实现知识体系的构建。因此，在线学习活动中，学习者主体发挥主观能动性，是提升学习行为有效性的首要因素。

一、明确学习目标

学习目标是指导学习期望达成成果的指南，指明了学习的方向，也是学习过程中需要遵守的行动规范。学习目标有助于帮助学习者明确学习内容、合理制订学习计划、选择恰当学习方法。因此，在在线学习正式开始前，首先需要制定切实可行的学习目标，在既定学习目标的指引下，保障学习过程遵循预期方向发展。源于学习者个体的固有差异性，其学习能力、学习基础和知识能力不尽相同。因此，每个学习者的学习要求也存在差异。在学习目标制定时，应充分考虑到个体的学习特征和学习需要，以实现个性化目标的达成。

与传统的线下学习相比，学习者往往对在线学习的重视程度不够，甚至部分学习者的学习目标仅仅聚集于考试通过，这种主观上的不重视，导致成绩两极化现象较为明显。因此，学习者应该转变自身学习理念，激发学习动机，形成正确的学习观，注重自身学习能力的培养。学习动机是学习者开展学习活动的内在原因，是指导、激励学习者进行学习的内在驱动力。一般而言，学习动机越强烈，学习的积极性越高，学习的有效性越高；反之，学习动机不明确，学习的积极性就越低，学习的有效性也就越低。因此，两者存在着较为重要的关系。在线学习以学习者为中心，以自主学习模式为主，在开放的学习环境下，学习动机是推动学习者主动、积极参与到自主学习过程的源动力。因此，在在线学习过程中，学习者需要在课程目标、章节目标的指引下，制定符合自身特征的学习目标，增强自我效能，明确学习动机，并在学习过程中激发求知欲和好奇心，不断维持和巩固学习动机。

二、增强自主学习能力

在线学习的开放性为学习者自主设计和选择学习过程、学习进度，达成自主学习任务提供了便利性。然而，这种开放性更加强调学习者的自主学习能力。自主学习要求贯穿于在线学习的全过程，学习者需要在各个环节中完成学习目标、学习动机、学习选择、学习管理、学习控制、学习策略以及学习技能的自主设定。

学习者需要根据自身知识结构和学科课程的学习要求，确定学习方案，制订阶段性学习计划，明确每个阶段需要按时完成的学习任务，选择具体的学习方法和学习策略，并在学习过程中不断反思改进，实现自我调节自我完善。在在线学习过程中，需要调节学习情绪，增强自控能力，保障良好的学习效果。在线学习往往存在学习惰性大，主动性和自控力不足的问题，因此学习者在学习过程中应该加强自我管理，强化学习约束。

（一）确立清晰的学习目标

在每个学习阶段，设定明确、具体且可量化的目标。这样的目标不仅有助于学习者保持学习方向，还能成为激发其持续进步的动力。同时，确保这些目标既具有挑战性又实际可行，以便在达成时能够具有成就感。

（二）精心策划学习计划

根据个人时间安排、精力状况以及课程要求，制订细致的学习计划。合理分配用于预习、深入学习和复习的时间，确保每个学习环节都得到充分重视。

（三）培养自律与坚持的习惯

设定固定的学习时间和地点，减少外界干扰和诱惑。通过培养如每日复习、定期自我测试等良好的学习习惯，对所学知识进行巩固提升。

（四）积极搜寻学习资源

利用各类在线学习平台、图书馆和学术网站，主动寻找和获取所需的学习资源。同时，学会筛选和评估信息的可靠性和价值，以便更高效地利用这些资源。

（五）积极参与互动交流

利用在线论坛、聊天室等渠道，与同学和老师进行积极互动与交流。通过分享学习心得、讨论与合作来拓宽思路，加深对知识的理解和应用。

（六）反思与调整学习策略

定期回顾个人学习过程，分析成功与失败的原因。根据反思结果，灵活调整学习策略和方法，以适应不同的学习需求和挑战。

（七）保持积极的学习心态

面对学习中的困难和挑战，保持积极、乐观的心态，并从失败中吸取教训，持续调整和改进个人学习方法。

三、培养信息素养

随着网络技术的快速发展，信息共享极大地丰富了信息资源的内容和形态。然而，海量的信息资源也常常令使用者感到迷茫，尤其是对在线学习者提出了更高的信息素养挑战。在线学习依托于教育平台，整个学习过程涉及信息的获取、分析、加工、检索、利用、处理和创新等多个环节。为有效避免信息迷航，学习者必须强化自身信息素养，积极发挥信息加工主体的作用，主动构建知识体系。在线学习以线上交流为主，当前大多数在线学习平台提供了诸如聊天室、讨论区、留言板、站内消息等多种交流方式。学习者应熟练掌握这些工具，以加强学习讨论、协作交互和交流反馈。这不仅有助于深化知识理解，还能帮助学习者更好地适应在线学习环境，提升学习有效性。具体而言，在线学习者需要关注以下方面来提升自身信息素养：

（一）强化信息获取与处理能力

在线学习平台汇聚了丰富的学习资源，学习者应善于搜索、筛选和整理这些资源，提升信息的获取和处理效率。同时，利用平台提供的在线笔记、标注、思维导图等工具，更好地整理、分析和应用所获取的信息。

（二）提升信息安全与隐私保护意识

在使用在线学习平台时，涉及账户注册、个人信息上传和在线交流等敏感操作，学习者应增强信息安全和隐私保护意识。平台应采取先进的安全技术、制定严格的信息安全政策，并通过开展信息安全教育，帮助学习者提升防护能力。

（三）培养信息道德与规范

在线学习平台是一个开放共享的学习环境，学习者应遵守信息道德和规范，尊重知识产权，避免抄袭和剽窃行为，积极参与学术讨论。平台应制定并执行严格行为规范，加强信息道德教育，培养学习者的道德意识。

（四）提高信息交流与协作能力

在线学习平台提供的讨论区、实时聊天、在线协作等功能为学习者之间的交流和协作提供了便利。学习者应积极参与在线讨论，与他人合作完成任务，以提升信息交流和协作能力。

（五）激发信息创新与批判性思维

在线学习平台鼓励学习者运用所学知识解决实际问题，进行创新实践。学习者应积极参与项目式学习、探究式学习等活动，培养信息创新和批判性思维的能力，为提升信息素养奠定坚实的基础。

第二节　加强教师导学有效性

在线学习中教师需要转变自身角色，从传统的知识传授者转变为学习的督促者和引导者。只有教师充分发挥主导作用，提升自身在线教学能力，丰富在线教学经验，对学习者线上学习过程进行有效的导学、助学、促学和督学，并有效进行辅导答疑与反馈指导，才能实现学习者的有效学习。

一、提升网络教学能力

在数字化和网络化日益普及的开放教学环境中，教师面临的挑战越发严峻。除系统的学科知识及教育理论的指导外，教师也需要深入学习并掌握以网络技术和信息知识为核心的现代教育技术。这不仅要求教师掌握在线教学的基本知识和技巧，还要能够熟练运用在线学习平台及教学工具进行课程设计。通过在线教学平台实践，发布知识内容，进行教学体验，不断积累在线教学经验，并在实践中持续提升自身的在线教学能力。

为更有效地进行在线教学，教师首先需要系统地了解常见教学平台和教学工具的基本功能模块；其次结合所授课程的学科特性和学习者的知识结构，设计以学习者为中心的在线教学活动，并积极参与在线教学资源的建设与支持工作；最后在整个在线教学过程中，教师需要注重整体规划和详细设计，科学安排在线教学活动，精心组织教学流程，以不断提升在线教学活动的成效。

（一）平台配备专业发展资源

在线学习平台不仅服务于学习者，也需要为教师提供丰富的专业发展资源，如在线课程、工作坊、研讨会及使用教程等。这些资源覆盖了在线教学设计、教学工具使用、学习者互动和评估等多个关键领域，帮助教师学习最佳实践，掌握新的教学策略，并不断提升网络环境中的教学效果。

（二）实践社区与互助支持

平台内建立的教师社区或论坛为教师提供了交流、分享经验和解决问题的平台。这种同伴支持机制对新教师尤为宝贵，他们可以从中获得经验丰富的同行的指导和建议。同时，这种社区互动也有助于营造积极的学习氛围，激发教师的创新精神和合作意愿。

（三）学习者反馈与评估工具

在线学习平台配备的学习者反馈和课程评估工具，可以帮助教师实时了解学习者的学习进度和效果，同时为他们提供关于个人教学方法和效果的反馈。教师通过分析这些数据，可以灵活调整教学策略，以满足学习者的需求，提升教学效果。

（四）持续更新与创新

为保持竞争力和吸引力，在线学习平台会持续更新其功能并引入新功能。这意味着教师可以不断应用平台提供的新教学工具、资源和方法，以支持他们不断提升网络教学能力。

二、探索有效导学方式

在线学习虽然是以学习者为中心的自主学习，但在线学习活动的每一个环节均需要教师的精心引导。为确保学习者能够快速融入在线学习环境，教师需提供详细的平台使用指南，帮助初次使用的学习者掌握平台的安装、使用环境和常见功能。进入平台后，教师应明确指引学习者快速定位学习课程，并在课程首页显著位置展示导学信息，如课程概况、学习目标、学习方法、资源链接以及操作指南等。除文字说明外，辅以多媒体视频方式直观加深学习者对课程的理解，激发学习兴趣。在完成每个章节内容后，教师应在学习资源中回顾章节目标，强化重难点，给出学习建议，并设置相应的检测题目。此外，利用思维导图等工具总结章节学习内容，帮助学习者把握知识全局。在整个在线学习过程中，教师应积极发挥导学作用，为学习者的自主学习提供正向引导。有效的导学不仅能引导学习者入门，而且能帮助他们明确学习目标和路径，具体导学策略如下：

（一）设计引导性教学资源

教师通过创建入门指南、课程预览或预习材料，帮助学习者熟悉课程结构、了解学习目标，并激活学习动力。资源可以采用图文、视频或互动内容等多种形式呈现。

（二）明确学习目标与任务

在每个学习单元开始前，教师应清晰地阐述学习目标和任务，使学习者能够明确学习方向，并据此制订学习计划。目标和任务具有可衡量性，以便学习者自我评估学习进度。

（三）灵活运用教学方法

在线学习平台支持多样化的教学方法。教师应根据课程内容和学习者需求，灵活选择教学方法，如讲座、讨论、案例分析或实践活动等，以激发学习者的学习热情和参与度。

（四）营造互动学习环境

教师应充分利用在线学习平台提供的互动工具，如实时聊天、讨论区、在线问答等，鼓励学习者提问、分享观点和经验，促进学习者之间的交流与合作。

（五）提供及时反馈与评估

通过作业批改、测试评分、学习进度跟踪等方式，教师可以为学习者提供及时的反馈和评估，帮助他们了解个人学习情况，调整学习策略。

（六）关注学习者的学习体验

教师应定期收集学习者的反馈和建议，了解他们对课程、教学资源和互动活动的看法和建议，从而为优化导学策略、提升在线教学质量和满意度提供支撑。

三、及时管控与反馈

在线学习离不开有效的学习监管。学习者需要自我管理以达成学习目标，而教师则应利用外部手段动态跟踪和监控学习过程，以确保学习活动的有效进行。教师可以通过在线学习平台定期发布测验、作业和答疑辅导活动，并利用平台统计功能实时了解学习者的学习日志和活动报告，以便对学习进度进行必要的约束和督促。

当学习者遇到问题时，及时的辅导和反馈至关重要。教师需关注学习者的学习过程，通过讨论区、聊天室等工具主动沟通，了解整体学习状态，并特别关注差异化学习需求，进行个性化的答疑辅导。定期开展的在线答疑和面授辅导活动能够解决学习中的重难点，加强师生间的互动与交流。尽管线上学习反馈通常具有非实时性，但教师应尽力缩短回复时间，提高反馈效率，以保持学习者思维的连贯性和学习的积极性，具体可以采取以下策略：

（一）明确学习规则与期望

在课程开始之初，教师应向学习者明确传达学习规则、作业提交时间和评估标准，以确保学习者对课程要求有清晰的认识。

（二）利用平台工具跟踪学习进度

教师可以通过在线学习平台的学习管理系统实时查看学习者的学习进度，包括课程完成情况、作业提交状态等，以便及时干预学习进度落后的学习者。

（三）设定学习阶段性检查节点

为分阶段评估学习效果，教师可以设定学习里程碑和检查点，要求学习者在这些节点提交作业、参与讨论或完成测验。

（四）及时给予反馈与评估

教师在批改作业、测试或参与讨论时，应提供及时、具体的反馈，指出学习者的优点、不足和改进建议，同时定期评估学习成果以调整教学策略。

（五）建立多样化的沟通渠道

教师应建立包括电子邮件、在线聊天室和视频会议在内的多种沟通渠道，以便及时解答学习者疑问、收集反馈并改进教学方法。

（六）关注学习者的学习体验与情感需求

在线学习环境中，教师应特别关注学习者的情感体验，提供必要的支持和鼓励，帮助他们建立积极的学习态度。

第三节　提升学习资源有效性

在线学习环境能够满足信息获取、资源共享、交互协作等多种需求，营造现实学习情境是提升学习有效性的关键环节。同时，在线学习资源的建设是核心内容，提升学习资源的有效性能够为学习者的学习提供支持与帮助。

一、加强内容实用性

在线教学平台的学习资源建设是确保学习者获得高质量学习体验的关键环节。为实现这一目标，需要构建系统全面的学习资源体系，确保内容覆盖学习全周期，以满足不同学习者的需求。学习资源应包含课程基本信息，如师资介绍、课程概述、评估要求等，以及丰富的课程内容，如教案、教学视频、实践指导和复习资料。

（一）课程介绍

每门课程都应配备详尽的介绍，涵盖课程目标、内容结构、教学方法以及预期的学习成果，使学习者能够全面了解课程内容和要求。同时，需要提及课程与其他相关课程的联系，帮助学习者了解课程在整个知识体系中的位置。

（二）教师信息

在课程选择中，授课教师的专业背景、教学经验和研究领域等是学习者评估课程质量的重要参考。通过详细展示教师的教育背景、学术成就、教学特色以及学习者评价等，增强学习者对教师和课程的信任度。

（三）教学安排

明确的教学安排有助于学习者规划个人学习进度，除列出课程的起止时间、教学计划、作业提交期限等基本信息外，还可以加入时间表模板等，帮助学习者合理规划学习进度。

（四）评估标准

清晰的评估标准有助于帮助学习者了解学习成果。除说明课程的评估方式、评分标准以及考试形式外，可以加入样题或评分标准示例，确保学习者明确学习要求和评价标准。

（五）学习资料

学习资料是学习者获取知识的重要来源。除提供习题库、案例库和前沿知识外，还可以加入与课程内容紧密相关的辅助材料，如扩展阅读、案例分析和实验指导等，帮助学习者深化理解和应用所学知识，提高学习效果。

（六）课程内容

课程内容是学习者获取知识的核心部分。通过提供多样化、高质量的课程内容以满足不同学习者的需求。除传统的视频讲座和音频文件外，还可以加入在线讨论和小组合作等，并采用生动有趣的教学方式和手段呈现课程内容。

（七）学习工具

学习工具帮助学习者更好地组织和管理学习过程的重要辅助手段。除提供进度跟踪、学习笔记和提醒功能外，还可以加入个性化推荐功能或智能学习助手，帮助学习者更高效的学习。

二、关注形式多样化

心理学研究发现，相较于单一感官感知，多重感官感知在促进学习效果上具有显著优势。因此，课程开发者应当积极引入多样化的学习资源形态，为学习者创造更为丰富和立体的学习体验。在线学习强调个性化和自主性，这意味着每个学习者可能拥有其独特的学习习惯和风格。为满足这些差异化的需求，学习资源的表现形式需要更加多样和灵活。结合教学内容的难易程度与知识要求，可以采用图文并茂的视频、音频、动画和网页链接等多种媒体形式来呈现教学内容。

（一）图文并茂的教学资源

利用图表、示意图、照片等图像展示形式，实现将复杂的概念或过程具象化，使学习者能够更直观地理解知识。同时，通过配以详细的文本解释，帮助学习者深入掌握图像中的信息。

（二）视频教学资源

在课程开始前，播放教师讲解和示范视频，使学习者能够直观地了解课程内容、解题步骤和实验操作。这种形式不仅增强了学习的直观性，还有助于提升学习者的学习兴趣和实践能力。

（三）音频教学资源

考虑多种教学资源的综合使用，如通过提供课程讲解的音频文件，保障学习者在无法观看视频时仍能获取课程信息。同时，适当添加背景音乐，可以营造轻松的学习氛围，提高学习者的学习效率和专注度。

（四）动画教学资源

动画技术对于抽象的概念、原理或过程的展示具有优势，能够帮助学习者更好地理解和掌握知识。此外，在在线课程中适当地设计和添加交互性动画，让学习者通过操作来探索知识、解决问题，提高学习的参与度和互动性。

（五）网页链接教学资源

除提供与教学目标相匹配的授课内容外，平台通过提供与课程内容相关的网页链接，引导学习者进行扩展阅读，以拓宽知识视野，这有助于学习者深入了解课程背景、拓展知识边界并培养自主学习能力。

（六）在线工具资源

为方便学习者学习需要，平台可以提供相关在线工具或应用程序资源的链接，如在线绘图工具、编程环境等。这些工具可以方便学习者在学习过程中进行实践操作，提高学习的实践性和实用性。

三、学习问题情境化

在线教学过程中同样需要构建优质的学习环境和学习情境。若将课堂学习活动与现实问题脱节，学习者往往只能获得脱离生活实际的抽象知识，这不仅影响他们解决现实问题的能力，还可能抑制其学习兴趣和深层思维能力的发展。因此，在在线课程的设置中，教师应以教学目的和内容为导向，积极营造贴近现实生活的真实问题情境，让学习材料源于生活，将学习嵌入真实、复杂的情境中，并与解决实际问题紧密结合。

（一）创设逼真的学习情境

为增强学习的实用性和吸引力，教师需要创设逼真的学习情境。这可以通过利用虚拟现实或增强现实技术模拟现实场景，使学习者仿佛置身于真实环境中进行学习和实践。同时，引入真实的案例研究，让学习者通过分析、讨论和解决问题来体验知识的实际应用。此外，设计角色扮演游戏，让学习者在模拟的情境中扮演不同角色，从多个角度理解和应用知识。

（二）强化问题导向学习

问题导向学习有助于激发学习者的兴趣和动力，并培养探究精神和解决问题的能力。教师可以通过提出具有挑战性和启发性的问题，引导学习者主动思考和探索。这些问题应与学习者的实际生活和学习目标密切相关。同时，设置项目式学习，让学习者围绕实际问题或任务展开学习和实践，将知识整合到实际问题的解决中。此外，提供问题解决的基本框架和方法，帮助学习者形成系统性的问题解决思维。

（三）提供多元化的资源支持

为满足不同学习者的需求和偏好，教师应提供多元化的资源支持。这包括整合多种形式的资源，如视频、音频、图文等，以满足不同学习者的学习风格。同时，提供专业工具或软件，帮助学习者更好地完成学习任务。建立丰富的资源库，包含各种学习资料和参考书，方便学习者随时查阅和学习。

（四）倡导合作学习

合作学习不仅可以促进学习者之间的交流和互动，还能提升团队协作能力。教师可以通过建立在线学习社区，为学习者提供一个交流心得、分享经验、互相帮助的平台。组织小组活动，让学习者在合作中共同解决问题和完成目标。同时，提供协作工具如在线讨论区、实时聊天室等，方便学习者随时进行沟通和协作。

四、注重组织策略性

在线学习平台数据库中涵盖丰富的教学资源，如何将其在网页上高效呈现，需要精心的设计与科学的组织。资源内容的组织应遵循知识结构清晰、分类体系科学、层级划分明确、教学内容逐步深入的原则。在学习资源的布局上，做到风格简洁，形式一致，确保学习者能够轻松理解和定位所需资源。目前，多采用模块化设计方式，教师可以灵活的进行教学内容的设计、组织、增加与优化。

（一）以章节或单元内容形式组织

章节或单元内容形式组织是常用的经典资源呈现方式，根据课程的逻辑关系和知识层次，将内容划分为若干相对完整的章节或单元。这种组织方式使课程结构一目了然，便于学习者理解课程整体框架和各部分之间的关联。同时，章节或单元通常按照知识的难易程度和逻辑关系进行排序，有助于学习者循序渐进地掌握知识。此外，学习者还能够根据自己的学习进度和兴趣，快速定位到特定的章节或单元，进行有针对性的学习。然而，对于跨学科或综合性较强的课程，单一的章节或单元划分可能难以全面展现课程的复杂性和多样性。

（二）以资源形式分类呈现

另一种常见的呈现方式是依据资源形式进行分类，这种分类方式根据资源的类型、格式或用途进行划分，如视频、音频、图文、案例、练习题等，具有灵活性和多样性，能够满足不同学习者的需求。例如，视觉学习者可能更倾向于视频资源，而听觉学习者则更偏爱音频资源。同时，分类呈现还便于学习者根据自己的学习需求和偏好，快速检索到特定类型的学习资源，提高学习效率。此外，多种形式的资源相互补充，有助于学习者从多个角度理解和掌握知识，促进多元化学习。

第四节　促进网络交互有效性

构建主义学习理论认为，学习借助于社交活动以及学习者的交互活动而产生，强调学习共同体的重要性。通过学习者之间的交流合作与互助启发，能够增加对于知识的掌握。因此，加强网络交互的有效性是提升学习行为有效性的重要因素。

一、建立学习共同体

学习共同体是由学习者与助学者（如教师、辅导者、学习同伴等）共同组成的社群，旨在通过成员间的沟通交流与知识分享，达成学习目标并完成学习任务。在此过程中，成员之间彼此影响、相互促进，形成和谐的人际互动关系。心理学研究强调学习共同体的重要性。在传统线下学习中，教师以及学习者在同一时空中，面对面的交互有助于学习共同体的达成。然而，在在线学习的网络环境下，构建学习共同体需要教师精心策划并采取措施。一般通过小组内的协作交流、观点分享和互动讨论，可以显著降低在线学习的孤独感，促进成员间的紧密联系。以团队为单位共同研究问题、解析难点、寻求解决方案，并分享最终成果，能够激励小组成员为达成共同目标而积极互动，进而推动学习者之间展开深入而富有价值的交流互动。

（一）明确共同体的目标和愿景

设定清晰的目标，如提高学习者的技能水平、促进成员间的深度合作、营造积极向上的学习氛围等，有助于增强成员的凝聚力和归属感。

（二）组建学习小组

在建立学习共同体时，一般根据学习者的兴趣、能力或学习需求进行分组，并为每个小组设定具体的目标和任务。鼓励小组成员共同研讨、分享资源和成果，以达成共同目标。

（三）提供协作与交流平台

平台通过提供便捷的协作工具和交流平台，如在线讨论区、实时聊天工具和协作编辑器等，方便学习者随时随地进行交流，分享学习心得与疑惑之处，从而加深理解和互动。

（四）制定协作规则与机制

为确保小组协作顺利进行，需要明确设立基本的协作规则，如尊重他人、积极参与、按时完成任务等；同时，设立激励机制，如评选优秀小组、奖励积极参与者等，以激发学习者的积极性。

（五）教师或助学者的引导与参与

教师或助学者在学习共同体中发挥着重要作用，不仅需要提供学习资源和指导，还应积极参与学习者的讨论和交流，给予及时的反馈和建议。通过引导和参与，促进学习者之间的深度互动与合作。

（六）定期评估与调整

学习共同体的建立是一个持续性过程，通过收集学习者反馈、观察互动情况等方式，可以了解学习共同体的运行状况，并根据实际情况进行调整和优化。

（七）技术支持与资源保障

为更好地支持小组协作，在线学习平台应提供必要的技术支持和资源保障。例如，设置高效的在线协作工具、提供丰富的学习资源、建立公正的评价机制等，这些都将有助于提升小组协作的效果和效率。

二、结合认知与情感交互

行为分析包含认知和情感两个核心维度。一方面，认知交互是实现两者融合的关键。通过学习者与学习资源的深度交互，实现认知交互，帮助学习者对知识全面而深入的理解。在进行学习资源设计时，应该关注于资源的多样化和丰富化，利用感官冲击激发学习者的兴趣，尤其是与实践结合紧密的内容，通过交互式启发式动画设计，模拟真实场景，增强认知交互的层次和深度。另一方面，情感交互则侧重于学习者与教育环境、教师以及其他学习者之间的情感联系和互动。情感因素在学习过程中能够推动并强化认知交互。在教学过程中，应不断强化学习者的情感体验，让他们在学习过程中感受到满足和成就感。教师可以通过营造积极的网络交互环境，鼓励学习者之间的分享与交流，同时及时给予反馈和评价，从而增强与学习者之间的情感纽带。

在线教育作为一种新兴的教育模式，通过整合认知与情感的交互，为学习者提供了更为丰富和人性化的学习体验。在认知层面，利用高效的信息传递和多样化的学习方式，帮助学习者更好地掌握和理解知识。在情感层面，通过小组协作、互动交流等形式，有效缓解了在线学习的孤独感，增强学习者的归属感和参与感。认知与情感在学习过程中相辅相成，因此需要精心设计教学活动，将两者紧密结合，以创造一个既有利于知识学习又充满情感共鸣的学习环境。例如，利用人工智能技术，根据学习者的行为反馈智能调整教学内容和难度，同时设计富有趣味性和情感色彩的学习资源和互动环节，如动画、游戏和社交功能，以激发学习者的学习热情和积极性。此外，小组协作作为在线教育中一种重要的学习方式，不仅有助于提升学习者的认知能力，还能够培养他们的团队精神和沟通能力，同时加强情感归属。

三、扩展交互广度与深度

师生交互可以通过在线交互活动体现，如师生登录在线学习平台的次数和频率，发布帖子的数量和文字字数、回帖数量和时间间隔等，能够体现交互广度，反映了师生参与交互进行互动的积极程度。在确保广泛参与的基础上，更应注重提升交互的质量，包括发帖回帖质量以及情感交流的深度。通过有机结合交互的广度，扩大师生及学习者之间的交流范围，激发学习热情并触发内在的学习动机。同时，深入挖掘交互内容，针对学习者的问题提供有深度的讨论，将促进更深层次学习目标的达成。

学习者的交互式反思，即对学习成果和活动的反馈，对于明确学习目标、总结学习规律具有积极的推进作用，代表了学习交互的高层次形态。为深化交互，教师需充分发挥在线引导者的作用，提出富有启发式的讨论话题，或围绕学习者感兴趣且存在疑问的主题展开讨论，从而激发学习者的主动反思，并积极参与讨论。

（一）扩展交互广度

提供多元化的交互方式，如实时聊天、论坛讨论、在线问答和协作编辑等，满足不同学习者的需求和偏好。引入与课程紧密相关的互动内容，如案例研究、实践项目和模拟测试等，以激发学习者的参与兴趣。确保学习资源能够跨设备和跨平台适用，让学习者能够随时随地参与交互。

（二）提升交互深度

加强教师的引导和反馈，有针对性地指导学习者深化知识理解和应用。鼓励小组合作学习和探究任务，促进学习者之间的深入交流与合作。根据学习者的学习进度和能力，为他们提供个性化的学习资源和路径。

（三）技术创新与社区建设

利用人工智能技术监测和分析学习者的学习行为和情感，以提供个性化的交互体验。开发创新的交互工具，如虚拟实验室和3D模拟，以增强学习体验。通过社区建设和线上活动，营造积极的学习氛围和互动文化，促进学习共同体的形成。

第五节 倡导评价机制合理性

一、监控在线学习过程

网络日志是学习过程中的重要工具，帮助学习者进行自我管理和反思。学习者基于自身学习状况，明确设定学习目标，规划学习计划，并在每天的网络日志中得以详细记录和实施。当学习阶段结束时，学习者可以系统地回顾并检查学习计划的执行情况，对学习的收获和遇到的挑战进行深入体会和反思。

（一）学习进度的跟踪

平台应能够实时记录并反馈学习者的学习进度，涵盖学习时间、学习速率以及课程的完成情况。这些追踪结果有助于帮助教师及时识别学习者的潜在问题，并提供相应的支持与帮助。

（二）学习行为分析

学习行为分析是平台为学习者提供个性化服务的基础。在此基础上，能够深入了解学习者的学习习惯、兴趣偏好以及学习难点，从而为他们提供更为精准的学习建议和资源推荐。

（三）互动交流监控

为了解学习者之间的讨论和合作情况，平台应能够监控包括在论坛的发言、小组合作的活跃度等数据，确保学习者积极参与在线学习活动，并营造积极向上良好的学习氛围。

（四）加强数据安全和隐私保护

大数据时代的学习者也常常面临隐私保护问题，在收集和分析学习者数据的过程中，平台应严格遵守相关法律法规，确保学习者的隐私和数据安全。

（五）持续优化平台功能和用户体验

学习者的反馈为平台改进提供方向，市场变化对平台功能提出新的要求。在平台运行过程中，也需要不断改进和完善平台的功能设计，以满足学习者的多样化需求，提高平台的竞争力和市场影响力。

二、进行综合成果展示

在线平台实施"任务驱动与作品创作"的教学策略，通过多样化的电子作品展现学习者的成果。这些作品可能涵盖信息化教学设计的教案、可视化思维工具制作的学科结构图、教学演示动画等。在成果展示区，学习者不仅有机会展示作品，还可以通过语音文字等多种方式介绍自己的创作思路和过程。学习伙伴可以围绕作品和介绍发表见解，而教师的评价则从学习者知识运用、创新、合作及表达能力等多个方面进行考察。

（一）成果展示形式多元化

在线学习平台应提供多元化的展示形式，如在线展览、作品集、视频汇报、直播演讲等，使学习者能够通过文字、图片、视频等多种媒介充分展示其学习成果和创意。

（二）展示内容丰富化

鼓励学习者全面展示学习过程中的各种成果，包括学科知识、技能提升、创新思维等方面的作品和项目，从而实现能够全面评估学习者的学习成效和综合能力。

（三）引入外部评审机制

为提升成果展示的权威性和公正性，可以引入外部评价机构或专家对学习者作品和作业进行评审和点评。外部评价提供了更为客观和专业的反馈，对于促进学习者进一步的学习和成长具有极大推进作用。

（四）加强宣传推广

通过社交媒体、教育论坛、新闻媒体等渠道积极宣传和推广学习者的成果展示，吸引更多学习者的关注，进而提升在线学习平台的知名度和影响力。

（五）注重反馈与持续改进

成果展示结束后，平台应及时收集来自学习者、教师和其他参与者的反馈意见，对展示过程、形式和内容进行总结和反思。通过不断改进和优化，提升成果展示的质量和效果，以更好地服务于学习者的学习和成长。

三、构建多元评价体系

在传统的学习评价中，教师通常承担评价者角色，而学习者则被动地接受评价，缺乏自我评价和相互评价的机会。这种单向的评价方式往往带有主观性和片面性，难以全面反映学习者的真实学习状况，也不利于发挥评价结果对学习者学习的促进作用。随着学习评价理论的不断发展，评价主体多元化越发重要。在线学习中，除教师的评价外，还应鼓励学习者进行自我评价，并在小组学习中引入成员之间以及小组之间的互评机制。

（一）以自我评价提升自主学习与反思能力

学习者借助自我评估工具、学习日志和反思报告，达到全面审视个人学习过程、态度和成果的目的。这种深入的自我剖析，有助于帮助学习者清晰地认识自身的长处与不足，进而调整学习策略，优化学习路径。

（二）以小组互评促进合作学习与共同进步

在小组学习中，成员间的互评是推动团队合作和集体进步的有力手段。通过观察、交流与合作，成员们能够相互评价彼此的学习态度、贡献程度和协作能力。这种互评不仅加深了成员之间的相互了解与信任，也促进了成员之间的相互学习与借鉴，共同提升学习质量。

（三）以组间互评拓宽视野与培养批判性思维

通过评价其他小组的作品、报告和项目，学习者能够发现不同小组的优势与特色，拓宽视野和思路。同时，这种互评也有助于培养学习者的批判性思维和客观评价能力，使他们在比较中识别自身的差距与不足，从而进一步提升个人能力。

（四）以技术支持与工具应用实施评价

在线学习平台需要提供技术支持和适用性工具达到有效实施评价。例如，开发友好的自我评价系统，使学习者提供便捷的自我评估工具；设计小组互评的功能模块，方便成员和小组间进行互评交流；提供数据分析工具，帮助教师全面了解学习者的学习情况和评价结果，从而进行精准的教学指导和帮助。

第六节　保障学习平台适用性

在线学习平台为在线教学创设了良好的学习环境，各类网络教学活动的开展均离不开平台支撑与技术支持，对在线学习有效性的达成也提供了重要的支撑保障作用。

一、满足学习功能需求

（一）确保技术的广泛性和适用性

在线学习平台需要展现出良好的跨平台兼容性，确保用户无论使用的是电脑、平板还是手机，均能够在不同操作系统上流畅运行。同时，平台应追求易用性和可访问性，设计直观简洁的用户界面，提供清晰明了的导航和操作流程，以满足所有用户的访问需求。

（二）以先进教学理念为指导

在设计课程模块时，应紧密结合课程特色和学习者需求，将先进的教学理念融入其中。教师需要深入了解教学平台及其所能承载的教学活动与功能，确保这些元素与教学设计紧密结合。通过不断的课程实践、教学体验探索与优化，结合学习者的学习状态、效果以及实时反馈，对课程设计进行持续修改和完善。在线教学设计应着重关注教学与技术的融合，确保满足实际教学需求，充分发挥在线教学的先进理念和功能优势。

（三）扩展完善的平台功能

完善的教学平台应兼具教学管理的多重需要。具体而言，课程开发与设计功能，用于提供教学设计模板和网上课件制作，方便教师进行课程内容的创建与调整。学习资源发布功能，用于支持教师和学习者上传、下载最新的学习资源，确保学习内容的时效性和丰富性。师生讨论交互功能，提供同步或异步的讨论交流渠道，包括论坛、聊天室、电子邮件等，加强师生之间的互动与沟通。作业和答疑系统，便于学习者提交作业，并允许教师及时指导问题，实现个性化的学习支持。网上测试与评价功能，能够对学习者进行阶段性检测，对学习过程进行实时监控，确保学习效果的量化评估。课程教务管理功能，用于支持教师进行课程登记、学习者注册选课、查看课程信息等教务管理工作，提高教学管理的效率。

二、美化学习平台界面

在线学习平台在提供基础性主题风格的同时，也需要重视界面的美观度和吸引力，以避免单调设计导致的审美疲劳，防止学习者失去兴趣和注意力。在课程建设过程中，界面的美化设计尤为关键。课程风格尽量保持整体统一，并在布局、进度条、模块标题等方面融入恰当的美工设计，确保内容结构既清晰又富有美感。这样的设计不仅能够突出重点学习内容，还能够有效激发学习者的学习兴趣。

（一）界面设计

界面设计应简洁直观，避免冗余元素，确保学习者能够快速定位所需功能。注重保持界面元素和布局的一致性，以降低学习者的学习成本，提高操作效率。为满足学习者的个性化需求，可以提供界面定制选项，允许学习者根据自己的喜好调整界面风格、字体大小等。

（二）视觉设计优化

选择适合在线学习环境的色彩，如柔和的色调和对比度适中的颜色，以减少视觉疲劳，提高学习专注度和舒适度。采用直观易懂的图标和图片代表不同的功能和内容，提高界面的可识别性，帮助学习者快速识别不同功能。适当运用动画和过渡效果，提升界面的流畅性和吸引力，同时避免过于花哨，防止干扰正常学习效果。

（三）交互设计提升

设计清晰直观的导航栏和菜单，帮助学习者快速定位学习资源。确保平台在不同设备和屏幕尺寸下，均能够为用户提供良好的显示响应和一致的用户体验。在关键操作点提供明确的反馈和提示，如按钮点击后的状态变化、信息输入时的格式要求等，以减少学习者的操作错误。

（四）内容与布局优化

学习内容做到分类和展示合理，通过清晰的标题、摘要和标签等方式，帮助学习者快速了解内容概貌。同时，在界面元素的布局安排上，保持信息的层次感和逻辑性，避免信息过于拥挤或分散。适当运用空白和间距分隔信息区块，提高界面的可读性和美观度。

（五）用户反馈与持续优化

通过问卷调查、用户访谈等方式收集学习者对平台界面的反馈意见，了解需求和偏好。利用数据分析工具追踪用户行为，发现潜在问题，并据此持续优化界面设计。

三、推进系统稳定运行

稳定运行是在线学习平台不可或缺的核心要素，直接关系到学习者的体验和学习效果。因此，确保平台的稳定性成为首要任务。在考量平台的性能时，需要关注登录注册流程的顺畅性、学习资源的调取与访问速度、资源上传下载的效率，以及功能模块的稳定运行等。

（一）系统架构与性能优化

引入高可用性设计，通过负载均衡和冗余部署等技术，确保系统在高负载下依然稳定运行，避免单点故障。建立性能监控机制，实时监控系统的各项性能指标，如响应时间、吞吐量等，及时定位并解决潜在性能瓶颈。利用云计算技术，实现系统资源的弹性伸缩，并根据实际需求动态调整资源分配，确保平台始终具备足够的处理能力。

（二）安全性保障

严格保护用户数据，采用先进的加密技术确保数据的机密性、完整性和可用性。同时，建立数据备份和恢复机制，以防止数据丢失或损坏。实施严格的访问控制和权限管理机制，确保只有授权用户才能访问平台资源，防止数据泄露和非法访问。定期进行安全漏洞扫描和风险评估，及时发现并修复潜在的安全隐患，提升平台的安全防护能力。

（三）用户体验优化

设计简洁、直观的用户界面，提供清晰的导航和操作流程，降低用户的学习成本和适用门槛。优化系统响应速度，减少用户等待时间，确保学习的流畅性和连续性，避免因系统故障影响用户的学习体验。根据用户的学习需求和习惯，提供个性化的学习资源和推荐，提升学习效率和满意度。

（四）持续的技术支持与更新

建立专业的技术支持团队，提供全天候的技术服务，快速响应用户的需求和问题解决。定期更新和迭代平台功能，根据用户反馈和市场需求持续优化产品，保持平台的竞争力和先进性。同时，为用户提供平台使用培训和指导，帮助他们更好地熟悉和运用平台。

四、支持移动学习

随着手机的普及化以及5G时代的来临，移动学习已经成为在线学习的主流趋势。在设计在线教学平台时，需要充分考虑学习者对移动学习的需求。支持基于移动终端的学习，开发 App 等多样化学习平台，以适应不同学习终端的学习需求。学习者可以通过移动设备便捷安全的进行课程资源访问，同时还可以获得资源推送、电子邮件、短消息接收等多项服务功能。

（一）技术优化与适配

首先需要考虑移动设备的兼容性，学习平台需确保在各种移动设备上流畅运行，无论是不同品牌和型号的智能手机还是平板电脑，均能通过适配不同屏幕大小和分辨率，提供优质的用户体验。考虑到移动学习面临的网络环境不稳定情况，学习平台应具备强大的网络自适应能力，如自动缓存、断点续传等功能，确保学习过程的连续性和稳定性。在移动学习过程中，平台应采用数据加密、访问控制等安全措施，确保用户信息和学习数据的安全，防止泄露和滥用。

（二）内容适配与更新

为适应移动设备的屏幕尺寸和存储容量，平台应对内容进行优化，如简化文字描述、压缩视频和音频文件等，以减轻学习者的下载和浏览负担。及时进行内容的更新与同步，确保学习平台上的内容能够及时更新到移动设备，以便学习者随时获取最新的学习资源。针对移动学习的特点，设计适合移动设备的学习模式，如碎片化学习、微型课程等，满足学习者在零散时间内的学习需求。

（三）用户体验提升

针对移动设备的操作需求，在界面设计时应简洁、直观且易于操作，减少不必要的操作步骤和跳转，提高学习者的使用效率。同时，借助移动设备的定位、时间等信息优势，为学习者提供个性化的学习推荐，如附近的学习资源、当前时间适宜的学习任务等，使学习更加高效和有针对性。通过在移动学习平台上加入互动与社交功能，如在线讨论、学习打卡、学习成果分享等，增强学习者的学习动力和社区归属感。

第八章

在线学习的发展趋势

第一节 移动学习

一、移动学习的内涵与发展历程

（一）移动学习的内涵

移动学习是一种新型的数字化学习方式，伴随着移动技术和应用服务的发展，这种高效、灵活且富有创新性的学习方式得以快速发展，满足了信息社会学习需求的变化。黄荣怀教授对于移动学习的理解，强调了学习的非固定性和非预设性位置特征，以及移动技术在其中的有效利用。北京大学现代教育技术中心认为，移动教育依托于发展较为成熟的无线局域网络、互联网和多媒体技术，使学习者和教师能够通过使用移动设备灵活方便地实现交互式教学活动。这一定义突出了移动教育在技术支持下的灵活性和互动性。从学习形式角度，移动学习能够摆脱时间和地点的束缚，让学习者可以随时随地开展学习活动。从学习实现方式角度，移动学习依赖于移动通信技术和网络技术，这些技术使学习资源和教育特定服务可以实现网络化传输和交互。从学习内容和资源角度，移动学习设备能够根据学习者的需求呈现个性化的学习内容。从学习情境角度，移动技术为学习者的学习情境创设提供了技术支撑，移动学习系统可以根据不同的学习情境呈现相应的学习活动。

（二）移动学习的发展历程

我国关于移动学习的研究始于 2000 年，教育界开始关注并探索这种新型学习方式。远程教育专家将远程学习划分为远程学习、电子学习和移动学习三个阶段。这一划分不仅体现了学习方式的演变，也凸显了移动学习在远程教育发展中的重要地位。移动技术的飞速发展和在线学习的广泛发展为移动学习的兴起和发展提供了强大的动力。沙普尔斯教授指出，先进且快速发展的移动技术将在线学习推向可移动学习的新阶段，这一转变并非简单的扩展和延伸，而是带来了实质性变革。

移动学习的发展经历了起步、发展和完善三个阶段。这三个阶段不仅体现了移动学习技术的逐步成熟，也反映了教育理念和学习方式的深刻变革。在起步阶段，移动学习主要利用移动设备的便携性和无线通信技术的推送功能，实现知识的传递。这一时期的移动学习注重学习内容的呈现，学习者与学习内容之间的互动主要是单向的。虽然设计者考虑了学习者的认知结构和规律，但学习方式仍侧重于知识的单向传递，与传统课堂教学相比并无显著的创新。移动设备在这一阶段主要扮演了学习材料的展示者和反馈的提供者的角色。随着技术的不断进步和教育理念的创新，移动学习进入了发展阶段。这一阶段的重点是如何利用移动技术加强学习内容的自适应性，使移动设备成为支持、改进和扩展学习者思维过程的认知工具。学习者开始能够更灵活地选择所需内容，实现个性化学习。移动学习的交互性也得以增强，学习者可以更加积极地参与到学习过程中，与学习内容和其他学习者进行互动。在完善阶段，移动学习的发展更加注重学习体验的优化和学习效果的提升。移动设备和技术不仅提供了丰富的学习资源和交互方式，还开始融入人工智能、大数据等先进技术，实现更加精准的学习分析和个性化推荐。这一阶段的移动学习不仅关注知识的传递与建构，还注重培养学习者的创新能力、协作能力和解决问题的能力。同时，移动学习也开始与其他教育形式进行深度融合，形成混合式学习、在线协作学习等多样化的学习模式。整体而言，移动学习的发展经历了从简单的内容呈现到个性化的知识建构，再到全面优化学习体验的过程。

二、移动学习的系统环境

（一）技术环境

移动学习是远程教育发展的新阶段，集成新型教育理念和技术支持活动，以适应信息时代的学习需求。移动学习技术环境集成了多种技术和设备以支持学习活动。

1. 移动终端

移动终端是移动学习系统环境的重要组成部分，主要包括智能手机、平板电脑、电子阅读器、可穿戴设备等，具有便携性、可移动性特点。当前各类终端产品趋于复杂化、多样化，在移动学习平台构建时需要充分考虑到不同环境下学习平台的自适应问题。

2. 无线通信技术

无线通信技术是移动学习得以实现的关键，无线通信技术的发展也不断推动着移动学习系统的优化和升级。目前，蓝牙技术、5G 网络、WiFi 技术等新一代无线通信技术的普及和应用，实现了通信覆盖范围的扩展以及传输速率的提升，为移动学习的资源传输提供了技术支撑。借助于高速快捷的网络数据传输，移动学习的速度、稳定性和安全性得以进一步提升。

3. 移动学习系统开发技术

现阶段的移动学习技术主要基于四种技术。第一，基于 WAP 的移动学习系统。WAP 采用开放的全球统一标准，为移动终端提供了访问互联网内容的便捷方式，学习者只需通过手机上的 WAP 浏览器即可随时访问学习资源。第二，基于 C/S 的移动学习系统。通过在移动设备上安装客户端应用实现与学习者交互，而服务器则负责存储和管理学习资源。这种结构可以确保学习过程中的数据安全和隐私保护，同时提供较高的系统稳定性和扩展性。第三，基于 B/S 的移动学习系统。这是对 C/S 结构的改进，将大部分处理工作放在服务器端进行。在移动学习中，学习者通过浏览器访问学习平台，无须安装客户端应用，使得学习平台更易访问和使用。第四，基于手机 App 的移动学习系统。随着智能手机等移动终端的普及，这类学习系统越来越受到关注。这类系统通过在手机等移动设备上安装专门的学习应用，实现移动学习，通常具有丰富的功能和良好的用户体验。目前，MOOC、网易云等众多学习平台均推出 App 应用，以适应人们移动学习的需要。

（二）移动学习资源

移动学习资源是指支持开展移动学习的各类信息资源，作为移动学习行为发生的基石，是支撑教学活动的载体和工具，是知识信息的重要来源。

根据移动学习的资源条件和学习需求，移动学习资源的呈现形式应当直接明了、信息内容需要直观易懂、资源应满足个性化学习需求、学习情境设置应强化模拟真实的学习情境。移动学习通常发生在间断性、移动性的环境中，学习者的注意力容易分散，因此在移动平台设计、学习工具选择、学习活动设计以及学习支持服务上需要精心设计，以提升学习资源的使用效率。这要求在学习资源开发中需要充分考虑学习差异，设计具有不同信息表现力和传递方式的资源形式，并确保资源能够在各类终端得以良好的呈现和使用。常见移动学习资源的类型如表 8-1 所示。

表 8-1　移动学习资源的类型

资源类型	特色与优点	缺点与不足
短信	适合文字表述，内容简洁、易于实现，服务费用相对较低，适合大规模推广	文本长度有限，能以承载复杂的学习内容，呈现形式单一，交互性较弱
网页	能够承载多种媒体的学习内容，信息量大，具有良好的交互性，易于实现	需要稳定的网络环境支持，若网络信号不佳或不稳定，会影响学习体验
动画	呈现形式生动形象，有助于提高学习兴趣，解释和演示功能直观	制作成本较高，需要专业技术支持，播放对设备和网络有要求
音视频	直观和生动，表现力强，能够激发学习者的情感共鸣	资源存储和传输需要较大空间和网络带宽，制作和编辑需要专业知识

（三）移动学习活动的设计

移动学习是利用移动终端传递学习资源的新型学习形式。在活动理论指导下，学习活动的开展旨在使学习者在特定的学习情景中，通过与学习资源的互动和内化，实现知识的有效构建。学习活动的设计对于移动学习的学习效果具有重要影响。移动学习活动的设计不仅要贯穿教学设计思想和方法，还要充分发挥移动技术的优势，关注学习者的学习体验。结合活动理论和教学设计理论，在移动学习活动设计时，需求分析、前期准备和活动设计这三个阶段相辅相成，共同构成了完整而系统的移动学习活动设计模型，如图8-1所示。

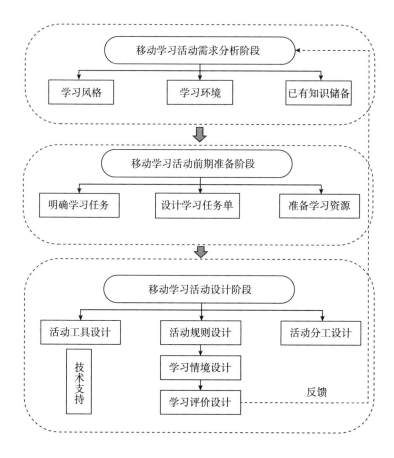

图8-1 移动学习活动设计模型

三、移动学习的发展趋势

移动学习所特有的即时性、情境性、参与性、社会性等优势，符合当前学习生活方式，具有较为广阔的研究前景和应用价值，在新型学习方式中发挥着重要作用。未来，移动学习将具有以下发展趋势：

（一）移动学习趋于开放性

移动学习不仅覆盖了知识传授过程，更强调了学习者在交流互动中实现知识的理解和内化，以及在表达和反思中完成知识的外化。北京师范大学的学习元项目和国家开放大学的五分钟课程项目等，正是移动学习在开放性上实现探索的生动例证。这些项目不仅拓宽了用户范围，还促进了用户之间的交流，使学习有效性更加深入。移动学习平台为更多参与、学习和交流提供了可能性，通过加强校际交流和资源共享，进一步扩大了服务范围，丰富了学习内容和形式。

（二）拓宽移动学习的实践领域

传统教育在职业技能教育方面往往面临实践技能经验不足的瓶颈，拓宽移动学习在职业教育中的应用，可以很好地弥补这一不足。移动学习的碎片化非常适合职业院校学习者的学习时间，满足职业教育中的各种工作环境需求，通过实践操作和模拟练习，能够更好地适应和应对各种工作环境。视频资源能够生动形象地展示职业操作过程和技能要点，帮助学习者更好地理解和掌握程序性知识，加深对职业技能的理解。因此，扩宽移动教育应用领域，支撑职业教育需求是未来的一个重要发展方向。

（三）推进情境感知的研究

移动学习的核心优势在于其移动性，如何在复杂多变的环境中为学习者提供精准、个性化的学习资源和学习服务，将是移动学习领域亟待解决的问题。情境感知技术通过收集学习者的位置信息等，实时了解学习者的学习情境，并推送对应的学习资源和服务。目前，已有一些实践案例在探索情境感知技术在移动学习中的应用。例如，阿萨巴斯卡大学开展的移动教育游戏项目为玩家提供了个性化游戏体验，北京师范大学的"摄影技术与艺术"课程则根据学习者周围环境的变化，推送相应的摄影技巧和欣赏内容。实践表明，情境感知技术能够显著提高学习的精准性，随着技术的不断进步和应用场景的不断拓宽，情境感知在移动学习中的应用将更为广泛深入。

（四）满足个性化与人性化需求

这是移动学习发展的核心目标之一。随着大数据和学习分析技术的发展，教育者可以更深入地了解每个学习者的独特需求和学习模式，从而为其提供量身定制的学习体验。通过采集和分析用户的学习数据，可以掌握学习者的学习风格、认知习惯以及内容需求，进而为他们提供精准的学习建议和资源推荐。同时，人性化服务如优化学习界面、提供智能助手、设置提醒功能等，使学习体验更加便捷、舒适和高效。更多的创新实践，如智能学习路径规划、个性化学习社区建设等，将为学习者带来更加优质、高效的学习体验。

四、移动学习的应用案例

（一）"移动学习"教育部——中国移动联合实验室的学习元项目

"学习元移动课堂"是北京师范大学"移动学习"教育部与中国移动联合实验室提出的一种重要移动学习成果。学习元（learning cell）作为项目的核心概念，为移动学习环境与非正式学习提供了一种新型的学习资源组织方式，满足了学习资源的生成与进化、智能与适应等方面需求。学习元的设计理念强调资源的"小粒度"和"生长性"。它既可以作为知识的基本单元，方便学习者在碎片化时间中进行学习，又可以随着学习进程的深入而不断生长和进化。这种设计使学习资源更加灵活。在"学习元移动课堂"中，学习元的应用得到了充分体现。学习者可以通过移动设备随时随地访问学习元库，获取自己感兴趣的学习资源。同时，系统会根据学习者的学习行为和反馈，智能地推荐相关的学习元，帮助学习者建立个性化的学习路径。这种智能推荐机制不仅提高了学习资源的利用率，也增强了学习者的学习体验。此外，"学习元移动课堂"还注重学习活动的多样性和互动性，提供了丰富的学习活动组件，如讨论交流、提问答疑、作品发布等，使学习者能够在与他人互动的过程中深化对知识的理解和掌握。这种学习方式不仅有助于激发学习者的学习兴趣和动力，也能够促进知识的共享和创新。

（二）基于大学英语词汇锁屏软件的移动学习应用

英语词汇锁屏软件作为一种新型的移动学习工具，以其独特的设计理念和实用的功能，受到广大学习者的欢迎。软件充分利用手机屏锁这一日常使用场景，将英语词汇学习与手机解锁操作有效结合。用户在手机应用商店下载安装软件后，即可开启移动学习之旅。软件具有英汉词典模块，用户可以方便地查找单词的含义和用法。同时，在解锁手机屏幕时，系统会根据用户在设置模块中选择的英语词库和词汇顺序，自动为用户推送相关单词。这种推送方式既不会干扰学习者的正常生活，又能够让他们高效积累词汇。除基本的单词推送功能外，软件还提供微视频模块，邀请名师对单词进行详细的讲解和拓展。此外，复习模块中的VIP 技术为用户的词汇复习提供了有力支持。通过智能算法，软件能够根据用户的学习情况和复习进度，为其制订个性化的复习计划，并通过各种形式的练习和测试，帮助用户巩固所学内容，提升词汇学习效率。英语词汇锁屏软件通过创新移动学习的方式和科学的复习策略，为学习者提供了一个高效、便捷的英语学习平台。它充分利用碎片化的时间，提高了学习效率，使英语学习变得更加轻松有趣。

第二节　泛在学习

一、泛在学习的内涵与发展历程

（一）泛在学习的内涵

泛在学习体现了学习的普遍性和无处不在的特性。从广义视角来看，泛在学习体现在以下几方面：首先，学习的需求无处不在，即时时的泛在学习。在终身学习和学习型社会的背景下，社会持续进步，新的信息和知识不断出现。每个人都需要不断学习新知识和技能，以适应社会的发展和变化。其次，学习的发生无处不在，即处处的泛在学习。学习发生在广域的学习环境中，这种需求不仅局限于特定的学习场所，而且贯穿于日常生活和工作中。此外，学习资源无处不在，即学习内容是泛在的。人们所需的知识、经验、信息等不仅存在于专门设计的学习环境中，而且广泛分布于社会空间中。无论书籍、文章、视频、音频还是网络上的资源，只要有需要，泛在学习系统就会为学习者推送所需的学习内容。从狭义视角来看，泛在学习是指泛在计算条件下的学习。泛在计算机技术将信息技术、计算机网络技术、数据库技术、传感器、远程设备等融合统一，形成无所不在的泛在网，为学习者提供了任何地点、任何时间开展学习活动的可能。

综上，泛在学习的内涵可以概括为 7A 学习，即任何人（Any one）在任何地点（Any where）任何时间（Any time），基于任何学习设备（Any device），用灵活的方式（Any way）实现学习资源的获取（Any contents）与学习服务支持（Any learning support）。

（二）泛在学习的发展历程

泛在学习的发展历程可以追溯到 1988 年，当时美国施乐公司的帕拉阿尔托研究中心计算机科学实验室首次提出"无所不在的计算"（Ubiquitous Computing）这一概念。其核心思想是计算机和网络等设备能够主动围绕学习者开展计算，使学习者能够专注于学习本身，而无须分心于与计算机交互的过程。

随着时间的推移，泛在计算的思想逐渐得以发展和普及。2006 年，发达国家纷纷将泛网时代作为国家科技发展策略的重要议题。例如，日本政府开展"U-Japan"计划，希望能够在 2010 年实现泛在社会的目标，美国提出"Vision 2020"计划，欧洲则启动 LEONIE 项目，这些计划和项目都致力于推动泛在计算和泛在学习的研究和应用。许多国家和地区也开展了具有代表性的泛在学习项目实践。如英国的环境森林项目将移动终端安置在森林中，为学习者提供了全新的学习平台，虽然学习者不能身临其境，但通过移动终端与森林环境进行互动，实现对于生物生态系统的探索。欧洲的意大利语电子词典专注于移动在线语言学习，开发了适用于移动设备的在线语言学习系统。此外，美国麻省理工学院的"没有围墙的博物馆"和哈佛大学的"泛在学习手持设备"等项目也展示了泛在学习的广泛应用。国内关于泛在学习的研究也在不断深入，其核心概念从泛在计算到泛在网络，再到泛在社会、普适学习、最终演化为泛在学习，这一过程体现了学习理念的不断创新。同年，清华大学召开的全球华人计算机教育应用会议提出了将泛在计算技术和移动通信技术与"无所不在教育"相结合的实践应用探索。此后，国内研究机构和高校纷纷开始泛在学习的理论和实践研究。例如，清华大学的智能教室项目则实现了学习环境的智能化，通过人机交互和多媒体集成技术的融合，为学习者创造了智能学习空间。同时，一些城市也开始探索泛在学习在构建学习型社会中的应用。例如，上海市的学习型社会建设项目关注于产学研模式的开展，通过泛在学习方式促进知识的传播，推动社会的持续学习。

目前，泛在学习已经逐步从理论探索转向实践应用。研究者不仅关注虚拟与现实之间的连接，还注重学习的个性化与情境感知。通过利用先进的技术手段和学习分析工具，泛在学习能够根据学习者的需求和特点，提供个性化的学习资源和路径，使学习更加符合个人的兴趣和目标。同时，泛在学习还能够根据学习者的情境和环境提供相应的学习支持和反馈，使学习更加高效和具有针对性。

二、泛在学习的系统环境

（一）技术环境

泛在学习的开展依赖于多种计算机技术的有效支撑，可穿戴计算模式、信息设备模式以及智能交互空间模式等共同为泛在学习的实现提供了基础。

1. 可穿戴计算模式

利用可穿戴设备的智能性和实时记录等特点，实现直接、持续的人机交互。通过将智能手表、智能眼镜等可穿戴设备佩戴在人体上，随时随地为学习者提供信息支持。学习者在观察或触碰物体时，输入设备可以将相关信息显示在可穿戴设备上；同时，学习者与他人交流时，计算机也能自动记录对话内容，为学习者提供便捷的信息获取和记录方式。

2. 信息设备模式

将生活中的各种器具作为认知和感知资源的显示载体，作为人机交互接口。这些设备包括信息访问设备、智能电器、智能控制器以及智能娱乐系统等。它们能够在人们无须额外操作的情形下，自动完成人机交互任务，使学习与生活更加紧密地结合。

3. 智能交互空间模式

通过将计算机视觉、语音识别、投影等多种计算机资源和感知设备嵌入学习生活空间中，实现空间的智能化。学习者无须在特定环境下，就可以通过语音、手势、动作等与智能系统进行交互获取服务。这种模式的实现使学习变得更加自然和便捷。

此外，我国的国家级和省级公共资源服务平台的建设也为泛在学习的开展提供了大量的学习资源、服务和工具。这些平台汇集了丰富的学习资源，为学习者提供了广阔的学习空间。同时，移动设备和网络技术的发展也为泛在学习提供了良好的技术环境，使学习者可以随时随地接入网络，获取所需的学习资源和服务。

（二）泛在学习要素

泛在学习发生于虚拟环境中，系统环境复杂且涉及多个维度。

1. 学习内容

学习内容作为知识的载体，是泛在学习的核心。泛在学习环境中的学习内容，既包括学习者通过自主学习获得的显性知识，也包括通过与其他人交流获得的隐性知识。同时，学习内容的开放性也鼓励学习者协同参与，保持学习内容的动态更新和改进。

2. 学习活动

学习活动是学习者获取知识、提升能力的基本途径。在泛在学习环境中，学习活动的设计需要注重灵活性和开放性，以支持各种学习终端和学习方式。同时，学习者的手势、言语、表情等行为也可以被系统捕捉并分析，以更好地理解学习者的需求并提供相应的支持。

3. 学习同伴

学习同伴在泛在学习环境中扮演着重要的角色。他们可以是真实的人，也可以是系统虚拟的智能专家。通过与学习同伴的交互协作，学习者可以获得帮助、分享资源、共同构建知识，从而优化学习效果。

4. 学习交互

学习交互是泛在学习的关键特征之一。学习者可以与学习内容、学习工具、学习同伴甚至学习环境进行交互，这种交互有助于提升学习者的参与度、促进知识的理解和应用。

（三）泛在学习支持服务

泛在学习支持服务是泛在学习环境中的重要组成部分，其目的在于为学习者提供个性化、适应性的学习支持，构建以学习者为中心的教育服务体系。鉴于泛在学习环境的复杂性以及学习内容的多样性，确保服务质量显得尤为重要。

泛在学习支持服务的内部架构包括数据中心、监控中心、会议中心、呼叫中心和学习中心等。这些中心协同工作，为学习者提供全方位的学习支持。数据中心作为网络基础资源，负责收集和容纳海量的教育数据；监控中心则提供预警功能，及时发现并排除平台故障；会议中心为学习者提供便捷的会议支持模式，实现实时交互；呼叫中心则利用现代信息技术搭建综合的教育服务平台；学习中心负责提供先进的学习理念、有效的学习模式、规范的学习管理和优质的学习服务。

在泛在学习环境中，学习支持服务不仅提供学习资源供给服务、远程教育服务，还包括智能型远程服务和教育综合服务。这些服务利用网络感知技术和学习分析技术，感知学习群体的变化和学习情境的不同，从而提供针对性的学习支持。

三、泛在学习的发展趋势

（一）应用模式逐步趋向混合式

目前，泛在学习活动主要基于主动探究和感知推送模式。由于泛在学习可以视为在线学习和移动学习的高级发展阶段，因此早期泛在学习主要是借鉴相对成熟的移动学习模式。随着感知技术以及智能化设备的应用，基于情境感知的泛在学习应用模式逐渐推广。混合式泛在学习应用模式结合了主动探究与情境感知的学习方式，利用增强现实技术、游戏化以及可穿戴设备等技术手段，将虚拟的学习内容与现实环境相结合。同时，游戏化的元素也为混合式泛在学习增添了活力。借助于可穿戴设备实时监测学习者的状态，实现学习进度的实时跟踪和学习资源的智能推动，为学习者提供全方位的学习支持。

（二）加强泛在学习资源的建设

泛在学习资源的建设是泛在学习能否得以有效实施和广泛应用的关键，实用性和个性化是泛在学习资源建设的核心要素。泛在学习环境中，学习资源不再局限于传统的教材、课件或视频等预先包装好的形式，而是扩展到任何可以支持学习发生的实体。这种变化要求在泛在学习资源建设时必须以学习过程为中心，注重对学习环境的整体设计。同时，还需要根据学习者的不同需求和情境，实现资源的封装与聚合。这意味着需要对海量的学习资源进行筛选、分类和整合。此外，还需要逐步扩展更为广泛的学习资源，包括与各类学习平台和应用进行深度审核，实现资源的共享和互通，也包括与社会各界合作开发和推广优质的学习资源，以丰富泛在学习的内涵和外延。

（三）注重支持技术的开发

技术是泛在学习得以实现的基石，其中普适计算和云计算的应用尤为关键。普适计算中的"上下文感知"技术使系统能够实时获取与学习者相关的上下文信息，进而为其提供个性化的学习内容。动态语义分析技术的应用也极大地改善了学习资源的分散无序、共享性差等问题。通过对具有显性和隐性语义联系的分散化学习资源进行分析与聚合，该技术能够建立学习资源间的语义关联，实现资源的关联进化。这不仅提高了学习资源的利用率，还为学习者提供了更加精准、高效的学习支持。

四、泛在学习的应用案例

1. 智慧泛在课堂

上海交通大学的"智慧泛在课堂"是一项创新性的教学实践，旨在通过电子化的教学参考资料和移动化的学习方式，推动高效教学模式的变革。项目由图书馆、教务处、网络信息中心等多个部门共同合作开展，充分体现了学校对于教学改革和技术创新的重视。

在智慧泛在课堂中，图书馆扮演着重要角色。图书馆基于每位学习者所选修的课程，主动推送个性化的电子教学资料。学习者无须再为寻找合适的参考书籍而烦恼，只需通过移动阅读器即可随时随地查看教学课程和参考书籍。这种个性化的学习体验不仅提高了学习者的学习效率，也使他们能够更加专注于课程的学习和理解。同时，借助于智慧泛在课堂，教师可以在课程平台中随时添加、删除和管理课程所需的教学信息，从而确保教学资源的实时更新和准确性。这种灵活的教学方式使教师能够更好地掌控教学的进度，同时也能够更好地满足学习者的学习需求。此外，丰富的交互功能使得学习者可以在平台上分享学习心得，与同伴进行交流和讨论。这种互动式的学习方式有助于培养学习者的合作精神和创新思维，使他们能够在学习中不断成长和进步。

智慧泛在课堂项目是高校积极推进泛在学习的实践，在我国大力推进教育信息化的背景下，越来越多的学校会进行实践，以推进泛在学习的发展。

2. 情境感知户外生态教学系统

情境感知户外生态教学系统是一个前沿的教育技术应用项目，以泛在学习理念为基础，充分融合了无线通信、移动设备和情境感知等技术，为户外教学活动提供了全新探索。在情境感知户外生态教学系统中，学习者通过使用掌上电脑等移动设备，可以实时获取与自身位置和情境相关的学习资源。全球卫星定位技术的运用，使系统能够精准地定位学习者的位置，从而为他们提供个性化的学习支持。这种学习方式打破了传统课堂的限制，让学习变得更加自由、灵活和有趣。

我国台湾地区学者黄国祯主持的项目"情境感知户外生态教学系统"被应用于小学自然课程的学习活动中。通过开发一套情境感知泛在蝴蝶生态学习系统，学习者可以在蝴蝶生态园中进行实地学习。当学习者走进某个生态区，掌上电脑上的 RFID 读码机便会立即感应到相应的代码，并自动与学习系统进行通信。学习系统根据读取到的代码，能迅速识别出学习者所处的位置以及该区域的学习内容，根据预设的教学计划和学习者的学习进度，智能地推送相应的学习任务和观察指导。这些任务和指导可以是文字、图片、视频等多种形式，旨在帮助学习者更加深入地了解蝴蝶的生态习性、生活环境以及与人类的关系等方面的知识。通过这种学习方式，学习者不仅能够在蝴蝶生态园中亲身体验、观察蝴蝶的生活状态，还可以通过掌上电脑实时获取学习系统的反馈。这种学习方式不仅让学习者在实践中学习，还提高了他们的学习兴趣和参与度。

情境感知户外生态教学系统还可以被广泛应用于其他户外教学活动，如乡土教学、历史文物教学等，通过引入更多的传感器和智能设备，系统可以感知更多的环境信息和学习者行为，为学习者创造一个无处不在的学习环境。

第三节　智慧教育

一、智慧教育的内涵与发展历程

（一）智慧教育的内涵

智慧教育强调对学习者高阶思维能力和解决复杂问题能力的培养，以教育价值为导向，致力于培育具备创新精神和实践能力的综合型人才。我国智慧教育的思想最早可以追溯到钱学森于 1997 年提出的"大成智慧学"。钱学森作为杰出的科学家和教育家，敏锐地洞察到信息化对于未来教育的重要影响，他提出的"大成智慧学"为智慧教育的发展奠定了理论基础。

智慧教育强调打通学科界限，注重通才培养，使学习者具备跨学科的视野和综合能力；同时，注重掌握系统知识体系，帮助学习者构建完整的知识框架；此外，倡导实现人机结合，优势互补，充分利用信息技术提升教育教学的效率和效果；最后，重视培养高尚的道德情操，使学习者不仅具备专业知识，还具备良好的品德修养。

信息时代的智慧教育，则进一步体现了大成智慧教育的理念。通过构建智慧学习环境，运用智慧教学法，促进学习者进行智慧学习。这种学习模式强调培养学习者的高智能和创造力，使他们能够利用适当的技术智慧地参与到实践活动中，并不断创造价值。同时，智慧教育还注重培养学习者的适应能力，使他们能够迅速适应不断变化的学习环境和工作环境。

从信息化视角看，智慧教育依赖于互联网、云计算等新兴信息技术的发展。这些技术为教育系统的信息化提供了有力支持，推动了教育资源的共享和优化配置。通过统筹协调发展教育系统的各项信息化工作，强化服务职能，可以构建数字化现代教育体系，为智慧教育的实施提供有力保障。

（二）智慧教育的发展历程

智慧教育作为教育信息化的高端形态，以其独特的教育理念和技术应用，深刻改变着传统教育模式，推动着全球教育领域的创新与发展。众多国家和地区相继开展了一系列智慧教育的理论与实践探索。

新加坡在 2005 年就前瞻性地公布了"智慧国家 2015"计划，总投资达 40 亿新元。该计划的核心是利用信息技术构建国家范围内的基础教育设施，并致力于打造人性化的个人学习空间，为其成为智慧国家、全球化创新中心奠定坚实基础。韩国于 2011 年颁布《通往人才大国之路：推进智能教南战略施行计划》，旨在通过推广和普及数字化教科书来推动教育体系的升级与变革。韩国将智慧教育的实现作为国家信息化的战略重点，这一决策为韩国的教育现代化进程注入了强大动力。与此同时，国际间的合作交流也在不断加强。2012 年，国际智慧学习环境协会成立，协会汇聚计算机科学、教育学、环境学教育技术学等领域的国际专家，共同致力于智慧教育的研究与实践。2014 年 7 月，首次国际智慧学习环境大会在香港教育学院召开，为全球教育领域的专家学者提供了交流平台。

在信息技术支持下，推进智慧教育发展的最具影响力的国际事件为 IBM 的"智慧地球"战略。2008 年，IBM 在其报告《智慧地球：下一代领导议程》中首次提出"智慧地球"的概念。报告所描绘的"智慧地球"愿景，是利用新一代信息技术，如网络通信技术、大数据分析、增强现实技术、传感技术等，构建更加智能互联的新世界运行模型。在智慧无处不在的大背景下，智慧教育也得以迅速发展。

二、智慧教育的体系架构

智慧教育，作为数字教育的高级发展阶段，其功能与先进信息技术深度融合，共同构建起一个智慧化教育生态系统。该生态系统由多种教育活动、过程以及功能技术模块共同组成，构成智慧教育的五层体系，如图 8-2 所示。

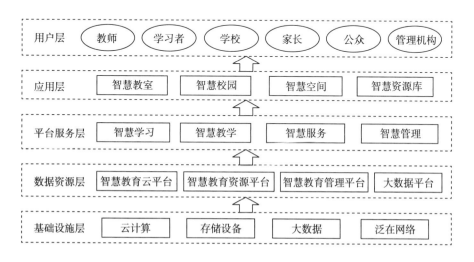

图 8-2　智慧教育的体系架构

（一）基础设施层

云计算、存储设备、大数据以及泛在网络等在构建智慧教育体系的过程中，各自发挥着不可或缺的作用。云计算为智慧教育提供了弹性的计算资源，可以根据实际需求快速扩展或缩减，满足教育机构对计算能力的动态需求，同时可实现数据的集中管理和安全存储，从而提高数据的稳定性。存储设备为智慧教育提供了便捷的信息存储和传递方式，通过共享教学资料、课件、习题等教育资源，丰富教学手段。大数据技术对于教育数据的挖掘和分析，能够为教育决策提供有力支持。通过对学习者学习数据、教学资源的分析，可以揭示学习者的学习规律，帮助教师制订更精准的教学计划，实现个性化教育。泛在网络作为智慧教育体系全面连通、无缝访问的基础，使学习、生活与工作的连通，学校教育、家庭教育与社会教育的连通，以及各种终端设备的连通成为可能。

（二）数据资源层

数据资源层在智慧教育体系中起到核心支撑作用，各个平台相互依托，共同构成了智慧教育的技术基础，为用户提供全方位的智慧化服务。智慧教育云平台不仅提供了统一门户、统一身份认证、统一接口和统一数据中心等基础支持服务，还有效整合了软硬件资源和信息数据。智慧教育资源平台则是智慧教学的重要保障，汇聚的丰富教学资源为教师提供了多样化的教学素材和工具。智慧教育管理平台负责对整个智慧教育体系进行统一管理和监控，通过对平台数据进行集成和分析，为教育管理者提供决策支持。大数据平台起到数据整合和分析的作用，通过对各种教育数据进行深度挖掘和分析，为教育者提供有力的数据支持。

（三）平台服务层

平台服务层有效地支撑了智慧学习、智慧教学、智慧服务和智慧管理这四个教育业务的开展，共同构成了智慧教育的完整闭环。智慧学习强调以学习者为中心，通过提供智能学习工具和环境，使学习者能够便捷地与各种资源进行互动。通过提供丰富的教学资源和教学工具，支持教师开展多样化的教学活动。智慧管理强调对教育资源的合理配置和高效利用。通过集成各种管理系统和工具，实现了对教育资源的全面管理和监控。智慧服务致力于为师生提供便捷、高效的服务体验。平台服务层通过整合各种服务资源和渠道，实现了服务的统一管理和优化。

（四）应用层

应用层不仅包括物理的智慧环境，如智慧教室、智慧校园、智慧书包等，还涵盖了虚拟的智慧空间，这些共同构成了一个复杂而高效的教育生态系统。智慧校园通过集成校园的信息系统，并依托关键技术，为广大师生提供智能化感知环境。智慧资源库则是满足学习者智慧化发展需求的重要基石，它以学习者的需求为导向，为智慧学习和智慧教学提供必要的支持，学习者可以通过智慧资源库获取丰富的学习资源。应用层突破了时空限制，这种无处不在的学习体验提高了学习的灵活性和自主性。

（五）用户层

用户层集合了所有能够访问智慧教育系统的用户，这些用户角色多样，通过智慧教育体系享受智慧教育服务。从横向角度来看，用户层主要分为区域内部访问用户和外部访问用户。无论是哪一类用户，均可以通过多种服务终端和渠道，随时随地登录系统统一信息门户。从纵向角度来看，用户层则包括基础用户（如教师、学习者、学校、家长、公众）以及管理机构。这些用户群体在智慧教育体系中扮演着不同的角色，基础用户是智慧教育的直接受益者，他们通过智慧教育平台获取资源、进行学习和交流；管理机构则负责智慧教育体系的规划、管理和监督，确保其正常运行和持续发展。

三、智慧教育的发展趋势

智慧教育的核心目的在于提升现有数字教育系统的智慧化水平，通过创建智慧化的教育环境、教育资源、教育管理和教育服务，最终实现一体化、智能化、开放灵活的教育系统。

（一）加强智慧教育环境建设

智慧教育环境建设在于协同运用信息技术手段对智慧校园、智慧教育公共服务平台、智慧教师等进行全面统筹与规划。智慧校园的建设有助于促进数字校园的发展智能化，以支持泛在化、智能化和感知化的新型智慧教育模式，在网络环境下将学校各个领域的信息服务实现贯通融合、互联和协作，提升师生群体互动的深度与广度。智慧教育公共服务平台的构建，用于支持各种教育活动的智慧化运行和管理，通过提供统一门户、统一认证、统一接口以及统一数据中心等公共服务，确保各种业务系统高效协同。智慧教师的培养也是智慧教育环境建设不可或缺的一部分，通过借助信息技术手段，提升教师的信息素养和教学能力，培养出一批具有创新精神和实践能力的智慧教师，为智慧教育的发展提供有力的人才保障。

（二）重视智慧学习资源和学习服务

智慧教育作为新型的教育形态，更加关注个性化发展。因此，智慧学习资源和学习服务开发应紧密围绕学习者的真实需求和个体差异展开，同时结合教育信息化的发展要求，合理设计应用场景，不断创新教学模式，使新技术与教学深度融合。学习资源和学习服务应具备系统性、层次性和适应性，通过构建完整的学习资源体系，涵盖不同学科、不同层次的学习内容。此外，还要关注智慧教育信息和资源的无障碍服务。目前，我国教育信息化领域的无障碍服务还处于初级阶段，因此需要加大实践力度，通过优化界面设计、提供辅助工具等形式，为学习者提供更为便捷的信息获取体验。

（三）探索智慧教育建设与应用模式

依据"试点先行，示范引路"的原则，选择信息化条件较好且对数字教育系统智慧提升有强烈需求的地区和学校作为试点，确立智慧教育示范区、示范校，为全面推广智慧教育建设提供可借鉴的经验。对选定的示范区、示范校进行深入的现状调研和需求分析，通过了解已有基础设施和应用系统的部署情况，准确把握建设需求和建设瓶颈，为后继建设提供支撑。将示范区、示范校的相关教育数据和应用系统嵌入智慧教育环境，与智慧教育公共服务平台进行对接。对原有的数字教育应用系统进行智慧化改造或配套新的智慧教育应用系统，同时对试点区校的管理员、教师、学习者进行技术和应用培训，以满足新的业务需求，推动智慧教育的建设与应用。

（四）接入智慧城市系统

智慧城市作为社会发展的新形态，通过集成先进的技术和资源，旨在实现社会活动发展的最优化。从技术层面来看，智慧城市的接入需要充分利用物联网、云计算、大数据等新一代信息技术，这些技术能够实现各种信息资源的交换、整合和决策，为政府决策和公共服务提供科学依据。从应用领域来看，接入智慧城市系统需要关注智慧社区、智慧市民服务、智慧医疗、智慧交通等综合服务系统，通过智能化管理和服务提高政府管理和服务的效率，提升市民的生活质量和幸福感。聚焦于智慧教育，接入智慧城市意味着智慧教育系统与智慧城市的其他系统深度整合，这包括实现统一身份认证与接口互联。同时，智慧教育系统还需要具备开放性，能够兼容和接入外部第三方符合标准的系统，从而形成完整的教育生态环境。

四、智慧教育的应用案例

（一）智慧校园建设项目

2010 年 12 月，浙江大学提出智慧校园建设项目，旨在通过构建一套全面而高效的信息化系统来提升校园的教学、科研、管理和服务水平。智慧校园的建设基础涵盖了多个关键领域，共同为校园的智慧化提供坚实基础。

项目主要建设内容包括：①校园网络基础设施建设。包括构建泛在的无线与移动网络环境、物联网专用的网络环境以及核心宽带传输环境等。②校园公共服务支持平台建设，包括互联网数据中心、校园卡支撑平台、统一身份认证等，并构建云服务平台、静态数据仓储和动态数据仓储。③智慧校园综合信息服务建设，按照统一的标准和规范，整合校园内的各类信息系统和应用，统一加强面向师生、管理人员以及领导的综合信息服务建设。④标准规范和体制机制建设，制定感知识别终端、感知器件网络接入标准等相关标准规范，确保各类设备和系统的互联互通。⑤智慧应用系统建设，这是智慧校园建设的核心，主要包括平安校园、生态校园、和谐校园、绿色校园和科学校园五大类。通过建设智慧校园，浙江大学旨在实现智能化管理和服务目标，以提升校园生活的便捷性、安全性和效率。具体而言，智慧校园的建设将助力实现校园故障维修的统一受理、校园卡管理与停车资费、校际公交的定位与监控、停车泊位智能引导、公共自行车服务，楼宇能源远程监控、校园安防智能化、移动用户信息服务、活动宣传与引导、课程安排与教室引导、环境控制与管理等。

智慧校园建设不仅是智慧教育发展的重要部分，更是教育信息化进程的关键一环。越来越多的高校开始重视并推进智慧校园的建设，以提升师生的学习体验和生活质量。

（二）智慧教育云平台

智慧教育云平台也称为"三网合一"智慧教育云，以公共服务器集群为基础，致力于满足教育行业的开放共享需求。平台不仅支持广电网、电信网和互联网的融合，还通过智能化的方式提供云服务。

亚洲教育网为中小学校和教育部门提供的"三网合一"智慧教育云是一种混合云解决方案，通过升级和扩充现有校园网和教育城域网，将网络环境从局域网、城域网扩展到广域网。依托亚洲教育网公共云支撑，学校和教育部门构建公有云。公有云的基础设备、平台、应用系统由亚洲教育网提供，包括教育社区云平台、班级云平台、学习云平台、互动云平台、资源云平台等，为师生提供了丰富的学习资源和互动工具。亚洲教育网作为教育信息化应用服务提供商，致力于推动教育信息化的发展，为教育部门、学校，学习者及家长提供了共建共享的绿色教育云平台。这一平台不仅实现了学校教育、家庭教育和社会教育的有机融合，还通过创新信息化教学与管理，加强了学校、教师、学习者、家长的及时互动交流。

教育云平台作为从传统教育到现代教育转变的有力工具，对于探索创新教育及因材施教的个性化教育的实施发挥了重要作用。

第四节 在线学习支持技术

一、知识可视化技术

（一）知识可视化的内涵

知识可视化的内涵主要体现在其作为一种有效的信息载体，能够帮助学习者进行思考和解决问题。这种知识可视化模式以图片和文字来解读知识、进行知识的传播。知识可视化以图形设计、认知科学等为基础，与视觉表征关联联系。视觉表征是知识可视化构成的关键因素，通过动态图、图表知识、知识概念图等形式，将复杂的知识以直观、易懂的方式呈现出来。这种呈现方式不仅有助于学习者理解和记忆知识，还可以揭示概念及概念之间的关系，形成层次结构。

从应用领域来看，知识可视化主要应用在科学、教育及信息检索领域。通过视觉表征形式，知识可视化可以将关键和实质的信息传达给学习者，从而加深他们对知识的理解和记忆。

此外，知识可视化的发展也受到现代信息技术的推动。随着技术的进步，知识可视化的制作工具越来越多，制作方法更为简易，表现形式也更为多样。这些技术工具的应用使得知识可视化在教育中的应用更加广泛，效果也更受期待。然而，知识可视化并非只是知识的图解，还需要人工智能、知识科学、计算语言学和认知语言学等学科的支持。目前，相关研究正处于完善基础理论、构建理论体系阶段，尤其在知识可视化模型构建上仍需深入研究。

（二）典型知识可视化模型

1. 伯克哈德的知识可视化模型

伯克哈德的知识可视化模型从知识传播角度出发，借鉴信息交流的基本原理提出，强调知识可视化是利用图形、图像和符号等视觉元素来呈现知识的结构和关系，旨在促进知识的传播和创新。通过知识可视化，复杂的知识可以被简化、直观化，使得接收者更容易理解和记忆。模型强调通过设计合适的视觉元素和布局，突出知识的重点和关键信息，提高接收者的认知效率和学习体验。伯克哈德的知识可视化模型如图 8-3 所示。模型认为从数据到图像的映射过程中，通过这一过程形成的图像集合能够促进认知过程的形成。知识可视化过程可以划分为信息发送者、知识可视化工具以及信息接收者三部分，这三者构成彼此相连的交互结构。

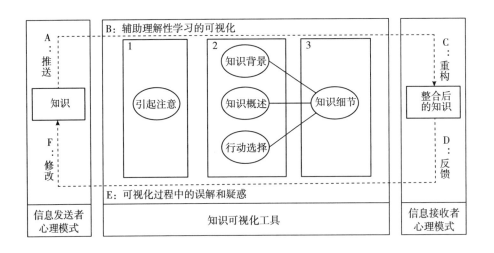

图 8-3　伯克哈德的知识可视化模型

2. 维克的知识可视化模型

维克的知识可视化模型强调知识可视化涉及多个维度，包括创新、艺术和科学等，基本模型如图 8-4 所示。维克的知识可视化模型强调用户与可视化技术的交互作用，以及这种交互如何影响用户的认知过程。模型突出了用户交互在知识可视化中的核心地位，同时关注于交互对于技术的影响以及用户认知速度的提升。通过交互，用户可以更加深入地探索和理解可视化图像所传达的知识，从而加速他们的认知过程。

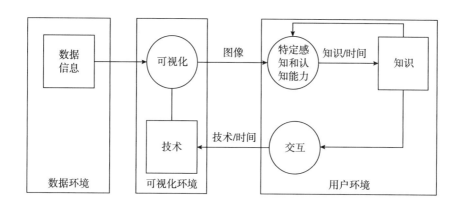

图8-4 维克的知识可视化模型

3. Min Chen 的仿真认知加工知识可视化模型

Min Chen 的仿真认知加工知识可视化模型强调对知识可视化中的数据、信息、知识等要素的区分。同时，通过基本可视化、信息辅助可视化、知识辅助可视化、知识辅助可视化仿真认知这四个发展过程的划分，直观展示了知识可视化的递进过程，如图8-5所示。具体而言，首先利用可视化技术将复杂的数据转化为易于理解的视觉形式，从而提取出有价值的信息。在此基础上，揭示知识间的关联和规律，帮助用户形成对特定领域的深入理解和洞察。可视化基础设施是支持知识可视化全过程的基础平台和技术架构。通过构建完善的可视化基础设施，可以确保知识可视化的顺利进行。

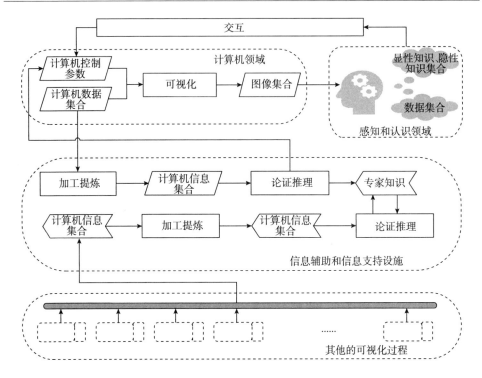

图 8-5　Min Chen 仿真认知加工知识可视化模型

4. 典型知识可视化模型比较

通过对典型知识可视化模型比较发现，模型在知识可视化工程要素上具有一致性。数据、可视化技术、知识整合和交互四个要素共同构成了知识可视化的核心框架。数据作为知识可视化的基础，为可视化过程提供了原始素材和依据；知识整合则是知识可视化的目标，通过整合不同来源、不同形式的知识，形成完整、系统的知识体系；而交互则贯穿于整个可视化过程中，实现对可视化成果的改进与知识迭代，进一步提升知识可视化的效果。

知识可视化作为一种重要的信息处理和呈现方式，在解决信息过载、提升学习效果等方面具有重要作用。随着技术的不断进步和应用领域的不断拓展，知识可视化将发挥更大功效。

二、学习分析技术

（一）学习分析技术的内涵

学习分析技术是一种数据驱动的方法，强调对学习者及其学习情境的数据进行测量、收集、分析和报告。数据包括学习者的学习行为、成绩、参与度、反馈意见等，以及学习情境中的课程设置、教学资源、教学方法等。通过对这些数据的深入挖掘和分析，从而更全面地了解学习者的需求和特点，以及学习环境中存在的问题和优势。学习分析技术的核心是个性化学习，依据个体差异进行针对性的教学调整，以满足不同学习者的需求。通过对学习数据的分析，可以识别出学习者的学习风格、兴趣、能力等方面的差异，进而为他们提供个性化的学习路径、资源和策略，同时帮助学习者更好地了解自己的学习状况，制订更有效的学习计划。

在实践中，学习分析技术模型是学习分析技术的具体表现形式。模型从不同维度对学习分析过程进行了科学表达，有助于指导实践和应用开发。例如，一些模型注重对学习数据的挖掘和预处理，以提取有用的信息；一些模型则关注于学习预测和推荐，以提供个性化的学习支持；还有一些模型强调学习评价和反馈，以促进学习者的自我反思和改进。

（二）典型学习分析技术模型

1. 西蒙斯的学习分析过程模型

西蒙斯提出的学习分析过程模型包括数据收集、分析和应用三个核心步骤。在数据收集方面，模型涵盖了学习者在移动终端、社会化软件和学习管理系统等各类学习平台上的操作记录和课程数据、学期数据等其他与学习相关的数据，提供了更全面的学习视图。在数据分析方面，模型对收集到的数据进行加工和深度分析，揭示出学习者的学习状况、需求和潜在问题，并为适应性调整提供科学依据。在应用方面，模型强调根据分析结果对学习者进行适应性调整，提供学习资源、学习路径、学习策略等方面的个性化定制。学习分析技术不仅是对学习过程的客观记录和分析，更是对学习者个性和需求的深度挖掘和满足。这种深度结合使学习变得更加智能化、个性化和高效化，为培养具备创新精神和实践能力的人才提供了有力支持（见图8-6）。

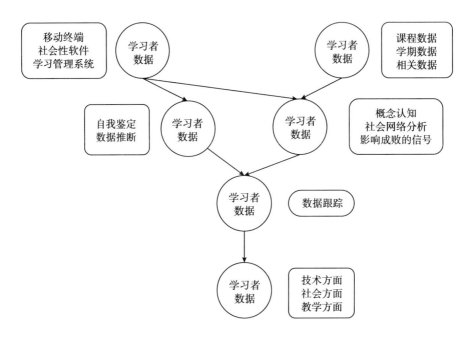

图8-6　学习分析技术过程模型

2. 伊莱亚斯的持续改进模型

伊莱亚斯强调学习分析过程中的持续改进和优化，将学习分析过程划分为选择、获取、聚合、预测、优化、使用和分享七个关键步骤，在整个持续改进环模型中，组织机构、计算机、理论和人力四个要素发挥着重要作用，如图8-7所示。计算机作为技术基础，为学习数据的收集、处理和分析提供了支持；理论则为学习分析提供了指导框架和方法论，确保分析的准确性和有效性；人力要素包括管理者、教师和学习者等，他们通过协作和互动，推动学习分析过程的持续改进；而合理的组织结构则有助于协调各要素之间的关系，确保整个系统的有效运行。伊莱亚斯的持续改进模型为学习分析提供了一个全面而系统的框架，有助于更好地理解学习分析的内涵和过程，并推动学习分析技术的不断发展和优化。

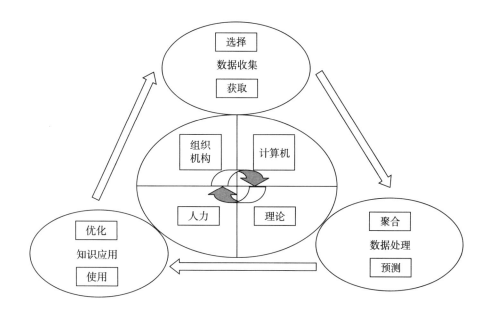

图 8-7　伊莱亚斯的持续改进模型

3. 李艳燕的学习分析概念模型

模型在对智慧学习环境深入研究基础上，详细描述了学习分析的五个核心环节，如图 8-8 所示。模型中的数据源包括学习过程、学习环境和教育环境。学习过程主要关注学习者的学习行为、策略、模式等；学习环境涉及教师在教学过程中所利用的硬件和软件；教育环境则包含教育政策、教育管理等宏观层面。这三类数据源为学习分析提供了丰富的数据基础。模型的受众是学习分析结果的受益者，包括学习者、教师和教育管理者，通过学习分析的结果来优化学习策略、改进教学方法、提升教育管理水平。数据分析的核心环节包括数据采集、数据存储、数据分析、数据表示和应用服务；数据采集环节负责从三个数据源中收集数据；数据存储环节则将这些数据以合适的方式存储起来；数据分析环节运用各种统计和分析方法对数据进行深入挖掘；数据表示环节将分析结果以可视化等方式呈现出来；应用服务环节将分析结果应用于实际的教育和学习过程中，为受众提供有针对性的建议和指导。这五个核心环节形成了一个完整的学习分析闭环，不断循环往复，以实现对学习过程的持续优化和改进。

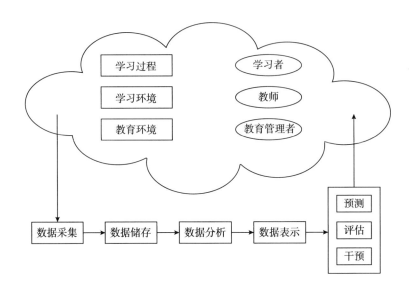

图8-8 学习分析概念模型

4. 典型学习分析模型比较

虽然各个模型细节略有差异，但学习分析模型均强调分析过程，聚焦于从数据的提取、分析到结果使用的过程。数据收集是数据分析的基础，其质量直接影响到分析结果的准确性和可靠性，因此在数据收集阶段需要保证数据的完整性，同时考虑到数据的多样化来源和类型。数据分析是核心环节，根据已有的理论和方法，对数据进行深入挖掘和分析，内容分析、话语分析、社会网络分析、性格分析等方法是常用手段。知识应用是最终目标，在获得可靠的分析结果后，需要对学习情况进行优化、干预和预测。此外，要素条件也是影响学习分析效果的重要因素，需要充分考虑内外部各类条件的影响，以确保分析结果的准确性和有效性。

学习分析模型作为学习分析技术的重要组成部分，为学习分析系统的开发提供了理论支撑和应用帮助。这些模型不仅有助于深入理解学习分析的过程和原理，还可以为实践应用提供指导和参考。

三、数据资源推荐工具

（一）数字资源推荐

个性化推荐系统在在线学习中发挥着重要的作用，能够为学习者推荐最适合、最有用的学习资源，从而解决数字资源过载的问题，避免挑选资源所带来的困惑。相关研究兴起于 20 世纪 90 年代中期，并随着技术的发展得以不断进步和完善。目前，数字化资源的推荐技术主要包括以下三种：

1. 协同过滤推荐机制

协同过滤推荐机制通过对学习者进行建模，发现兴趣相似的其他学习者，并基于这些相似学习者的喜好进行资源推荐。这种推荐方式不仅考虑到学习者的个人兴趣，还结合其他学习者的行为数据，从而提高了推荐的准确性和个性化程度。

协同过滤算法是协同过滤推荐机制的核心，它利用学习者的历史喜好信息计算他们之间的距离，找出与此学习者有相似兴趣的其他学习者，并根据相似学习者对资源的评价，预测学习者对资源的喜好程度，从而进行推荐。其显著优点在于它对推荐的资源形式没有特殊要求，适用于各种类型的学习资源。

具体推荐流程包括，学习者对资源的评分形成评分资源集，通过分析这些评分资源集来解析学习者的兴趣信息；利用协同过滤算法找出学习者的邻居集，即与其兴趣相似的其他学习者；从最近邻居集中选择学习者感兴趣但尚未做出评分的资源，形成候选推荐集；根据一定的排序或筛选策略，选取评分最高的前 N 个资源进行推荐。与传统的文本过滤相比，协同过滤推荐机制具有更高的推荐新颖性和个性化程度。协同过滤算法的推荐流程如图 8-9 所示。

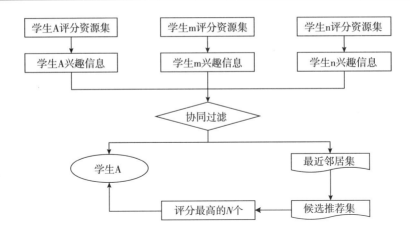

图8-9　协同过滤算法的推荐流程

2. 基于内容的推荐机制

基于内容的推荐机制主要是通过分析资源的内容信息和学习者的描述信息（如标签、关键词、文本描述等），来找到与学习者兴趣相似的资源。这种方法通常涉及对文本或多媒体内容的深入分析，以提取出有意义的特征，并计算这些特征与学习者兴趣描述之间的相似度。

具体推荐流程包括，构建学习者和学习资源的描述信息文件；运用文本分析、自然语言处理等技术分析这些描述文件的语义相似度；计算学习者描述信息与资源描述信息之间的相似度；确定与学习者兴趣最匹配的资源推荐给学习者。

百度文库采用基于内容的推荐方法，根据用户搜索历史、浏览记录以及文档的内容信息，来构建用户的兴趣模型。当用户再次访问百度文库时，系统会根据用户的兴趣模型，推荐与其兴趣相关的文档资源。这种方法能够确保推荐的资源与用户的需求和兴趣紧密相关，提高推荐的准确性和有效性。

3. 混合式推荐机制

混合式推荐机制将前述两种方法有机结合，既考虑学习资源的内容特征，同时也考虑了学习者之间的相似性。它可以根据学习者的浏览记录、浏览习惯和偏好等信息进行建模，同时也可以结合学习资源的相关属性和内容进行推荐。这样不仅可以提高推荐的准确性，还可以更好地满足学习者的个性化需求。

目前，协同过滤推荐机制在数字资源推荐机制中的应用最为广泛，其占比超过50%。与此同时，混合式推荐机制也受到越来越多的关注和应用。相比之下，单纯基于内容的推荐机制则应用较少。

（二）基于知识图谱的数字资源推荐

1. 搜索引擎知识图谱的构建

知识图谱的构建首先依赖于强大的数据来源，包括百科类网站内容、结构化数据以及用户搜索日志。在获取数据后，需要对知识进行聚类，聚类的原则主要包括字符相似、属性相似和结构相似，实现将相似的知识实体进行归类，形成不同的知识领域或主题。在搜索领域，知识图谱的绘制采用自顶向下以及自底向上相结合的形式。

知识图谱的构建方式与搜索引擎知识图谱自顶向下的方式相类似，但其数据来源则有所不同，主要包括本地资源、SCORM 资源包和数据平台资源，如图 8-10 所示，这些资源均属于结构化数据，对于形成课程数字资源的知识图谱具有很大帮助。本地资源主要是组织内部积累的知识资源；SCORM 资源包是一种标准化的学习资源描述，通常以 XML 文件的形式存在；数据平台资源是指从学习平台获取的相关学习资源。在获取资源后，借助分析工具对资源描述库进行语义分析、关键词提取，最终形成课程知识图谱。

图 8-10　知识图谱构建

2. 基于知识图谱的课程资源推荐模型

知识图谱通过构建知识网络，使学习资源之间的联系得以清晰展现。在知识图谱中，资源之间的关联分为直接关联与间接关联两种，这种分类有助于更精确地理解和利用资源之间的关系。直接关联资源，即具有共同关键字的两个资源，在知识图谱中以直接连线相连，这种关系被称为共词关系；间接关联资源则是通过第三个资源与另外两个资源建立联系。虽然这两个资源在知识图谱中没有直接连线，但它们通过共同的关联资源形成了潜在联系，有助于发现新的学习路径和知识点。在课程资源推荐过程中，需要考虑关键字数、资源分数、访问量以及相关联资源数等多个影响因素，这些因素共同决定了资源的推荐顺序和优先级。最终，根据这些影响因素的综合评估，对资源进行分数排序，并将分数高的资源优先推送到页面上。这样，学习者可以更加方便地找到与当前学习内容相关、质量高且受欢迎的课程资源，从而提高学习效果和满意度。基于知识图谱的课程资源推荐模型如图 8-11 所示。

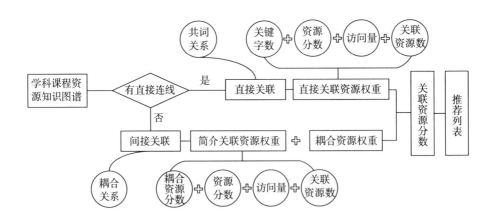

图 8-11 基于知识图谱的课程资源推荐模型

参考文献

［1］Alkhattabi M. Empirical Investigation into Motives for Choosing Web-based Distance Learning Programs ［J］. International Journal of Distance Education Technologies（IJDET），2016，14（3）：76-90.

［2］Bhutto E S, Siddiqui I F, Arain Q A, Anwar M. Predicting students' academic performance through supervised machine learning ［C］. 2020 International Conference on Information Science and Communication Technology（ICISCT），2020：1-6.

［3］Buckingham S S, Ferguson R. Social Learning Analytics ［J］. Educational Technology & Society，2012，15（3）：3-26.

［4］Cheng P, Ding R. The effect of online review exercises on student course engagement and learning performance：A case study of an introductory financial accounting course at an international joint venture university ［J］. Journal of Accounting Education，2021（54）：1-25.

［5］de Barba P G, Malekian D, Oliveira E A, et al. The importance and meaning of session behaviour in a MOOC ［J］. Computers & Education，2020（146）：103772.

［6］Ellen B M. The development of effective evaluation methods for e-Learing：Aconcept paper and action plan ［J］. Teachers College Record，2005，107（8）：

1814-1835.

[7] Fuentes R, Fuster B, Lillo-Bañuls A three-stage DEA model to evaluate learning-teaching technical efficiency: Key performance indicators and contextual variables [J]. Expert Systems with Applications, 2016 (48): 89-99.

[8] Garrido G, Guthrie M, Chen Z. How is students' online learning behavior related to their course outcomes in an introductory physics course? [J]. Available at SSRN 3522731, 2020.

[9] Godwin E K, Almeda V M, Seltman H, et al. Off-task behavior in elementary school children [J]. Learning and Instruction, 2016 (44): 128-143.

[10] Hussain S, Khan M Q. Student-performulator: predicting students' academic performance at secondary and intermediate level using machine learning [J]. Annals of Data Science, 2021: 1-19.

[11] Kazanidis I, Valsamidis S, Gounopoulos E, Kontogiannis S. Proposed S-Algo+data mining algorithm for web platforms course content and usage evaluation [J]. Soft Computing, 2020, 24 (19): 14861-14883.

[12] Lai S, Sun B, Wu F, et al. Automatic personality identification using students' online learning behavior [J]. IEEE Transactions on Learning Technologies, 2019, 13 (1): 26-37.

[13] Lee W I, Shih B Y, Tu L J. The application of Kano's model for improving web-based learning performance [C] //32nd Annual Frontiers in Education. IEEE, 2002, 1: T3E.

[14] Lo J J, Shu P C. Identification of learning styles online by observing learners' browsing behaviour through a neural network [J]. British Journal of Educational Technology, 2005, 36 (1): 43-55.

[15] Nistor N, Derntl M, Klamma R. Learning Analytics: Trends and Issues of the Empirical Research of the Years 2011-2014 [C] //Design for Teaching & Learning in A Networked World European Conference on Technology Enhanced

Learning，2015.

[16] Park S Y. An Analysis of the Technology Acceptance Model in Understanding University Students' Behavioral Intention to Use E-Learning [J]. Educational Technology & Society, 2009, 12 (3)：150-162.

[17] Wang J, Zhang Y. Clustering Study of Student Groups Based on Analysis of Online Learning Behavior [C] //Proceedings of the 2019 International Conference on Modern Educational Technology-ICMET 2019. Nanjing，China：ACM Press，2019：115-119.

[18] 鲍平平. DEA 在网络学习相对有效性评价中的应用 [J]. 现代远程教育研究，2007 (6)：65-68+72.

[19] 曹良亮，衷克定. 在线学习者学习行为特点的初步探讨 [J]. 中国远程教育，2012 (3)：56-61.

[20] 曹梅，李艺. 网络学习评价的意义及若干原则 [J]. 教育科学，2002，18 (5)：50-52.

[21] 曹天生，孔凡士，朱珂，等. 促进学习者之间交互深度的分组策略研究 [J]. 现代教育技术，2020，30 (6)：55-60.

[22] 陈佳艳. 基于学习行为特征的学习资源个性化推荐研究 [D]. 南京邮电大学硕士学位论文，2018.

[23] 陈锐，陈超美，刘则渊，等. CiteSpace 知识图谱的方法论功能 [J]. 科学学研究，2015，33 (2)：242-253.

[24] 陈圆圆，刘盛峰，董克. 基于数据挖掘的成人学习者在线学习行为与学习效果分析 [J]. 安徽广播电视大学学报，2019 (1)：38-42.

[25] 陈长胜，刘梅，沈书生，等. 慕课学习完成者的学习效率及其群体差异性研究 [J]. 中国远程教育，2021 (10)：39-47+59.

[26] 成刚. 数据包络分析方法与 MaxDEA 软件 [M]. 北京：知识产权出版社，2014.

[27] 董克，徐谷波，汤诗华. 成人学习者在线学习行为与学习效果的关联

研究［J］.安徽广播电视大学学报，2020（3）：50-54.

［28］傅钢善，佟海静.网络环境下有效学习评价指标体系构建研究［J］.电化教育研究，2016，37（8）：23-30.

［29］葛雄.基于 SPOC 平台的在线学习行为研究［D］.华中师范大学硕士学位论文，2021.

［30］龚艺，刘波，谭明杰，等.远程教育中在线学习投入与学习绩效关系的实证研究［J］.成人教育，2018，38（6）：24-28.

［31］郭熙汉，何穗，赵东方.教学评价与测量［M］.湖北：武汉大学出版社，2008.

［32］贺超凯，吴蒙.edX 平台教育大数据的学习行为分析与预测［J］.中国远程教育，2016（6）：54-59.

［33］胡庆芳.学习科学发展的历史轨迹概论［J］.当代教育论坛，2006（1）：27-29.

［34］胡艺玲，顾小清，赵春.在线学习行为分析建模及挖掘［J］.开放教育研究，2014（2）：102-110.

［35］胡祖辉，施佺.高校学生上网行为分析与数据挖掘研究［J］.中国远程教育，2017（2）：26-32.

［36］黄家荣，曹榴.网络环境下有效学习行为特征及影响因素研究［J］.教育与教学研究，2021，35（4）：41-52.

［37］黄瑶.基于在线学习环境下学习者学习行为模型构建与分析［D］.云南师范大学硕士学位论文，2019.

［38］贾积有，孟青泉.智能教学系统的评价与选择［J］.数字教育，2019，5（3）：1-9.

［39］江毅，王炜，刘艳.他们会如何学习？——MOOC 学习者特征及其行为分析［J］.成人教育，2020，40（8）：18-23.

［40］姜强，赵蔚，王朋娇.基于大数据的个性化自适应在线学习分析模型及实现［J］.中国电化教育，2015（1）：95-102.

［41］蒋惠凤，刘益平，张兵．在线教育方式下高校教学改革的行为选择、动因与对策研究［J］．黑龙江高教研究，2021，39（1）：150-155.

［42］蒋卓轩，张岩，李晓明．基于 MOOC 数据的学习行为分析与预测［J］．计算机研究与发展，2015，52（3）：614-628.

［43］金慧，王陈欣，罗纯源，等．后疫情时代的高等教育：宏观趋势、关键技术与发展思考——《2021 地平线报告（教与学版）》解读［J］．远程教育杂志，2021，39（3）：3-10.

［44］晋欣泉，姜强，赵蔚．网络学习空间中学业预警及干预研究：态势、关键问题及创新应用［J］．现代教育技术，2021，31（6）：79-87.

［45］荆永君，李昕，姜雪．在线学习行为意向影响因素分析及后疫情时代的教育启示［J］．中国电化教育，2021（413）：31-38.

［46］黎梦雄．基于 Web 挖掘的远程教学质量跟踪系统设计［J］．河南科技大学学报（自然科学版）．2007（5）：29-32.

［47］李超，程罡，石磊．基于层次分析法的在线学习行为指标体系构建［J］．河北广播电视大学学报，2017，22（2）：18-21.

［48］李国渝，朱肖川．远程开放教育与高等职业教育人才培养模式比较研究［J］．中国远程教育，2010（5）：52-57+80.

［49］李曼丽，徐舜平，孙梦嫽．MOOC 学习者课程学习行为分析——以"电路原理"课程为例［J］．开放教育研究，2015，21（2）：63-69.

［50］李梅，孙月亚，李蕾，等．在线课程开放度对教与学行为与效果的影响——基于成人学生的研究［J］．成人教育，2021，41（6）：18-25.

［51］李爽，钟瑶，喻忱．基于行为序列分析对在线学习参与模式的探索［J］．中国电化教育，2017（3）：88-95.

［52］李爽，陈佳琪，刘司卓，等．学习内在价值能直接提升学生在线学习接受度吗？——自我调节学习技能的中介作用［J］．现代远距离教育，2024（1）：58-68.

［53］李爽，王增贤，喻忱，等．在线学习行为投入分析框架与测量指标研

究——基于 LMS 数据的学习分析 [J]. 开放教育研究, 2016, 2 (2): 77-88.

[54] 李阳. 大数据环境下在线学习行为分析模型研究 [D]. 哈尔滨理工大学硕士学位论文, 2017.

[55] 李有增, 曾浩. 基于学生行为分析模型的高校智慧校园教育大数据应用研究 [J]. 中国电化教育, 2018 (7): 33-38.

[56] 廖继胜, 刘昱, 刘志虹, 等. 基于 DEA 和截断回归模型的欠发达省份国家助学贷款绩效及其影响因素研究 [J]. 黑龙江高教研究, 2022, 40 (4): 54-60.

[57] 凌雨婷, 曲建华. 我国在线学习行为分析研究现状与进展——基于 2016—2020 年 CSSCI 来源期刊文献的分析 [J]. 山东师范大学学报 (自然科学版), 2021, 36 (3): 291-301.

[58] 刘尘尘. 互联网信息化背景下的混合式学习的发展和应用研究——评《信息化背景下计算机网络与教育创新研究》[J]. 现代雷达, 2021, 43 (12): 134.

[59] 刘力红, 王晓平, 吴启迪. E-learning 系统中学习评价的研究 [J]. 计算机工程与应用, 2005 (34): 52-53+88.

[60] 刘孝贤, 王其超. 考试成绩的灰色预测模型 [J]. 山东师大学报 (自然科学版), 1987 (4): 399-407.

[61] 刘智. 课程评论的情感倾向识别与话题挖掘技术研究 [D]. 华中师范大学硕士学位论文, 2014.

[62] 卢如荣. 影响大学生网络学习行为的因素分析研究 [D]. 华中师范大学硕士学位论文, 2012.

[63] 马婧, 周倩. 国际混合学习领域热点主题与前沿趋势研究——基于科学知识图谱方法的实证分析 [J]. 华东师范大学学报 (教育科学版), 2019, 37 (4): 116-128.

[64] 马晓, 曲建华, 徐慧敏. 交互视角下网络学习行为特征挖掘 [J]. 山东师范大学学报 (自然科学版), 2021, 36 (3): 282-290.

［65］彭文辉．网络学习行为分析及建模［M］．北京：科学出版社，2013.

［66］乔璐，江丰光．慕课学习者群体的聚类分析——以"STEM 课程设计与案例分析"慕课为例［J］．现代教育技术，2020，30（1）：100-106.

［67］任友群，顾小清．教育技术学：学科发展之问与答［J］．教育研究，2019，40（1）：141-152.

［68］沈晓平，郑春芳．大学生网络学习行为特征研究［J］．教育理论与实践，2017，37（21）：15-17.

［69］沈欣忆，刘美辰，吴健伟，等．MOOC 学习者在线学习行为和学习绩效评估模型研究［J］．中国远程教育，2020（10）：1-8+76.

［70］石磊，程罡，李超等．大规模私有型在线课程学习行为及其影响因素研究——以国家开放大学网络课程学习为例［J］．中国远程教育，2017（4）：23-32.

［71］孙福，孙佳怡，贾帅．在线开放课程建设与管理［M］．北京：北京理工大学出版社，2021.

［72］孙燕龙．大学生在线学习行为评价建模与应用研究［D］．云南师范大学硕士学位论文，2018.

［73］孙瑜，黄瑶，孙燕龙，等．网络教学环境下学习行为分析及评价［M］．北京：科学出版社，2022.

［74］索琪，孙玉展．基于 CiteSpace 文献计量的国内网络学习行为研究现状与分析［J］．安徽开放大学学报，2022（4）：24-29+53.

［75］汤斯敏．大学生在线学习行为的影响因素研究——以某高校为［J］．现代经济信息，2020（9）：164-165.

［76］唐燕儿，关淑文．基于霍姆伯格远程教育思想的在线教学创新策略研究——以疫情期间成人高等教育在线教学为例［J］．中国电化教育，2020（5）：27-33.

［77］王改花，傅钢善．知识类型、呈现方式与学习风格对大学生在线学习的影响——基于眼动的证据［J］．现代教育技术，2021，31（9）：45-54.

［78］王改花，傅钢善．数据挖掘视角下网络学习者行为特征聚类分析［J］．现代远程教育研究，2018（4）：106-112．

［79］王改花，傅钢善．网络学习行为与成绩的预测及学习干预模型的设计［J］．中国远程教育，2019（2）：39-48．

［80］王佳利，李斌峰．基于网络教学平台校本混合课程教学效果的实证研究［J］．电化教育研究，2016，37（3）：101-107．

［81］王梦倩，范逸洲，郭文革，等．MOOC 学习者特征聚类分析研究综述［J］．中国远程教育，2018（7）：9-19+79．

［82］王楠，在线学习活动设计：理论与实践［M］．北京：北京邮电大学出版社，2019．

［83］王祎．在线学习行为分析及应用研究［D］．华中师范大学硕士学位论文，2018．

［84］王勇宏．大学生在线学习投入度测评指标体系构建与应用研究［D］．西北师范大学硕士学位论文，2020．

［85］魏顺平，程罡．数据驱动的教育机构在线教学过程评价指标体系构建与应用［J］．开放教育研究，2017，23（3）：113-120．

［86］魏顺平．Moodle 平台数据挖掘研究——以一门在线培训课程学习过程分析为例［J］．中国远程教育，2011（1）：24-30．

［87］魏顺平．在线教育管理者视角下的学习分析——在线教学绩效评估模式构建与应用［J］．现代教育技术，2014，24（9）：79-85．

［88］吴丹．基于学习大数据的在线学习评价研究［D］．海南师范大学硕士学位论文，2023．

［89］吴林静，劳传媛，刘清堂，等．网络学习空间中的在线学习行为分析模型及应用研究［J］．现代教育技术，2018，28（6）：46-53．

［90］吴永和，田雅慧，郭守超，等．基于在线 3D 教育平台的学习者行为分析模型研究——以 GeekCAD 平台为例［J］．中国电化教育，2019（12）：61-67．

［91］肖海荣，马中东，黄春平．大学在线教学改革研究与实践［M］．北京：北京理工大学出版社，2022.

［92］肖睿，刘千慧，尚俊杰，等．学习者的学习效率评测研究——以"课工场"平台学习者的课程学习为例［J］．现代教育技术，2021，31（1）：62-68.

［93］谢雷，陈丽．cMOOC 学习者交互行为自评估分析研究［J］．现代远距离教育，2020（5）：62-67.

［94］许玲，谢青松，张冲．智能化时代开放大学在线课程的价值取向与实现路径［J］．成人教育，2021，41（1）：14-19.

［95］学术点滴，文献计量．COOC 一款用于文献计量和知识图谱绘制的软件［EB/OL］．［2022-05-03］．https：//github.com/2088904822.

［96］杨成宁．在线教育的运营与发展研究［M］．上海：上海交通大学出版社，2021.

［97］袁东斌，徐智华．MOOC 在开放大学非学历继续教育中的应用研究［J］．福建广播电视大学学报，2018（6）：18-22.

［98］袁敏．大数据环境下在线学习行为分析及学习成绩预测研究［D］．上海工程技术大学硕士学位论文，2021.

［99］张洪玲，冯伯驹，李慧，等．基于在线学习行为数据分析的网络教育教学研究与对策［J］．情报科学，2017，35（9）：74-78.

［100］张进良，魏立鹏，刘斌．智能化环境中基于学习分析的学习行为优化研究［J］．远程教育杂志，2020，38（2）：69-79.

［101］张敏，夏俊，江娜．虚拟学习社区在线求助行为的影响因素研究［J］．电化教育研究，2014，35（10）：82-87.

［102］赵呈领，李敏，疏凤芳，等．在线学习者学习行为模式及其对学习成效的影响——基于网络学习资源视角的实证研究［J］．现代远距离教育，2019（4）：20-27.

［103］赵丹群．基于 CITESPACE 的科学知识图谱绘制若干问题探讨［J］．情报理论与实践，2012，35（10）：56-58.

［104］赵洪利．在线教育理论与实践［M］．北京：北京理工大学出版社，2018.

［105］赵慧琼，姜强，赵蔚，等．基于大数据学习分析的在线学习绩效预警因素及干预对策的实证研究［J］．电化教育研究，2017，38（1）：62-69.

［106］赵磊，邓彤，吴卓平．基于数据挖掘的 MOOC 学习者学业成绩预测与群体特征分析［J］．重庆高教研究，2021，9（6）：95-105.

［107］朱凡，王印琪．基于 K-means 与神经网络机器学习算法的用户信息聚类及预测研究［J］．情报科学，2021，39（7）：83-90.

［108］朱珂．网络学习空间中学习者交互分析模型及应用研究［J］．电化教育研究，2017，38（5）：43-48.

［109］宗阳，陈丽，郑勤华，等．基于在线学习行为数据的远程学习者学业情绪分析研究——以 Moodle 平台为例［J］．开放学习研究，2017，22（6）：11-20.

［110］左秀娟．大学生在线学习行为与学习效果关系及促进策略研究［D］．山东师范大学硕士学位论文，2019.

附录　在线学习行为调查问卷

同学您好！在线教育已经成为当前一种重要的学习模式。新的教学方式，带来新的体验、新的感受、新的思考，请您根据自身在线学习实际情况认真填答。所有数据将保密且匿名，感谢配合！

1. 您的性别是（　　）。［单选题］

A. 男　　　　　　　　B. 女

2. 您的成绩在班级中的排名大体情况（　　）。［单选题］

A. 优等　　　　　　　B. 中等偏上　　　　　　C. 中等

D. 中等偏下　　　　　E. 较差

3. 在进行学习时，您对在线学习的态度是（　　）。［单选题］

A. 愉快　　　　　　　B. 畏惧　　　　　　　　C. 枯燥

D. 紧张　　　　　　　E. 其他（请列出）

4. 您每周愿在网络在线课堂上投入多少时间（　　）。［单选题］

A. 1 小时以下　　　　B. 1~2 小时　　　　　　C. 2 小时以上

5. 与传统的面授学习相比，您认为线上学习（　　）。［单选题］

A. 从形式到内容都很适合

B. 形式自由，学习资源丰富

C. 形式自由，但学习内容还不够丰富

D. 太过自由，不实用，并不适合学习

6. 在线学习中，对于老师要求完成的课程任务，您认为您的学习自主性如何（　　）。［单选题］

　　A. 能努力完成学习任务，并争取拓宽学习

　　B. 能主动完成学习任务

　　C. 基本能完成学习任务

　　D. 应付学习，不得不在限定时间内完成学习任务

　　E. 有时能按时完成学习任务

7. 您在在线学习中与教师的交流情况是（　　）。［单选题］

　　A. 除线下课堂互动外，若仍有问题会主动在学习平台与老师双向交流

　　B. 更喜欢线下与教师进行沟通交流

　　C. 关注教师的教学计划或教学日志等，并做出一定的回复

　　D. 除咨询与考试相关的问题外，基本不做任何交流

　　E. 不做任何交流

8. 您认为在线学习的效果如何（　　）。［单选题］

　　A. 效果很好，通过在线学习对线下学习有所补充

　　B. 效果尚可，作为辅助之用，解决了一些问题

　　C. 效果一般，目前还处于学习的过程之中

　　D. 几乎没什么效果

9. 在线学习过程中，您一般的学习进程是（　　）。［单选题］

　　A. 单元导学—教材—文本资料—视频资料—课堂讨论—完成作业

　　B. 视频资料—文本资料—教材—完成作业—其他

　　C. 文本资料—视频资料—完成作业—其他

　　D. 完成作业—文本资料—视频资料—其他

10. 您在在线学习过程中遇到的问题有（　　）。［多选题］

　　A. 缺乏正确的方法指导，遇到问题不能及时的解决

　　B. 网络学习资源不全面，形式呆板

　　C. 网络操作技术不熟练

D. 自控能力差

E. 不能得到教师的及时反馈

F. 其他（请列出）

11. 从个人角度，您认为提高在线学习效率的途径有哪些（   ）。［多选题］

A. 加强自控能力，排除外加干扰

B. 提高个人网络技术

C. 加强在线学习方法的学习

D. 提高信息素质

E. 其他（请列出）

12. 在学习过程中，您比较喜欢哪一类资源（   ）。［多选题］

A. 文本资料　　　　　B. 教师的视频影像

C. 与课程内容相关的视音频资料

D. 图表　　　　　　　E. 其他（请列出）